O.W. BARTH

SADHGURU

Die Weisheit eines Yogi

Wie innere Veränderung wirklich möglich ist

Aus dem amerikanischen Englisch von Bernhard Kleinschmidt

O.W. BARTH

Die amerikanische Originalausgabe erschien 2016 unter dem Titel
»Inner Engineering« bei Spiegel & Grau, New York, USA.

Besuchen Sie uns im Internet:
www.ow-barth.de

FSC
www.fsc.org
MIX
Papier aus verantwortungsvollen Quellen
FSC® C083411

Ein Imprint der Verlagsgruppe
Droemer Knaur GmbH & Co. KG, München

Redaktion: Horst Kappen
Covergestaltung: ZERO Werbeagentur, München
Coverabbildung: Isha Foundation
Satz: Adobe InDesign im Verlag
Druck und Bindung: CPI books GmbH, Leck
ISBN 978-3-426-29281-5

2 4 5 3 1

Was für manche »Zauberei« ist,
das ist für andere nichts als Technik.

Robert A. Heinlein

Inhalt

Guru – ein Schmähwort

Einst sah ein Kunde vor der Apotheke von Shankaran Pillai einen Mann stehen, der sich mit wild rollenden Augen an einen Laternenpfahl klammerte.

Als der Kunde die Apotheke betreten hatte, fragte er: »Wer ist der Mann da draußen? Was hat er nur?«

»Ach, der«, erwiderte Shankaran Pillai gelassen. »Das ist einer von meinen Kunden.«

»Aber was ist denn los mit ihm?«

»Er wollte etwas gegen Keuchhusten, da habe ich ihm die geeignete Arznei gegeben.«

»Und welche?«

»Eine Schachtel Abführmittel. Ich habe ihm gesagt, er soll den ganzen Inhalt gleich an Ort und Stelle schlucken.«

»Abführmittel gegen Keuchhusten! Wieso in aller Welt hast du ihm denn ausgerechnet so etwas gegeben?«

»Na hör mal, du hast ihn doch gesehen! Meinst du, der wagt jetzt noch zu husten?«

Shankaran Pillais Schachtel Abführmittel ist ein Sinnbild für die Sorte Lösungen, die Leuten auf der Suche nach Wohlbefinden heute überall auf der Welt angepriesen werden. Sie sind der eigentliche Grund, weshalb der Begriff »Guru« zu einem Schmähwort geworden ist.

Leider haben wir die wahre Bedeutung dieses Begriffs vergessen. Wortwörtlich ist ein Guru jemand, der die Dunkelheit vertreibt. Entgegen der landläufigen Meinung besteht seine Funktion nicht darin, zu lehren, zu indoktrinieren und zu bekehren. Ein Guru ist dazu da, Licht auf Dimensionen jenseits unserer Sinneswahrnehmungen und unserer psychischen Dramen zu werfen, auf Dimensionen, die wir momentan nicht wahrnehmen können. Im Grunde ist es seine Aufgabe, Licht auf das Wesen unserer Existenz selbst zu werfen.

In der heutigen Welt kursieren viele falsche und gefährlich

irreführende Lehren. Eine davon lautet: »Sei ganz im Augenblick!« Das läuft auf die Annahme hinaus, man könne irgendwo anders sein, wenn man es nur wollte. Aber wie wäre das überhaupt möglich? Die Gegenwart ist der einzige Ort, an dem man sein *kann*. Wenn man lebt, lebt man in *diesem* Augenblick, und wenn man stirbt, stirbt man in *diesem* Augenblick. Dieser Augenblick ist Ewigkeit. Wie sollen wir ihm entkommen, selbst wenn wir es versuchen?

In diesem Augenblick besteht dein Problem darin, dass du einerseits an etwas leidest, was vor zehn Jahren geschehen ist, und andererseits an etwas, das sich eventuell übermorgen ereignen wird. Beides sind keine lebendigen Wahrheiten, sondern nur Possen deiner Erinnerung und Fantasie. Heißt das also, wir müssten, um Frieden zu finden, unseren Geist ausschalten? Keineswegs. Es bedeutet nur, dass wir die Regie übernehmen müssen. Der Geist verfügt über gewaltige Reserven der Erinnerung und unglaubliche Möglichkeiten der Vorstellungskraft, die das Ergebnis eines Jahrmillionen andauernden Evolutionsprozesses sind. Wenn wir in der Lage sind, uns dieser Fähigkeiten nach Belieben zu bedienen, kann der Geist ein fantastisches Werkzeug sein. Die Vergangenheit auszublenden und die Zukunft zu vernachlässigen wäre eine Entwertung dieser wunderbaren Fähigkeit. »Ganz im Augenblick zu sein« ist daher eine lähmende Einschränkung unseres Denkens, weil es unsere existenzielle Realität leugnet.

Immer nur »eines nach dem anderen zu tun« ist ein weiterer gängiger Selbsthilfe-Slogan. Wieso sollte man nur eine Sache tun, wenn der Geist doch eine phänomenale, vieldimensionale Maschine ist, die gleichzeitig mit mehreren Aktivitätsebenen umgehen kann? Warum sollten wir ihn ausschalten, statt ihn zu zügeln und zu lernen, ihn zu lenken? Wenn wir die Aktivität des Geistes als etwas Beglückendes erfahren können, wieso sollten wir uns freiwillig dafür entscheiden, uns ein Brett vor den Kopf zu nageln?

Ein weiterer Begriff, der durch übermäßigen Gebrauch zu einem Klischee verfestigt hat, ist der des »positiven Denkens«. Wird es zu einem trivialen Mantra für Notfälle, dient das positive Denken lediglich der Beschönigung der Realität. Wenn wir nicht in der Lage sind, auf uns einströmende Informationen zu verarbeiten und unser Psychodrama zu steuern, nutzen wir das »positive Denken« gern als Beruhigungsmittel. Anfangs haben wir vielleicht tatsächlich den Eindruck, dass es unser Leben von neuem mit Zuversicht und Optimismus erfüllt. Es hat jedoch grundsätzlich seine Grenzen. Wenn wir langfristig einen Teil der Wirklichkeit leugnen oder amputieren, erhalten wir eine schiefe Perspektive auf das Leben.

Dann ist da noch die altehrwürdige Tradition, das menschliche Wohlbefinden in den Himmel zu exportieren und zu behaupten, das Wesen des Universums sei Liebe. Dabei ist Liebe erst einmal eine *menschliche* Eigenschaft. Wer einen Auffrischungskurs braucht, kann bei seinem Hund Stunden nehmen. Der ist eindeutig voller Liebe! Man muss nicht in den Weltraum reisen, um Liebe zu erfahren. Diese ganzen pubertären Philosophien kommen von der Annahme her, im Zentrum der Existenz stehe der Mensch. Diese Vorstellung hat uns aller Vernunft beraubt und dazu gebracht, im Lauf der Geschichte ebenso unmenschliche wie abscheuliche Verbrechen zu begehen. Und bis heute ist dabei kein Ende abzusehen.

Als Guru habe ich keine Doktrin zu lehren, keine Philosophie zu vermitteln, keine Glaubenssätze zu propagieren. Das ist so, weil die einzige Lösung für alle Übel, von denen die Menschheit geplagt wird, die Transformation des Selbst ist. Erlangt wird sie nicht durch Moral oder Ethik und auch nicht durch eine Veränderung unserer Einstellungen oder unseres Verhaltens, sondern indem wir die grenzenlose Natur dessen erfahren, wer wir sind. Selbst-Transformation bedeutet, dass nichts Altes mehr übrig bleibt. Sie bedeutet eine neue Dimension in der Art, wie wir das Leben wahrnehmen und erfahren.

Das zu wissen ist Yoga. Wer es verkörpert, ist ein Yogi. Wer uns in diese Richtung weist, ist ein Guru.

Mit diesem Buch möchte ich dazu beitragen, Freude zu deinem ständigen Begleiter zu machen. Damit das geschieht, bietet das Buch keine Predigt, sondern eine Wissenschaft, keine Lehre, sondern eine Technik, keine Gebote, sondern einen Weg. Nun ist es an der Zeit, diese Wissenschaft zu erkunden, die Technik anzuwenden und den Weg zu gehen.

Auf dieser Reise ist der Guru nicht das Ziel, sondern die Straßenkarte. Unsere innere Dimension ist ein unbekanntes Terrain. Wenn wir eine Gegend erforschen, in der wir uns nicht auskennen, ist es dann nicht besser, Wegweiser zur Verfügung zu haben? Natürlich könntest du auch selbst deinen Weg finden, aber das würde womöglich mehrere Lebzeiten dauern. Wenn man sich auf unbekanntem Terrain befindet, ist es schlicht vernünftig, Hinweise anzunehmen. In einer Hinsicht ist das alles, was ein Guru ist – eine lebende Straßenkarte. GPS: Guru-Pfadfinde-System!

Und *deshalb* existiert dieses berüchtigte Schmähwort.

Um es dir einfacher zu machen, habe ich noch ein paar Buchstaben davorgesetzt …

Sadhguru

Erster Teil

An den Leser

Es gibt viele Möglichkeiten, mit einem Buch wie diesem umzugehen. Zum Beispiel könnte man sich direkt in die Praxis stürzen und damit sozusagen einen Hechtsprung in den Do-it-yourself-Modus machen. Allerdings ist dies kein Selbsthilfebuch. Es hat eine starke praktische Orientierung, aber das ist keineswegs alles.

Eine weitere Möglichkeit wäre, die Sache theoretisch anzugehen. Dieses Buch ist jedoch keine wissenschaftliche Abhandlung. Ich habe nie eine der yogischen Schriften in ihrer Gesamtheit gelesen. Das musste ich nicht. Ich komme von der inneren Erfahrung her. Erst spät in meinem Leben, als ich in Patanjalis *Yoga-Sutras* blätterte, jenen bedeutenden yogischen Texten, wurde mir klar, dass ich einen gewissen Zugang zu ihrem inneren Kern habe. Das liegt daran, dass ich empirisch an sie herangehe, nicht theoretisch. Eine hochentwickelte Wissenschaft wie Yoga auf eine bloße Doktrin zu reduzieren ist ebenso tragisch, wie daraus ein Herz-Kreislauf-Training zu machen.

Daher habe ich dieses Buch schließlich in zwei Teile unterteilt. Der erste steckt das Terrain ab, der zweite stellt eine Methode vor, um sich darauf zu orientieren.

Was du in diesem ersten Teil lesen wirst, ist keine Zurschaustellung akademischer Kenntnisse. Vielmehr möchte er eine Reihe grundlegender Einsichten bieten. Sie bilden das Fundament, auf dem die Architektur des eher praxisorientierten zweiten Teils aufbaut.

Diese Einsichten sind weder Dogmen noch Lehren. Vor allem sind sie ganz entschieden keine Schlussfolgerungen. Am besten betrachtet man sie als Wegweiser auf einer Reise, die niemand außer dir machen kann. Es sind zentrale Perspektiven, die aus einem gesteigerten Bewusstseinszustand stammen. Er gehört zu mir seit einer Erfahrung, die vor dreiunddreißig Jahren mein Leben verwandelt hat.

Dieser Teil beginnt mit autobiografischen Notizen, damit du etwas über den Autor erfährst, der dir Gesellschaft leisten wird, falls du dich entscheidest, das Buch zu Ende zu lesen. Anschließend werden bestimmte Grundideen untersucht und dabei einige gebräuchliche (und oft missbräuchlich verwendete) Begriffe wie Schicksal, Verantwortung, Wohlbefinden und – noch grundlegender – Yoga erforscht.

Eines der Kapitel in diesem Teil schließt mit einer *Sadhana*. Dieser aus dem Sanskrit stammende Begriff bedeutet »Mittel zum Zweck« oder »Werkzeug«. Solche der Erkundung dienende Werkzeuge bieten dir als Leser Gelegenheit, die auf diesen Seiten behandelten Ideen in die Tat umzusetzen. So kannst du sehen, ob die betreffenden Einsichten auch für dich gelten. Im zweiten Teil wirst du wesentlich häufiger Sadhanas begegnen.

Man sagt mir oft, ich sei offenbar ein »moderner« Guru. Meine Antwort darauf lautet, dass ich weder modern noch klassisch, weder New Age noch Old School bin. Ich bin zeitgemäß, was jeder Guru immer gewesen ist. Nur Wissenschaftler, Experten und Theologen können klassisch oder modern sein. Eine Philosophie und ein Glaubenssystem können alt oder neu sein. Gurus jedoch sind immer zeitgemäß.

Wie erwähnt, ist ein Guru jemand, der die Dunkelheit vertreibt, jemand, der die Tür für dich öffnet. Ob ich verspreche, morgen eine Tür für dich zu öffnen, oder ob ich gestern für jemand anders eine geöffnet habe, ist ohne Belang. Was zählt, ist allein, ob ich diese Tür für dich *heute* öffne.

Die Wahrheit ist also zeitlos, doch die Techniken und die Ausdrucksweise sind immer zeitgemäß. Wären sie das nicht, so hätten sie es verdient, ausrangiert zu werden. Keine Tradition, so altehrwürdig sie auch sein mag, verdient es, mehr als ein Museumsstück zu sein, wenn sie ihre Relevanz überlebt hat. Daher werde ich in diesem Buch zwar uralte Techniken erkunden, aber es sind zugleich Techniken, die sich auf dem neuesten Stand befinden.

Ich habe keinerlei Interesse daran, etwas Neues anzubieten; mich interessiert ausschließlich, was wahr ist. Dennoch hoffe ich, dass du auf den folgenden Seiten einige Stellen findest, an denen beides ineinanderfließt. In solchen entscheidenden Augenblicken, in denen die Bedingungen stimmen – wenn eine Einsicht aus einer inneren Klarheit heraus formuliert wird und dem Leser im richtigen, empfänglichen Moment begegnet –, führt eine uralte Wahrheit zu einer explosiven alchemistischen Reaktion. Ganz plötzlich ist sie so frisch, lebendig, strahlend neu, als würde sie zum allerersten Mal ausgesprochen und gehört.

Als ich den Verstand verlor

Damals war ich ein Mensch,
der nur auf den Hügel ging,
um Zeit totzuschlagen.
Totgeschlagen habe ich jedoch alles,
was Ich und was Mein war.

Mein Ich und Mein sind nun dahin,
all mein Wollen und Können habe ich verloren.
Hier bin ich, ein leeres Gefäß,
im Dienste des göttlichen Wollens,
der grenzenlosen Fähigkeit.

In der Stadt Mysore gibt es eine besondere Tradition. Wenn du etwas zu tun hast, geh auf den Chamundi Hill; und wenn du nichts zu tun hast, geh auf den Chamundi Hill. Wenn du dich verliebst, geh auf den Chamundi Hill; und wenn du plötzlich nicht mehr verliebt bist, musst du erst recht auf den Chamundi Hill gehen!

Eines Nachmittags hatte ich nichts zu tun und war außerdem seit Kurzem nicht mehr verliebt, weshalb ich auf den Chamundi Hill ging … oder besser fuhr.

Auf etwa zwei Drittel Höhe stellte ich mein Motorrad ab und setzte mich auf einen Felsvorsprung. Der war seit einiger Zeit mein »Kontemplationsfelsen«. Ein Bäumchen mit violetten Beeren und ein verkümmerter Banyanbaum hatten beharrlich ihre Wurzeln in einen tiefen Spalt im Stein geschoben. Vor meinen Augen breitete sich die Stadt aus.

Bis zu diesem Augenblick waren mein Körper und Geist in meiner Erfahrung »ich« gewesen, die Welt hingegen etwas »da draußen«. Nun jedoch wusste ich plötzlich nicht mehr, was ich und was nicht ich war. Meine Augen waren immer noch offen. Doch die Luft, die ich atmete, der Felsen, auf dem ich saß, die mich umgebende Atmosphäre, alles war zu mir geworden. Ich war alles, was vorhanden war. Obwohl ich völlig bei Bewusstsein war, hatte ich den Verstand verloren. Die unterscheidende Natur des Verstandes existierte einfach nicht mehr. Je mehr ich darüber sage, desto verrückter dürfte es sich anhören, denn was da geschah, ist nicht mit Worten auszudrücken. Was ich war, das war buchstäblich *überall*. Alles breitete sich explosiv über die festgelegten Grenzen hinweg aus; alles dehnte sich in alles hinein aus. Es war eine dimensionslose Einheit von absoluter Vollkommenheit.

Mein Leben ist nur jener eine Augenblick, dessen Gunst noch immer andauert.

Als ich in meinen Normalzustand zurückkehrte, hatte ich den Eindruck, es wären nicht mehr als zehn Minuten vergangen. Bei einem Blick auf meine Uhr sah ich jedoch, dass es schon halb acht Uhr abends war! Viereinhalb Stunden waren vergangen. Meine Augen waren offen, die Sonne war untergegangen, und es war dunkel. Mein Bewusstsein war vollständig vorhanden, doch was ich bis zu diesem Moment für mein Selbst gehalten hatte, war ebenso vollständig verschwunden.

Ich war nie nah am Wasser gebaut, aber da saß ich nun mit meinen fünfundzwanzig Jahren auf einem Felsen am Chamundi Hill in einer so ekstatischen Verrücktheit, dass mir die Tränen aus den Augen strömten. Mein ganzes Hemd war bereits nass!

Friedvoll und glücklich zu sein war nie ein Problem für mich gewesen. Ich hatte mein Leben so gelebt, wie ich wollte. In den Sechzigerjahren aufgewachsen, jener Zeit der Beatles und der Blue Jeans, hatte ich mich mit der europäischen Philosophie und Literatur beschäftigt, mit Autoren wie Dostojewski, Camus und Kafka. Nun jedoch war ich explosionsartig in eine völlig andere Dimension der Existenz geraten, von der ich absolut nichts wusste. Ich war von einem ganz neuen Gefühl durchdrungen, von einem Überschwang und einer Seligkeit, die ich noch nie erfahren oder auch nur für möglich gehalten hatte. Als ich meinen skeptischen Verstand darauf anwendete, teilte der mir lediglich mit, ich sei womöglich völlig durchgeknallt! Dennoch war dieser Zustand so schön, dass ich ihn auf keinen Fall verlieren wollte.

Ich war nie richtig in der Lage zu beschreiben, was an jenem Nachmittag geschehen ist. Am besten ausdrücken kann ich es vielleicht damit, dass ich in die Höhe gestiegen und nicht mehr heruntergekommen bin. Nie wieder.

Geboren bin ich in Mysore, einer hübschen, fürstlichen Stadt in Südindien, früher Residenzstadt, bekannt für ihre Paläste und Gärten. Mein Vater war Arzt, meine Mutter Hausfrau. Ich war das jüngste von vier Geschwistern.

Die Schule hat mich gelangweilt. Ich fand es unmöglich, den Unterricht zu überstehen, weil ich merkte, dass die Lehrer über etwas sprachen, was ihnen in ihrem Leben absolut nichts bedeutete. Als ich mit vier Jahren in die Vorschule kam, sagte ich unserer Haushälterin, die mich morgens immer hinbrachte, sie solle schon am Tor umkehren, statt mit mir hineinzugehen. Sobald sie fort war, rannte ich in eine nahe Schlucht, wo es von den verschiedensten Lebewesen nur so wimmelte. In Glasbehältern, die ich aus dem Arzneischrank meines Vaters holte, trug ich einen umfangreichen Privatzoo aus Insekten, Kaulquappen und Schlangen zusammen. Als meine Eltern nach einigen Monaten herausbekamen, dass ich nicht im Unterricht gewesen war, zeigten sie sich von meinen biologischen Forschungen ausgesprochen unbeeindruckt. Meine Expeditionen in die Schlucht wurden als Schmuddelspiele in einem Regenwasserkanal bezeichnet. Konfrontiert mit der Erwachsenenwelt, die ich wie so häufig als öde und fantasielos empfand, wandte ich meine Aufmerksamkeit einfach etwas anderem zu.

In späteren Jahren verbrachte ich meine Tage am liebsten damit, durch den Wald zu streifen, um Schlangen zu fangen, zu angeln und neue Pfade zu erkunden. Oft kletterte ich mit meiner Lunchbox und meiner Wasserflasche auf den obersten Ast eines großen Baumes, wo mich dessen schwankende Bewegung in einen tranceartigen Zustand versetzte. Wenn ich dann zugleich schlief und völlig wach war, verlor ich jedes Zeitempfinden. So hockte ich von neun Uhr morgens bis um halb fünf Uhr nachmittags da oben, bis die Glocke läutete und die Schule aus war. Wesentlich später wurde mir klar, dass ich unwissentlich schon in dieser Phase meines Lebens meditative Neigungen verfolgte. Als ich dann begann, Meditationen anzuleiten, waren das immer schwingende Bewegungen. Der Begriff »Meditation« war mir in meiner Schulzeit natürlich noch völlig unbekannt. Ich mochte es einfach, wie der Baum mich in einen Zustand jenseits von Schlaf und Wachsein hineinschaukelte.

Während ich die Schule öde fand, hatte ich Interesse an allem anderen – daran, woraus die Welt gemacht war, an der Beschaffenheit der Landschaft, an der Lebensweise der Menschen. Mit dem Fahrrad gondelte ich über die ungepflasterten Straßen der ländlichen Umgebung, wobei ich täglich mindestens fünfunddreißig Kilometer zurücklegte. Wenn ich nach Hause kam, war ich mit mehreren Schichten Schlamm und Staub bedeckt. Besondere Freude machte es mir, mentale Landkarten der Gegend zu erstellen, durch die ich gefahren war. Wenn ich allein war, musste ich nur die Augen schließen, um die gesamte Landschaft wiederzusehen, die ich am Nachmittag erlebt hatte – jeden einzelnen Felsen, jede geologische

Eigenheit, jeden einzelnen Baum. Mich faszinierte, wie sich die Landschaft mit den Jahreszeiten veränderte, wenn die Äcker frisch gepflügt waren oder die Saat keimte. Das hat mich übrigens am Werk von Thomas Hardy angezogen, seine Beschreibungen der englischen Landschaft, die seitenweise weitergehen. Mit der Welt ringsum tat ich dasselbe. Noch heute ist es so, als hätte ich im Kopf ein Video von damals abgespeichert. Wenn ich will, kann ich das Ganze in eindringlicher Klarheit wieder abspielen, diese vielen Jahre mit allem, was ich beobachtet habe.

Abgesehen davon war ich ein eingefleischter Skeptiker. Schon im Alter von fünf Jahren hatte ich Fragen, wenn meine Familie in den Tempel ging, viele sogar. Wer ist Gott? Wo ist er? Da oben? Wo ist *da oben* überhaupt? Einige Jahre später hatte ich noch mehr Fragen. In der Schule wurde behauptet, die Erde sei rund. Aber wenn die Erde rund war, wie wusste man dann, wo oben war? Da es nie jemand gelang, solche Fragen zu beantworten, weigerte ich mich, den Tempel zu betreten. Das bedeutete, dass man mich draußen in der Obhut des Mannes lassen musste, der sonst auf die Schuhe und Sandalen aufpasste. Der hielt mich mit einem Klammergriff fest und zerrte mich mit sich, während er seinen Pflichten nachging. Hätte er mich aus den Augen gelassen, so wäre ich auf und davon gewesen, das war ihm völlig klar. Später im Leben fiel mir auf, dass Leute, die aus Esslokalen kamen, immer eine vergnügtere Miene zur Schau stellten als jene, die aus Tempeln kamen. Das hat mich fasziniert.

Obwohl ich also ein Skeptiker war, habe ich mich mit diesem Etikett nie identifiziert. Ich hatte eine Menge Fragen über alles und jedes, fand es jedoch nie notwendig, irgendwelche Schlüsse zu ziehen. Mir wurde sehr früh bewusst, dass ich von nichts eine Ahnung hatte. Das hieß, dass ich allem um mich herum gewaltige Aufmerksamkeit schenkte. Wenn jemand mir ein Glas Wasser reichte, starrte ich es endlos an. Wenn ich das Blatt eines Baumes aufhob, starrte ich es ebenfalls endlos an. Die ganze Nacht über starrte ich in die Dunkelheit. Wenn ich einen Kieselstein betrachtete, drehte sich dessen Bild endlos vor meinem geistigen Auge, bis ich jede Maserung und jede Rundung kannte.

Außerdem merkte ich, dass die Sprache lediglich eine von Menschen ersonnene Verschwörung war. Wenn jemand etwas sagte, dann gab er nur Geräusche von sich, während ich die Bedeutungen erfand. Deshalb hörte ich auf, Bedeutungen zu erfinden, worauf die Geräusche ausgesprochen amüsant wurden. Ich konnte sehen, wie bestimmte Muster aus dem Mund der Leute kamen. Wenn ich den Sprecher unverwandt anstarrte, löste er sich einfach auf und verwandelte sich in einen Klumpen Energie. Dann waren nur noch Muster übrig!

In diesem Zustand einer vollständigen, grenzenlosen Unwissenheit konnte praktisch alles meine Aufmerksamkeit fesseln. Da mein guter Vater Arzt war, kam er auf die Idee, ich müsste psychiatrisch untersucht werden. »Der Junge starrt ständig irgendetwas an«, meinte er. »Offenbar ist er durchgedreht!« Es ist mir immer komisch vorgekommen, dass die Welt nicht erkennt, wie grandios ein Zustand des »Ich weiß nicht« ist. Wer diesen Zustand mit Meinungen und Annahmen zerstört, versäumt eine ungeheure Möglichkeit – die Möglichkeit, etwas zu erfahren. Er vergisst, dass »Ich weiß nicht« das Tor – das *einzige* Tor – zum Suchen und Wissen ist.

Meine Mutter wiederum wies mich an, meinen Lehrern mehr Aufmerksamkeit zu schenken. Das tat ich dann auch. Ich schenkte ihnen so viel Aufmerksamkeit, wie sie von keinem anderen jemals erhalten hätten! Zwar hatte ich keine Ahnung, was sie sagten, aber wenn ich überhaupt im Unterricht saß, starrte ich sie ebenso unverwandt wie intensiv an. Aus irgendeinem Grund fanden sie das nicht besonders erfreulich. Ein bestimmter Lehrer gab sich alle erdenkliche Mühe, mir eine Reaktion zu entlocken. Als ich trotzdem weiter schwieg, packte er mich an der Schulter und schüttelte mich heftig. »Entweder hast du was Göttliches an dir, oder du bist der Teufel!«, erklärte er, um hinzuzufügen: »Und ich glaube, du bist das Letztere!«

Ich war nicht besonders gekränkt. Bis zu diesem Augenblick war ich auf alles, was mich umgab – von einem Sandkorn bis hin zum Universum –, mit einem Gefühl des Staunens zugegangen. In diesem komplexen Gewebe aus Fragen hatte es jedoch immer eine Gewissheit gegeben, und die war »ich«. Nun löste der Ausbruch meines Lehrers eine weitere Fragenkette aus. Wer war ich? War ich menschlich, göttlich, teuflisch oder was sonst? Ich versuchte, mich selbst anzustarren, um es herauszubekommen. Das klappte nicht. Deshalb schloss ich die Augen und versuchte, so zum Ziel zu kommen. Die Minuten wurden zu Stunden, während ich mit geschlossenen Augen weiter dasaß.

Wenn meine Augen geöffnet waren, dann war ich von allem fasziniert – von einer Ameise und einem grünen Blatt, von Blüten und der Dunkelheit, von praktisch allem. Zu meiner Verblüffung stellte ich jedoch fest, dass mit geschlossenen Augen noch mehr da war, was meine Aufmerksamkeit auf sich zog – das Pulsieren des Körpers, die Funktionsweise verschiedener Organe, die vielen Kanäle, durch die sich unsere innere Energie bewegte, die anatomischen Zusammenhänge und die Tatsache, dass Grenzen auf die äußere Welt beschränkt waren. Durch diese Praxis erschloss sich mir die gesamte Mechanik des Menschseins. Statt mich zu der allzu simplen Antwort zu führen, dass ich »dies« oder »jenes« war, bescherte sie mir allmählich die Erkenntnis, dass ich – wenn ich dazu bereit war – *alles* sein konnte. Dabei ging es nicht darum, irgendwelche Schlussfolgerungen zu ziehen. Selbst die Gewissheit eines »Ichs« brach in sich zusammen, als in mir ein tieferes Gefühl dafür entstand, was es bedeutete, menschlich zu sein. Dadurch schmolz die Vorstellung, die ich von mir als autonome Person hatte. Ich wurde zu einem nebulösen Wesen.

Trotz meiner Wildheit gab es etwas, das ich mit merkwürdiger Disziplin zustande brachte – meine Yogapraxis. Sie begann in den Sommerferien des Jahres, in dem ich zwölf wurde. Zusammen mit einem ganzen Haufen Cousins und Cousinen verbrachte ich die Ferien im Haus meines Großvaters. Im Garten stand ein alter, über fünfundvierzig Meter tiefer Brunnen. Während die Mädchen Verstecken spielten, beschäftigten wir Jungen uns damit, in den Brunnen zu springen, um dann wieder herauszuklettern. Beides war eine echte Herausforderung. Bei einem falschen Sprung hätte man sich den Schädel aufgeschlagen, und beim Heraufklettern hatte man keine Stufen zur Verfügung; man musste sich an die Steine der Wand klammern und hochziehen. Vom schieren Druck quoll unter den Fingernägeln oft Blut hervor. Nur wenige der Jungen schafften das. Ich war einer von ihnen und sogar ziemlich gut darin.

Eines Tages tauchte ein über siebzigjähriger Mann auf, der uns eine Weile beobachtete. Dann sprang er ohne ein Wort in den Brunnen. Wir dachten, er wäre hinüber, aber er kletterte schneller heraus, als mir das gelang. Ich schluckte meinen Stolz hinunter und stellte ihm eine einzige Frage: *Wie?* »Komm mit und lerne Yoga«, sagte der Alte.

Ich folgte ihm wie ein Hündchen. So wurde ich Schüler von Malladihalli Swami, wie man ihn nannte, und ließ mich auf Yoga ein. Davor war es ein wahres Familienprojekt gewesen, mich morgens wach zu bekommen. Sobald man mich dazu gebracht hatte, mich im Bett aufzusetzen, kippte ich um und schlief wieder ein. Wenn meine Mutter mir meine Zahnbürste reichte, steckte ich diese in den Mund und schlief ein. Verzweifelt schob meine Mutter mich ins Badezimmer, wo ich sofort wieder einschlief. Nachdem ich drei Monate Yoga geübt hatte, wachte mein Körper jeden Morgen ohne jede äußere Aufforderung um zwanzig vor vier auf, was noch heute der Fall ist. Nach dem Aufwachen begann ich einfach mit meinen Übungen, egal wo und in welcher Situation ich mich befand. Dabei machte ich keinen einzigen Tag Pause. Durch diese einfache Praxis namens *Angamardana*, ein Körperyoga-System, durch das die Sehnen und Glieder gekräftigt werden, unterschied ich mich eindeutig von allen, mit denen ich zusammenkam, sowohl körperlich als auch mental. Das war alles – glaubte ich jedenfalls.

Mit der Zeit verlor ich jeden Glauben an eine strukturierte Schulbildung. Zynismus war das nicht, denn ich hatte genug Lebenshunger in mir, um an allem interessiert zu sein. Meine dominante Eigenschaft war jedoch schon in diesem Alter eine innere Klarheit. Ich suchte in dem, was man in der Schule unterrichtete, nicht aktiv nach Ungereimtheiten, ich sah sie einfach. In meinem Leben habe ich nie nach etwas gesucht, ich schaue nur hin. Das ist auch das, was ich heute versuche, anderen beizubringen: Wenn ihr wirklich etwas über Spiritualität erfahren wollt, sucht nicht nach etwas. Die Menschen denken, es gehe bei der Spiritualität darum, nach Gott, der Wahrheit oder den höchsten Dingen zu suchen. Das Problematische daran ist, dass man damit bereits festgelegt hat, wonach man sucht. Von Bedeutung ist jedoch nicht das Objekt unserer Suche, sondern die Fähigkeit, einfach ohne jedes Motiv hinzuschauen. Diese Fähigkeit fehlt heute in der Welt. Es gehört zu unserer psychischen Struktur, allem eine Bedeutung zuschreiben zu wollen. Aber bei der spirituellen Erkundung geht es nicht darum, etwas zu suchen, sondern darum, unsere Wahrnehmung zu entwickeln, unsere Fähigkeit, etwas zu erschauen.

Nach der Highschool begann ich in der Bibliothek der Universität von Mysore mit einem Selbststudium. Ich war der Erste, der morgens um neun an der Tür stand, und der Letzte, der abends um halb neun hinausgescheucht wurde. Zwischen Frühstück und Abendessen waren Bücher meine einzige Nahrung. Obwohl ich immer einen Bärenhunger hatte, verzichtete ich ein ganzes Jahr lang aufs Mittagessen. Ich las alles, was ich in die Finger bekam, von Homer bis *Popular Mechanics*[1], von Kafka bis Kalidasa[2], von Dante bis *Dennis the Menace*[3]. Nach diesem Jahr war ich zwar etwas gebildeter, hatte aber mehr Fragen als je zuvor.

Die Tränen meiner Mutter brachten mich widerstrebend dazu, mich an der Universität für ein Studium der Englischen Literatur einzuschreiben. Dennoch trug ich die dunkle Wolke meiner Milliarden Fragen ständig mit mir herum; weder die Bibliothek noch meine Dozenten konnten sie vertreiben. Wieder verbrachte ich die meiste Zeit außerhalb statt innerhalb der Unterrichtsräume. Im Unterricht, stellte ich fest, wurden lediglich Notizen diktiert, und ich hatte eindeutig nicht vor, Stenograf zu werden! Einmal bat ich eine Dozentin, mir ihre Notizen zu überlassen, damit ich sie kopieren könne. Ihr würde das die Mühe sparen, sie mir zu diktieren, und mir die Mühe, den Kurs zu besuchen. Schließlich traf ich eine Abmachung mit sämtlichen Dozenten (die ausgesprochen froh waren, mich nicht mehr im Unterricht zu haben). An jedem Unterrichtstag würden sie notieren, dass ich anwesend gewesen sei. Am letzten Tag eines jeden Monats wurde die Anwesenheit offiziell registriert, und an diesem Tag kam ich tatsächlich in den Unterricht, um mich zu vergewissern, dass sie ihren Teil der Abmachung einhielten.

Eine Gruppe von Studenten traf sich regelmäßig unter einem riesigen Banyanbaum, der auf dem Campus stand. Das nannte jemand den »Banyan Tree Club«, und der Name blieb

1 Populärwissenschaftliches US-Magazin.

2 Indischer Dichter des 4. und 5. Jahrhunderts.

3 US-Comicfigur.

hängen. Der Club hatte das Motto: »Wir tun's, weil es uns Spaß macht.« Wir versammelten uns auf unseren Motorrädern unter dem Baum und redeten stundenlang über die verschiedensten Themen, zum Beispiel darüber, wie man Jawa-Motorräder frisierte und wie man die Welt verbessern konnte. Natürlich stiegen wir dabei keinen Moment von unseren Motorrädern ab. Das wäre ein Sakrileg gewesen!

Als ich mit der Universität fertig war, war ich durchs ganze Land gereist. Anfangs fuhr ich mit meinem Fahrrad durch den Süden Indiens, später machte ich lange Fahrten auf meinem Motorrad. Anschließend lag es nahe, die Landesgrenze zu überschreiten, aber als ich an die Grenze zu Nepal kam, sagte man mir, meine Fahrzeugpapiere und mein Führerschein würden nicht ausreichen. Ich bräuchte weitere Dokumente. Danach wurde es mein Traum, irgendwie genügend Geld zu verdienen, um mit meinem Motorrad durch die Welt zu fahren. Das war mehr als Reiselust, in Wahrheit war ich ruhelos. Ich wollte etwas *erfahren*. Mir war weder klar, was das war, noch, an welchem Ort ich es finden konnte. In meinem innersten Wesen wusste ich jedoch, dass ich mehr wollte.

Ich habe mich nie für besonders impulsiv gehalten, ich war nur lebenshungrig. Die Folgen meines Handelns habe ich durchaus abgewogen, aber je gefährlicher sie waren, desto mehr zogen sie mich an. Jemand hat mir einmal gesagt, ich müsse einen sehr guten Schutzengel haben, der ständig Überstunden macht! In mir war immer eine Sehnsucht, die Grenzen auszuloten und zu überschreiten. Die Frage nach dem *Was* und *Warum* hat mich nie interessiert; mir ging es nur ums *Wie*. Wenn ich heute auf diese Zeit zurückblicke, wird mir klar, dass ich nie darüber nachgedacht habe, was ich im Leben werden wollte. Ich habe nur darüber nachgedacht, *wie* ich mein Leben leben wollte, und ich wusste, dass dieses *Wie* nur in mir und von mir bestimmt werden konnte.

Damals boomte in Indien gerade die Hühnerzucht. Da ich Geld verdienen wollte, um mir meinen Wunsch nach freiem, ziellosem Reisen zu erfüllen, stieg ich ein. »Was soll ich den Leuten bloß sagen?«, klagte mein Vater. »Dass mein Sohn Hühner züchtet?«

Dennoch baute ich eine Hühnerfarm auf, und zwar ganz alleine. Das Geschäft hatte Erfolg, ich machte Profit. Jeden Morgen widmete ich vier Stunden der Arbeit auf der Farm. Den restlichen Tag verbrachte ich damit, zu lesen und Gedichte zu schreiben, im Brunnen zu schwimmen, zu meditieren und mich auf einem großen Banyanbaum Tagträumen hinzugeben.

Der Erfolg machte mich experimentierfreudig. Mein Vater lamentierte immer, die Söhne von all seinen Bekannten wären Ingenieure, Unternehmer oder Beamte geworden oder nach Amerika gegangen. Außerdem meinten alle, mit denen ich zusammenkam, meine Freunde, meine Verwandten, meine alten Lehrer an der Schule und im College: »Weißt du, wir dachten immer, du würdest was aus deinem Leben machen, aber du vergeudest es nur.«

Ich ergriff meine Chance. Gemeinsam mit einem befreundeten Bauingenieur stieg ich ins Baugeschäft ein. Schon nach fünf Jahren hatte sich unsere Firma so gut entwickelt, dass sie zu den führenden Privatunternehmen von Mysore gehörte. Mein Vater war baff, aber er freute sich.

Ich wiederum war euphorisch und sehr von mir überzeugt. Adrenalingeladen, war ich reif für eine neue Herausforderung. Wenn alles, was du anfängst, ein Erfolg ist, neigst du bald zu der Ansicht, die Planeten würden sich um dich drehen statt um die Sonne!

Ein solcher junger Mann war ich, als ich an jenem schicksalhaften Nachmittag im September 1982 beschloss, mein tschechisches Motorrad zu besteigen, um auf den Chamundi Hill zu fahren.

Ich hatte nicht die leiseste Ahnung, dass mein Leben danach nie wieder so sein würde wie zuvor.

Als ich später versuchte, mit meinen Freunden über das zu sprechen, was an jenem Tag auf dem Hügel geschehen war, fragten sie nur: »Hattest du etwa was getrunken? Oder was eingeworfen?« Die neue Dimension, die urplötzlich in meinem Leben aufgetaucht war, machte sie noch ratloser als mich selbst.

Noch bevor ich angefangen hatte, zu verarbeiten, was diese Erfahrung bedeutete, wiederholte sie sich. Ich saß mit meiner Familie beim Abendessen. Vom Gefühl her dauerte es zwei Minuten, doch in Wirklichkeit waren es sieben Stunden. Ich saß da und war völlig bei Bewusstsein, nur dass das »Ich«, das ich mit mir identifizierte, im Gegensatz zu allem anderen nicht mehr vorhanden war. Die Zeit setzte aus.

Ich erinnere mich, wie verschiedene Familienmitglieder mir auf die Schulter tippten, mich fragten, was passiert sei, und mich drängten weiterzuessen. Daraufhin hob ich nur die Hand und bat sie, mich in Frieden zu lassen. Inzwischen waren sie an mein merkwürdiges Verhalten gewohnt und ließen mich einfach sitzen. Als ich in meinen »normalen« Zustand zurückkehrte, war es fast Viertel nach vier Uhr morgens.

Von da an trat diese Erfahrung häufiger auf. Wenn das geschah, aß ich stundenlang nichts und schlief auch nicht. Ich saß nur wie festgewurzelt da. Einmal dauerte das dreizehn Tage lang. Als dieser Zustand einer überwältigenden, unbeschreiblichen inneren Stille und Ekstase einsetzte, war ich zufällig in einem Dorf, dessen Bewohner sich um mich versammelten und sich zuflüsterten: »Ach, der ist wohl in Samadhi« (einem glückseligen außerkörperlichen Zustand, der in der spirituellen Überlieferung Indiens häufig beschrieben wird). In Indien herrscht ein traditionelles Verständnis von Spiritualität, das den Dorfbewohnern vertraut war, während ich mit meiner modernen Einstellung keine Ahnung davon hatte. Als ich aus meiner Erfahrung auftauchte, wollte mir jemand eine Blumengirlande um den Hals legen; jemand anders wollte meine Füße berühren. Mir schien das verrückt, weil ich mir absolut nicht vorstellen konnte, dass man mir so entgegentrat.

An einem anderen Tag saß ich beim Mittagessen. Ich steckte mir gerade etwas in den Mund, als dieser Bissen plötzlich explodierte. In diesem Moment war ich in der Lage, die wundersame Alchemie der menschlichen Verdauung zu erfahren, den Prozess, durch den eine äußere Substanz – ein Stück unseres Planeten – zu einem Teil von mir wurde. Intellektuell begreifen wir das alle – dass von der Erde stammende Dinge uns nähren und dass unser Körper eines Tages als Nährstoff in dieselbe Erde zurückkehrt, die uns einmal versorgt hat. Als mir dieses Wissen jedoch von der Erfahrung her zugänglich wurde, veränderte es meine ganze Perspektive darauf, wer ich war. Meine Beziehung zu allem ringsum – die Erde eingeschlossen – erreichte eine neue Dimension.

Mir wurde jene außerordentliche Intelligenz bewusst, die in jedem von uns ist und die innerhalb eines einzigen Nachmittags ein Stück Brot oder einen Apfel in einen Teil des menschlichen Körpers verwandeln kann. Eine beachtliche Leistung! Als ich diese Intelligenz, die der Ursprung der Schöpfung ist, bewusst wahrnahm, begannen sich um mich herum anscheinend unerklärliche Dinge zu ereignen. Gegenstände, die ich berührte, wurden auf die eine oder andere Weise verwandelt. Wenn Menschen mich ansahen, brachen sie in Tränen aus. Viele meinten, ihre körperlichen oder seelischen Leiden seien durch meinen bloßen Anblick gelindert worden. Ich selbst stellte fest, dass ich innerhalb von Stunden von Krankheiten genas, die normalerweise eine monatelange medizinische Behandlung erfordern. Dennoch maß ich alldem nur wenig Bedeutung bei.

Die Fähigkeit, meine äußere und innere Wirklichkeit ziemlich dramatisch zu verwandeln, ist mir bis heute erhalten geblieben. Dabei habe ich nie bewusst versucht, irgendetwas in der Richtung zu erreichen. Aber sobald man in Kontakt mit dieser tieferen Dimension der Intelligenz gekommen ist, die die Grundlage unserer Existenz auf der Erde darstellt, wird das Leben auf ganz natürliche Weise zu einem Wunder.

Innerhalb von etwa sechs bis acht Wochen wurde diese unglaubliche Erfahrung zu einer lebendigen Realität für mich. In dieser Zeit wandelte sich alles an mir drastisch. Mein Erscheinungsbild – die Form meiner Augen, mein Gang, meine Stimme, die Haltung meines Körpers – veränderte sich so stark, dass es auch meiner Umgebung auffiel.

Was in meinem Innern geschah, war noch phänomenaler. In diesen wenigen Wochen wurde ich von Erinnerungen überflutet, von Erinnerungen an buchstäblich mehrere Lebenszeiten. Nun war ich unzähliger unterschiedlicher Dinge gewahr, die in einem einzigen Augenblick in mir abliefen. Das war wie ein Kaleidoskop. Mein logischer Geist sagte mir, das könne doch alles gar nicht wahr sein. Obwohl das, was ich in mir sah, klarer als Tageslicht war, hoffte ich insgeheim, dass es nicht stimmte. Ich hatte mich immer als aufgeweckten jungen Mann gesehen, doch nun schien ich plötzlich ein konfuser junger Narr zu sein. Mit dieser Verwirrung kam ich nicht zurecht, obgleich ich zu meinem Kummer feststellte, dass alles, was meine Erinnerungen mir mitteilten, der Wahrheit entsprach.

Bis zu diesem Zeitpunkt hatte ich mich absolut geweigert, irgendetwas in meinem Leben zu akzeptieren, was nicht in einen rationalen, logischen Rahmen passte. Nun erkannte ich langsam, dass das Leben selbst die höchste Intelligenz darstellte. Der menschliche Verstand ist nichts als eine gewisse Klugheit, die uns das Überleben sichert. Wahre Intelligenz ist nur das Leben selbst – und das, was der Ursprung des Lebens ist. Sonst nichts.

Man hat behauptet, das Göttliche sei gleichbedeutend mit Liebe oder Mitgefühl. Wenn man die Schöpfung jedoch aufmerksam betrachtet, erkannt man, dass das Göttliche – oder was immer der Ursprung der Schöpfung ist – vor allem die höchste vorstellbare Intelligenz darstellt. Statt zu versuchen, diese gewaltige Intelligenz zu erschließen, die in jedem von uns pulsiert, entscheiden wir uns jedoch meist dafür, unseren logischen Verstand zu verwenden, der zwar in bestimmten Situationen nützlich, aber grundsätzlich beschränkt ist.

Noch etwas begann ich damals zu erleben – eine gesteigerte Empfänglichkeit für die Gefühle anderer. Manchmal kamen mir schon die Tränen, wenn ich auf der Straße den Kummer einer mir völlig unbekannten Person sah. Ich konnte kaum glauben, was für qualvolle Zustände andere Menschen erdulden konnten, während ich völlig grundlos vor Energie nur so platzte.

Es dauerte eine Weile, bis ich erkannte, dass da etwas »Spirituelles« mit mir geschah. Es war, wie ich begriff, jene höchste Erfahrung, von der die geheiligten Traditionen und Schriften sprachen. Was ich erlebte, war tatsächlich das Schönste, was einem Menschen widerfahren konnte.

In jedem Moment barst jede Zelle in meinem Körper von einer unbeschreiblichen Ekstase. Oft wird die Kindheit verherrlicht, weil man als Kind ohne jeden Grund glücklich sein und lachen kann. Wie ich nun merkte, konnte man auch als Erwachsener ekstatisch sein. Das ist jedem Menschen möglich, weil alles, was wir überhaupt erfahren können, von *innen* heraus geschieht.

Ich erkannte, dass die physische Verwandlung meines Erscheinungsbildes in Wirklichkeit eine Neuorientierung meiner gesamten inneren Verfassung darstellte. Seit dem Alter von zwölf Jahren übte ich eine elementare Reihe von Körperhaltungen aus dem Hatha-Yoga. Nun trugen diese dreizehn Übungsjahre Früchte. Im Grunde ist Yoga eine Methode, den Körper so umzugestalten, dass er einem höheren Zweck dient. Der menschliche Körper kann als ein Ding aus Fleisch und Blut fungieren oder als Ursprung der Schöpfung selbst.

Eine ganze Technologie steht zur Verfügung, um das Menschliche ins Göttliche zu verwandeln. Die menschliche Wirbelsäule ist nicht nur eine mangelhafte Anordnung von Knochen, sondern die Achse des Universums. Alles hängt nur davon ab, wie wir unseren Organismus reorganisieren. In meinem Fall bedeutete das, dass ich als jemand mit einer starken körperlichen Präsenz meinen Körper so zu tragen lernte, als wäre er überhaupt nicht vorhanden. Meine Haltung wurde sehr entspannt. Vorher hatte mein Körper meine ganze Intensität ausgedrückt; wenn ich einen Raum betrat, spürten die Anwesenden, dass gleich etwas geschehen würde. Nun jedoch lernte ich, meinen Körper anders einzusetzen.

Dadurch erkannte ich auch, dass es sich bei meiner Erfahrung dieser grenzenlosen Einheit mit der Existenz und allem Lebendigen wirklich um Yoga handelte. Bei der einfachen Reihe von Asanas, die ich täglich geübt hatte, war es um Fitness gegangen – hatte ich jedenfalls gedacht. Nach jenem Tag auf dem Chamundi Hill wurde mir jedoch klar, dass ich in Wirklichkeit einen Vorgang angestoßen hatte, der mich in eine Dimension weit jenseits des Physischen führen konnte. Deshalb sage ich allen Leuten: Selbst wenn ihr aus den falschen Gründen mit Yoga anfangt, wirkt es trotzdem!

In jedem Menschen gibt es etwas, das Grenzen ablehnt und sich danach sehnt, grenzenlos zu werden. Es liegt in der menschlichen Natur, immer mehr sein zu wollen als das, was wir gerade sind. Egal, wie viel wir erreicht haben, wir wollen uns trotzdem entwickeln. Wenn wir uns genauer mit diesem Wunsch beschäftigen, so erkennen wir, dass wir uns nicht nach mehr, sondern nach *allem* sehnen. Wir haben alle eine Sehnsucht nach Grenzenlosigkeit. Das einzige Problem liegt darin, dass wir diese etappenweise erreichen wollen.

Stell dir vor, du wärest in einer eineinhalb Quadratmeter großen Zelle eingeschlossen. So bequem die auch wäre, du würdest dich danach sehnen, daraus befreit zu werden. Wenn man dich dann am nächsten Tag in eine geräumigere, drei Quadratmeter große Zelle umquartieren würde, so würdest du dich eine Weile blendend fühlen, aber bald würde dieselbe Sehnsucht wiederkehren, die Grenze zu durchbrechen. Es kommt nicht darauf an, wie weit eine von uns gesetzte Grenze ist; sobald wir uns ihrer bewusst werden, entsteht in uns instinktiv der Wunsch, sie zu überwinden. In der Kultur des Ostens hat man diese Sehnsucht als höchstes Ziel jedes menschlichen Bestrebens anerkannt. Freiheit – in Sanskrit *Mukti* oder *Moksha* – wird als natürliches Verlangen jedes Menschen und als unsere eigentliche Bestimmung gesehen. Nur weil wir uns ihrer nicht bewusst sind, wollen wir sie schrittweise erreichen, indem wir Macht, Geld, Liebe oder Wissen erwerben. Oder durch jenen anderen beliebten Zeitvertreib der modernen Welt – Shopping!

Sobald ich erkannte, dass der Mensch sich nicht nach etwas Bestimmtem sehnt, sondern nur danach, sich grenzenlos auszudehnen, stieg eine gewisse Klarheit in mir auf. Weil ich sah, dass wir alle zu dieser Klarheit fähig sind, kam es mir selbstverständlich vor, sie mit anderen zu teilen. Seither ist es mein einziges Ziel, diese Erfahrung anderen Menschen zu vermitteln und sie empfänglich für die Tatsache zu machen, dass ein Zustand von Freude, Freiheit und Grenzenlosigkeit ihnen nicht versagt bleiben wird, wenn sie dem natürlichen Überschwang des Lebens nicht selbst im Weg stehen.

Bei dem Zustand eines ekstatischen Wohlbefindens, der

mir seit jenem Nachmittag auf dem Chamundi Hill zu eigen ist, handelt es sich weder um eine ferne, kaum erreichbare Möglichkeit noch um ein Hirngespinst. Für alle, die dazu bereit sind, stellt er eine lebendige Wirklichkeit dar. Er ist das Geburtsrecht jedes menschlichen Wesens.

Der Weg hinaus führt hinein

Mit allem, was du bisher in deinem Leben getan hast, hast du ein einziges Ziel verfolgt. Ob du Karriere gemacht, eine Firma aufgebaut, Geld verdient oder eine Familie gegründet hast, das ist immer geschehen, weil du etwas ganz Einfaches wolltest: Freude.

Aber irgendwo auf dem Weg dorthin ist das Leben kompliziert geworden.

Wärest du auf diesem Planeten als irgendein anderes Geschöpf geboren worden, dann wäre es ganz einfach gewesen. Du hättest lediglich physische Bedürfnisse gehabt. Ein voller Magen wäre gleichbedeutend mit einem großartigen Tag gewesen. Sieh dir nur deinen Hund oder deine Katze an – sobald deren Magen voll ist, sind sie ganz friedlich.

Wenn man jedoch als Mensch auf diese Welt kommt, verändert sich die Lage. Ein leerer Bauch stellt lediglich ein einziges Problem dar: Hunger. Aber ein voller Bauch? Dutzende Probleme!

Wenn unser Überleben auf dem Spiel steht, ist das ein großes Thema in unserem Leben. Sobald das jedoch erledigt ist, scheint es überhaupt keine Bedeutung mehr zu haben. Für den Menschen endet das Leben offenbar nicht mit dem bloßen Überleben, es *beginnt* damit.

In der heutigen Zeit ist unser Überlebensprozess besser organisiert als je zuvor. Man kann in den Supermarkt gehen und dort alles kaufen, was man für ein ganzes Jahr braucht. Das kann man sogar tun, ohne die eigenen vier Wände zu verlassen! So etwas war in der Geschichte der Menschheit bisher noch nie möglich. Dinge, die selbst gekrönte Häupter sich vor hundert Jahren nicht hätten leisten können, sind heute dem Durchschnittsbürger zugänglich. Wir sind die am besten versorgte Generation, die je auf diesem Planeten gelebt hat. Der Haken an der Sache ist, dass wir eindeutig nicht die freudigste, liebevollste oder friedlichste sind.

Weshalb ist das so? Wir haben unser Bestes versucht, unsere Umwelt in Ordnung zu bringen. Wenn wir noch mehr Ordnung darin schaffen, bleibt vom Planeten nichts mehr übrig! Dennoch sind wir nicht glücklicher als unsere Vorfahren vor tausend Jahren. Wenn das also nicht funktioniert, ist es da nicht an der Zeit, darüber nachzudenken, was falsch läuft? Wie können wir weiter etwas tun, was tausend Jahre lang nicht funktioniert hat? Wie lange wollen wir noch mit Konzepten leben, die eindeutig nicht halten, was sie versprechen?

Es ist Zeit für einen Paradigmenwechsel.

Beginnen wir mit einer einzigen Frage: Wie würden wir einen Zustand des Wohlbefindens beschreiben?

Ganz schlicht besteht Wohlbefinden darin, sich tief im Innern *angenehm* zu fühlen. Wenn der Körper sich angenehm anfühlt, bezeichnen wir das als Gesundheit. Fühlt er sich sehr angenehm an, nennen wir es Wohligkeit. Ist der Geist in einem angenehmen Zustand, sprechen wir von Frieden, und ist dieser Zustand sehr angenehm, nennen wir es Freude. Werden die Emotionen angenehm, bezeichnen wir es als Liebe, und wenn sie sehr angenehm werden, als Mitgefühl. Wenn die Lebensenergie angenehm wird, sprechen wir von Glücklichsein, und wenn sie sehr angenehm ist, von Ekstase. Das ist alles, wonach wir streben: nach einem Zustand, der innerlich und äußerlich angenehm ist. Ist es im Innern angenehm, spricht man von Frieden, Freude, Glück. Wird die Umgebung angenehm, bezeichnet man das als Erfolg. Wenn man an nichts dergleichen Interesse hat und in den Himmel kommen will, wonach strebt man dann? Nach nichts anderem als nach Erfolg im Jenseits! Im Grunde geht es im menschlichen Dasein also nur darum, in welchem Grade es angenehm oder unangenehm ist.

Aber wie oft im Leben hast du einen ganzen Tag absolut glücklich verbracht – ohne einen einzigen Moment an Sorge, Aufgeregtheit, Ärger oder Stress? Wie viele Male war dein Leben vierundzwanzig Stunden lang völlig und absolut angenehm? Wann hast du so etwas das letzte Mal erlebt?

Erstaunlicherweise ist für die meisten Menschen auf der Erde kein einziger Tag genau so gelaufen, wie sie es am liebsten gewollt hätten! Natürlich gibt es niemanden, der nicht schon Freude, Frieden oder gar Glückseligkeit erlebt hat, doch dieser Zustand war immer flüchtig. Man ist nicht in der Lage, ihn aufrechtzuerhalten. Man schafft es zwar, ihn zu erreichen, aber er bricht ständig wieder in sich zusammen, und für diesen Zusammenbruch muss gar nichts Welterschütterndes passieren. Die einfachsten Dinge bringen einen aus dem Gleichgewicht.

So ist es eben. Wenn du heute aus dem Haus gehst und jemanden triffst, der dir erzählt, du seist der schönste Mensch auf der Welt, dann schwebst du auf Wolken. Aber wenn du später wieder nach Hause kommst und deine Familie dir klarmacht, wer du *wirklich* bist, geht alles in die Binsen!

Na, hört sich das bekannt an?

Warum geht es darum, uns in unserem Innern angenehm zu fühlen? Die Antwort liegt auf der Hand: Wenn wir uns in einem wohligen inneren Zustand befinden, sind wir auch voller Wohlwollen gegenüber unserer gesamten Umgebung. Man braucht keine heiligen oder philosophischen Schriften zu lesen, um zu lernen, gut zu anderen zu sein. Das ist eine natürliche Reaktion, wenn man sich gut im eigenen Innern fühlt. Dieses innere Wohlbefinden ist die beste Garantie für das Entstehen einer friedvollen Gesellschaft und eine Welt voller Freude.

Abgesehen davon hängt dein Erfolg in der Welt entscheidend davon ab, wie gut du dir die Fähigkeiten von Körper und Geist zunutze machst. Um Erfolg zu haben, muss inneres Wohlgefühl deine grundlegende Eigenschaft sein.

Vor allem jedoch gibt es substanzielle medizinische und psychologische Hinweise, dass Körper und Geist am besten funktionieren, wenn man sich in einem angenehmen Zustand befindet. Wie es heißt, verdoppeln sich die intellektuellen Fähigkeiten fast, wenn man über vierundzwanzig Stunden hinweg glücklich und zufrieden bleiben kann. Um das zu bewirken, muss man nur das innere Durcheinander zur Ruhe bringen, damit Klarheit zutage treten kann.

Nun ist die Lebensenergie, die man als »Ich« bezeichnet, manchmal sehr glücklich, manchmal elend, manchmal friedvoll und manchmal in Aufruhr. Dieselbe Lebensenergie ist zu all diesen Zuständen fähig. Wenn wir also die Wahl hätten, welchen Ausdruck unsere Lebensenergien haben sollen, wofür würden wir uns entscheiden? Für Freude oder für Leid? Für einen angenehmen oder einen unangenehmen Zustand?

Wieder liegt die Antwort auf der Hand. Natürlich gibt es individuelle Unterschiede, aber egal, ob man Geld scheffeln will, sich betrinkt oder alles tut, um in den Himmel zu kommen, man will es sich angenehm machen, sonst nichts. Selbst wenn man behauptet, man hätte kein Interesse an dieser Welt und im Leben kein anderes Ziel als den Himmel, strebt man trotzdem nur nach einem angenehmen Zustand. Wenn du seit der Kindheit gehört hättest, im Himmel würde zwar Gott leben, aber abgesehen davon sei das ein fürchterlicher Ort – würdest du dann dort hinwollen? Natürlich nicht. Im Grunde ist ein vollkommen angenehmer Zustand gleichbedeutend mit dem Himmel, während das Gegenteil die Hölle ist. Manche suchen diesen Zustand in geistigen Getränken, andere im göttlichen Geist, aber es geht immer nur darum, es angenehm zu haben.

Zwischen uns und dem eigenen Wohlbefinden steht nur eine simple Tatsache: Wir haben zugelassen, dass unsere Gedanken und Emotionen ihre Anweisungen von außen bekommen statt von innen.

Eines Tages ging eine Frau zu Bett. Im Schlaf hatte sie einen Traum. Sie sah einen gutgebauten Mann, der sie anstarrte. Dann kam er näher, immer näher.

Schließlich war er ihr so nah, dass sie seinen Atem spürte.

Sie bebte – aber nicht vor Angst.

Dann fragte sie: »Was werden Sie mir antun?«

»Tja, gute Frau«, erwiderte der Mann, »es ist *Ihr* Traum!«

Alles, was in deinem Kopf geschieht, ist *dein* Traum. Da sollte sich das wenigstens so abspielen, wie du es haben willst, nicht wahr? Wenn schon die Welt sich nicht so verhält, wie du es gerne hättest, sollten wenigstens deine Gedanken und Emotionen so ablaufen, wie du es dir wünschst. Momentan nehmen sie ihre Anweisungen allerdings nicht von dir entgegen, weil du den ganzen menschlichen Mechanismus nach dem Zufallsprinzip handhabst.

Der menschliche Mechanismus ist das am höchsten entwickelte physische Gebilde auf der Erde. Du bist ein technisches Wunderwerk, hast jedoch leider keine Ahnung, wo sich das Bedienfeld dafür befindet. Es ist, als würdest du einen Supercomputer mit Spitzhacke und Schraubenschlüssel handhaben! Infolgedessen ist der simple Prozess des Lebens eine Strapaze für die Menschheit. Den Lebensunterhalt verdienen, sich fortpflanzen, die Kinder aufziehen und dann eines Tages tot umfallen – welch eine Herausforderung! Es ist erstaunlich, wie sehr der Mensch sich anstrengt, nur um das zu tun, was jeder Wurm, jedes Insekt, jeder Vogel und jedes nichtmenschliche Säugetier völlig mühelos zustande bringt.

Schlicht gesagt, befindet sich unsere innere Ökologie in einem heillosen Durcheinander. Irgendwie meinen wir, wir müssten nur die äußeren Bedingungen verbessern, um alles, was sich im Innern befindet, in Ordnung zu bringen. Die vergangenen hundertfünfzig Jahre sind jedoch der Beweis, dass die Technologie uns lediglich ein komfortables Leben verschafft, aber kein Wohlbefinden. Daher müssen wir begreifen, *dass nicht das Richtige mit uns geschieht, wenn wir nicht das Richtige tun*. Das gilt nicht nur für die Außenwelt, sondern auch für unser Inneres.

Eines Tages suchten ein Ziegenbock und ein Fasan auf einer Wiese Futter. Der Ziegenbock graste, und der Fasan pickte ihm Zecken aus dem Fell – eine ideale Partnerschaft. Irgendwann blickte der Fasan auf einen riesigen Baum, der am Rand der Wiese stand, und sagte: »Ach, früher konnte ich bis auf den höchsten Ast des Baumes da drüben fliegen, und jetzt bin ich nicht mal mehr kräftig genug, um den untersten zu erreichen.«

»Friss doch jeden Tag ein bisschen was von meinem Dung und warte ab, was dann passiert«, sagte der Ziegenbock lässig. »Nach zwei Wochen kommst du sicher wieder ganz nach oben!«

»Sag mal, willst du mich veräppeln?«, erwiderte der Fasan. »Was für ein Blödsinn!«

»Versuch's doch einfach mal«, sagte der Ziegenbock. »Die ganze Menschheit steht da drauf.«

Zögerlich fing der Fasan zu picken an, und tatsächlich erreichte er schon am allerersten Tag den untersten Ast. Nach zwei Wochen kam er bis ganz nach oben. Dort blieb er hocken, um die Aussicht zu genießen.

Der alte Bauer, der auf seinem Schaukelstuhl auf der Veranda saß, sah oben auf dem Baum einen fetten alten Fasan sitzen. Er holte seine Schrotflinte und schoss den Vogel ab.

Die Moral der Geschichte: Mit Bockmist kommst du zwar eventuell bis ganz nach oben, aber da bleiben wirst du mit so was sicher nicht!

Anders gesagt, kann man sich zwar mit untauglichen Mitteln in allerhand emotionale Zustände versetzen, um sich irgendwie ein bisschen wohler zu fühlen, aber so etwas hat nicht lange Bestand. Schon ein Tag mit schlechtem Wetter kann zum Absturz führen, eine falsche Bewegung auf dem Aktienmarkt erst recht. Und selbst wenn der erreichte Zustand nicht in sich zusammenstürzt, ist die Erwartung, dass er das eventuell tun könnte, schon schlimm genug. Die drohende Möglichkeit, er könnte sich eines Tages in Luft auflösen, ist wahre Folter – oft übler als die tatsächliche Katastrophe. Solange dein inneres Leben also an äußere Situationen gekettet ist, wird es sich in einem prekären Zustand befinden. Etwas anderes ist gar nicht möglich.

Was ist dann der Ausweg?

Der Ausweg ist eine simple Richtungsänderung. Du musst nur erkennen, dass Ursprung und Basis deiner Erfahrungen sich in deinem *Innern* befinden. Das menschliche Dasein wird zwar von äußeren Situationen stimuliert oder katalysiert, aber der Ursprung liegt innen. Leid und Vergnügen, Freude und Kummer, Qual und Ekstase, alles geschieht nur in uns selbst. Der Versuch, Freude von außerhalb zu gewinnen, ist eine menschliche Torheit. Man kann die Außenwelt zwar als Impuls oder Auslöser nutzen, aber wahre Freude kommt immer nur von innen her.

In diesem Moment hältst du ein Buch in Händen. Wo siehst du dieses Buch? Nimm einen Finger und deute dorthin, wo du es siehst! Meinst du, dieses Bild wäre außerhalb deiner selbst?

Denke noch einmal nach.

Du erinnerst dich doch, wie so etwas funktioniert, nicht wahr? Auf das Buch fällt Licht, wird davon zurückgeworfen, trifft auf die Linsen deiner Augen und wird als umgedrehtes Bild auf die Netzhaut projiziert – den Vorgang kennst du ja. Das heißt, in Wirklichkeit siehst du das Buch *innerhalb* deiner selbst.

Wo siehst du dann die ganze Welt?

Ebenfalls innerhalb deiner selbst.

Alles, was dir je widerfahren ist, hast du *in deinem Innern* erlebt. Licht und Dunkelheit, Leid und Vergnügen, Qual und Ekstase – alles hat sich in dir abgespielt. Wenn jemand jetzt deine Hand berührt, denkst du vielleicht, du würdest diese Hand spüren, aber tatsächlich nimmst du nur die Empfindungen in deiner eigenen Hand wahr. Die gesamte Erfahrung bleibt im Innern. *Jede menschliche Erfahrung ist zu hundert Prozent von uns selbst geschaffen.*

Wenn deine Gedanken und Emotionen aber von dir selbst gemacht werden, kannst du sie so formen, wie du möchtest. Inzwischen ist wissenschaftlich nachgewiesen, dass man völlig berauscht von sich selbst sein kann, ohne einen einzigen Tropfen Alkohol oder eine andere Substanz zu sich zu nehmen. Der israelische Hochschullehrer Raphael Mechoulam, ein Spezialist für organische Chemie, hat mit seinem Forschungsteam ein Projekt durchgeführt, bei dem im menschlichen Körper eine Art »Glückseligkeitsmolekül« isoliert wurde. Einfach ausgedrückt, hat man entdeckt, dass das menschliche Gehirn über einen natürlichen Cannabis-Rezeptor verfügt. Wieso ist das der Fall? Das liegt einfach daran, dass der Körper in der Lage ist, sein eigenes Rauschmittel herzustellen. Daher kann er ohne äußeren Reiz – und ohne jeden Katzenjammer – selbst für seine Glückseligkeit sorgen! Bestimmte chemische Stoffe wie Alkohol und Partydrogen sind gefährlich, weil sie die Wahrnehmungsfähigkeit vermindern, die Gesundheit ruinieren, süchtig machen und den Körper zerstören können. Hier jedoch ist eine Glücksdroge, die von unserem eigenen Organismus erzeugt und konsumiert wird – und die eine gewaltige Wirkung auf unsere Gesundheit und unser Wohlbefinden hat. Unser Organismus ist also auf wunderbare Weise eigenständig. Später hat man weitere, ähnliche Stoffe entdeckt, aber dieser speziellen Substanz hat man den Namen *Anandamid* gegeben, von dem Sanskrit-Wort *Ananda* für »Freude« oder »reines Glück«. Aus alldem können wir schließen, dass Glück nur eine bestimmte Art Chemie ist. Frieden ist eine andere Art Chemie. Tatsächlich ist jedes angenehme Gefühl, das wir empfinden – ob Frieden, Freude oder Ekstase –, eine Art Chemie. Im System des Yoga war das schon immer bekannt.

Daher existiert eine bestimmte Technik für das innere Wohlbefinden. Sie bildet die chemische Grundlage für eine freudvolle Existenz und ist eine Dimension dessen, was ich als »innere Technologie« bezeichne. Ist man sich ihrer bewusst, so kann man den Körper so aktivieren, dass schon das Atmen ein gewaltiges Vergnügen darstellt. Dazu braucht man nur die Bereitschaft, dem inneren Mechanismus ein wenig Aufmerksamkeit zu schenken.

Das ist der fundamentale Paradigmenwechsel, der sich ereignen muss. Suche nicht nach einem Ausweg aus dem Elend. Suche nicht nach einem Ausweg aus dem Leiden. Es gibt nur einen einzigen Weg – und der führt *hinein*.

Die meisten Leute denken, bei Frieden und Freude handele es sich um Ziele eines spirituellen Lebens. Das ist ein Irrtum. Frieden und Freude sind die Grundvoraussetzungen eines Lebens in Wohlbefinden. Wenn du heute dein Abendessen genießen willst, musst du friedvoll und glücklich sein. Wenn du deine Familie, deine Arbeit und die Welt, in der du lebst, genießen willst, musst du ebenfalls friedvoll und glücklich sein. Frieden und Freude sind nichts, was man am Ende des Lebens erreicht; sie sind die Grundlage des Lebens. Wenn du Frieden für das letzte, höchste Ziel hältst, wirst du lediglich »in Frieden ruhen!«

»Spiritualität« zählt zu den am stärksten korrumpierten Begriffen auf der Welt. Beschreite daher nicht den spirituellen Weg, um Frieden zu erlangen. Nur weil es den meisten Leuten so an Frieden mangelt, meinen sie, er sei das höchste Ziel. Als ich vor einigen Jahren in Tel Aviv war, sagte man mir, *Shalom* sei die höchste Form des Grußes. Ich fragte nach dem Grund. »Weil es Frieden bedeutet«, erklärte man mir. »Wieso sollte Frieden eigentlich nur im Nahen Osten so ein hohes Ziel sein?«, meinte ich daraufhin.

Wenn du ohne Proviant auf einer verlassenen Insel gelandet wärest, und plötzlich würde dir Gott erscheinen, was wäre dir dann lieber – wenn diese Erscheinung die Form eines strahlenden Lichtes hätte oder die von Brot? In Indien verehren manche Bevölkerungsgruppen Nahrung als göttlich, weil sie über eine lange Zeit hinweg gehungert haben. In Kalifornien heißt es: »Love is God!« Das, woran wir Mangel leiden, erscheint uns als das höchste Ziel, aber nichts dergleichen wird uns dauerhaft zufriedenstellen. Das menschliche Leben sehnt sich nach grenzenloser Ausdehnung, und die ist das *Einzige*, was uns ein für alle Mal Zufriedenheit schenkt.

Eine spirituelle Suche ist keine überlegte Entscheidung und nichts, was irgendwie herbeigeführt werden könnte. Sie ist ein natürliches Bedürfnis. Früchte trägt sie allerdings nur, wenn man bewusst damit umgeht. Sobald es dir nicht mehr anstrengend vorkommt, friedlich, glücklich und freudvoll zu sein, fängst du ganz automatisch an, nach mehr zu suchen, weil du wissen willst, worum es im Leben wirklich geht. Die Mystik hat sich weltweit nur an Orten entwickelt, an denen die Menschen die Technik erlernt haben, aus sich selbst heraus ekstatisch zu sein. Nur wenn man glücklich ist, befindet man sich im Zustand der größten Empfänglichkeit und ist wirklich bereit, alle Aspekte des Lebens zu erforschen. Sonst wagt man das nicht, denn wenn es schon eine große Herausforderung darstellt, sich einen angenehmen Zustand zu bewahren, kann man sich keinen anderen Herausforderungen stellen.

Einst ging ein fünfundachtzig Jahre alter Mann in Louisiana angeln. Als er gerade Schluss machen wollte, fing er einen Frosch. Den wollte er schon wieder in den Sumpf setzen, als der Frosch zu sprechen begann. »Du musst mir bloß einen leidenschaftlichen Kuss geben«, sagte er, »dann verwandle ich mich in eine wunderschöne junge Frau!«

Der Alte studierte ausgiebig den Forsch, der erwartungsvoll die Lippen spitzte. Dann ließ der Alte ihn in seinen Fischeimer plumpsen.

»Hast du nicht gehört?«, schrie der Frosch. »Nur ein Kuss, dann verwandle ich mich in eine richtig schöne junge Frau!«

Der Alte erwiderte: »In meinem Alter kann ich mit einer schönen jungen Frau nicht mehr viel anfangen. Wenn ich mich durch so einen Kuss in einen flotten jungen Prinzen verwandeln würde, wäre das was anderes. Aber wie die Dinge liegen – ein Frosch, der sprechen kann! Da müsste man doch Geld draus machen können ...«

Entscheidungen, die wir aufgrund unserer eigenen Unfähigkeit treffen, sind keine Lösungen für unser Leben. Wenn wir unfähig sind, aus uns selbst heraus Freude zu empfinden, kommen uns die einfachsten Fragen wie hochkomplexe Probleme vor. Friedlich und freudvoll zu sein ist heute das drängendste Problem der Menschheit, denn auf der Suche nach menschlichem Glück ruinieren wir gerade den ganzen Planeten.

Die einfachsten Dinge – Frieden, Freude, Wohlwollen – sind zu fernen Zielen geworden, weil wir leben, ohne dem Prozess des Lebens selbst Aufmerksamkeit zu schenken.

Wenn die Leute »Leben« sagen, meinen sie meist dessen Begleitumstände: ihre Arbeit, ihre Familie, ihre Beziehungen, das Haus, in dem sie wohnen, das Auto, das sie fahren, die Kleider, die sie tragen, und die Götter, zu denen sie beten. Was sie dabei verpassen, ist das *Leben*, der Lebensprozess selbst, das essenzielle Leben, das wir sind. In dem Moment, in dem wir den entscheidenden Fehler machen, uns mit etwas zu identifizieren, was wir gar nicht sind, wird das Leben unnötigerweise zu einem Kampf. Die Grundlage von Frieden und Glück schaffen wir nicht, indem wir uns um die äußeren Realitäten des Lebens kümmern, sondern indem wir Zugang zur inneren Natur des eigenen Wesens finden und sie organisieren.

Du kannst nur das erleben, was sich innerhalb der Grenzen deiner Wahrnehmung befindet. Dehnst du diese Grenzen aber aus, so kannst du mühelos jeden beliebigen Menschen als dich selbst erfahren. Wenn du sie noch weiter ziehst, dann erlebst du den ganzen Kosmos so, wie du deinen eigenen Körper erlebst.

Als mir dieses alles einschließende Gefühl begegnete, begriff ich, dass es keine bloße Vorstellung ist, liebevoll und mitfühlend zu sein. Mit Empathie zu leben ist kein esoterisches Prinzip. Es ist die Art und Weise, wie der Mensch *geschaffen* ist. Wenn du dich nicht mit etwas identifizierst, was du im Laufe der Zeit erworben hast – *und dazu gehören auch dein Körper und dein Geist* –, wirst auch du in der Lage sein, das zu erfahren.

Erleuchtung ist keine Leistung oder Errungenschaft, sie ist ein Nachhausekommen. Unsere Sinne vermitteln uns den Eindruck, wir würden erleben, was außerhalb von uns ist, aber in Wirklichkeit haben wir das noch nie erlebt. Wenn wir erkennen, dass unsere ganze Erfahrung im Innern stattfindet, ist diese vollkommene Heimkehr gleichbedeutend mit Erleuchtung.

Mein Leben ist der Aufgabe gewidmet, Methoden zu entwickeln, mit denen man dieses alles einschließende Gefühl erfahren kann. Wenn wir wirklich Lösungen finden wollen, die für uns alle relevant sind, muss das zu einer Erfahrung der ganzen Menschheit werden – und das ist möglich.

Es gibt nur einen Grund, weshalb nicht jeder von Natur aus erleuchtet ist: Man hat die Welt in gut und schlecht, Gott und Teufel, hoch und niedrig, heilig und profan, rein und unrein, Himmel und Hölle eingeteilt. Diese Kategorien sind wie parallele Linien, die sich nirgendwo kreuzen.

Sobald man dadurch einen Riss in die eigene Existenz gebracht hat, gibt es keine Möglichkeit mehr, einen Zustand von dauerhaftem Wohlbefinden und ebensolcher Freiheit zu erreichen. Zum Beispiel hat man dir gesagt, du sollst deine Feinde lieben. Wenn du aber erst jemanden als Feind bezeichnest und dann versuchst, ihn zu lieben, ist das eine ausgesprochen qualvolle Angelegenheit! Hat man die Schöpfung derart in Bruchstücke zerlegt, kann man unmöglich einen Zustand erreichen, in dem alles vollständig eingeschlossen ist.

Das Problem liegt darin, dass der Mensch eine grundlegende Unterscheidung verloren hat – zwischen innen und außen, zwischen der Art und Weise zu *sein* und der Art und Weise, mit der Außenwelt zu *verkehren*. Je nachdem, wie eine Situation oder eine Beziehung sich für uns darstellt, gehen wir unterschiedlich damit um, wobei unser Verhalten selbst dann, wenn es sich um eine sehr enge Beziehung handelt, immer von Regeln oder Normen bestimmt wird.

Was unsere innere Natur angeht, gibt es jedoch nur ein einziges leitendes Prinzip: *grenzenlose Einheit*. Unsere physische und soziale Welt wird von Grenzen bestimmt, aber unsere innere Welt braucht so etwas nicht. Um die Ekstase jener grenzenlosen Einheit zu erreichen, die unser natürlicher Zustand ist, müssen wir nur nach der Richtlinie leben, dass jede menschliche Erfahrung von innen her entsteht –

egal, ob mit oder ohne den Einfluss äußerer Reize. Das ist alles. Wenn du dich voll und ganz mit dieser Erkenntnis identifizierst, werden dich die Folgen deines Handelns nicht mehr belasten.

Was ist damit gemeint? Ich werde oft gefragt: »Für dich als Yogi ist so etwas sicher möglich, aber wie können wir, die wir in der ›realen Welt‹ leben, unsere Interaktionen reibungsfrei gestalten?« Daraufhin erinnere ich daran, dass ich auch nicht in einer Höhle lebe, sondern bestimmte Führungsaufgaben habe. Schließlich arbeite ich mit weltweit über einer Million ehrenamtlichen Helfern zusammen, die für das, was sie tun, normalerweise nicht ausgebildet sind – und entlassen kann man sie nicht! Könnt ihr euch vorstellen, wie schwierig es ist, mit einer solchen Situation umzugehen? Daher müsste mein Leben eigentlich ausgesprochen beschwerlich sein! Trotzdem werdet ihr mich nie bekümmert durch die Gegend gehen sehen, weil mein Zustand in keiner Weise an etwas gekettet ist, was außerhalb von mir geschieht. Das ist keine übernatürliche Leistung; jeder kann so leben.

Wenn du nun immer noch meinst, jemand »da oben« würde dich retten und all deine Probleme lösen, denke einfach daran, dass wir auf einem runden Planeten leben – und der dreht sich. Wenn du also nach »oben« schaust, blickst du offensichtlich immer in die falsche Richtung! Wo ist in diesem riesigen, sich ständig weiter ausdehnenden Universum oben und wo unten? Da gibt es keinerlei Hinweise. Nirgendwo im Universum steht ein Schild mit der Aufschrift »Da geht es nach oben!« Die einzige Unterscheidung, die wir tatsächlich treffen können, ist die zwischen »innen« und »außen« (wenngleich für einen Yogi auch diese Unterscheidung aufgehoben ist).

Vor mehreren tausend Jahren erschien auf den Höhen des Himalaja ein Yogi, der später als Adiyogi – der erste Yogi – bekannt wurde. Er hinterließ die Wissenschaft des Yoga sieben Schülern, die sie später auf der ganzen Welt verbreiteten.

Was er diesen Schülern mitteilte, war ein unvorstellbar tiefgründiges System der Selbsterforschung und Transformation, gegründet auf der radikalen Voraussetzung, dass es für jeden Menschen möglich ist, sich *bewusst* zu entwickeln. Im Gegensatz zur biologischen Evolution, die sich ohne unsere bewusste Mitwirkung abspielt, kann die spirituelle Evolution bewusst geschehen. Dazu bedarf es – so Adiyogi – lediglich der entsprechenden Bereitschaft.

Wenn man die Essenz von Adiyogis Weisheit in wenigen Worten zusammenfassen wollte, dann so: oben und unten, gut und schlecht, heilig und profan – das sind alles nur Annahmen. Innen und Außen sind der einzige Bezug, dessen wir uns sicher sind, der einzige, mit dem wir arbeiten können. Deshalb hat Adiyogi uns als seinen bedeutendsten Beitrag zur Entwicklung der Menschheit diese tiefgründige Erkenntnis hinterlassen: »Der einzige Ausweg ist der Weg *hinein*.«

Einst suchte jemand irgendwo im Süden Indiens den Weg zum Isha Yoga Center. In einem nahegelegenen Dorf fragte er einen Jungen: »Wie weit ist es noch bis dorthin?«

Der Junge kratzte sich am Kopf. »24 996 Meilen«, antwortete er.

»Was?«, rief der Mann entgeistert. »So weit?«

»Ja«, sagte der Junge, »in dieser Richtung schon. Aber wenn Sie sich umdrehen, sind es bloß vier Meilen.«

Wenn du nach außen strebst, ist deine Reise endlos. Wenn du dich nach innen wendest, dauert sie nur einen einzigen Moment.

In diesem einen Moment verändert sich alles. In diesem Moment suchst du nicht mehr nach Freude. Stattdessen wird dein Leben zu ihrem *Ausdruck*.

Das eigene Schicksal gestalten

Ich habe einmal an einer internationalen Konferenz darüber teilgenommen, wie die Armut auf der Erde gelindert werden könnte. Mehrere Teilnehmer, darunter nicht wenige Nobelpreisträger, hatten öffentliche Ämter inne, in denen sie große Verantwortung trugen.

Irgendwann stellte ein Teilnehmer die Frage: »Wieso versuchen wir überhaupt, solche Probleme zu lösen? Ist das nicht alles der göttliche Wille?«

»Tja«, sagte ich daraufhin, »wenn jemand anders stirbt oder hungrig ist, muss es wohl der göttliche Wille sein. Aber wenn Ihr eigener Magen leer ist, wenn Ihr eigenes Kind an Hunger stirbt, werden Sie doch etwas unternehmen, oder etwa nicht?«

Immer wenn wir mit etwas konfrontiert sind, was mit unserem eigenen Leben zu tun hat, nehmen wir es in die Hand. Was das Unglück anderer Leute angeht, haben wir hingegen schnell eine andere Erklärung parat. Sie lautet: Schicksal.

Was für ein praktischer Begriff das doch ist! Dem Schicksal kann man alles in die Schuhe schieben, was ein beliebter Trick ist, uns mit allerhand unangenehmen Situationen zu versöhnen. Sich nach innen zu wenden ist hingegen der erste Schritt, der von der Passivität zum Handeln führt und von der Opferrolle dazu, das eigene Schicksal zu meistern.

Viele Krankheiten, die man noch vor hundert Jahren für den »Willen Gottes« hielt, sind heute behandelbar. Das liegt daran, dass man die betreffenden Situationen in die Hand genommen hat. Ein Beispiel ist Polio. Noch vor relativ kurzer Zeit hat allein schon dieses Wort Angst und Schrecken verbreitet. In meiner Kindheit und Jugend habe ich in der Schule und in der Nachbarschaft nicht wenige Polio-Opfer meines Alters gesehen, die dazu verdammt waren, ihr Leben im

Rollstuhl zu verbringen. Damals war das ein vertrauter Anblick, und es war klar, dass sie in ihrem Leben nie würden gehen können. Im Allgemeinen sah man ihre Erkrankung als Akt Gottes oder als Schicksal.

Zu Beginn des zwanzigsten Jahrhunderts war Polio in den Industrieländern die am meisten gefürchtete Krankheit, durch die Tausende Kinder unwiderruflich gelähmt wurden. In den Fünfziger- und Sechzigerjahren wurde diese Krankheit durch wirksame Impfstoffe praktisch ausgerottet. Als man sie auch in den Entwicklungsländern als ernstes Problem erkannte, wurden dort Impfkampagnen ins Leben gerufen. Im Jahr 1988 erkrankten weltweit 350 000 Kinder an Polio, bis 2013 war diese Zahl auf 416 gefallen. Schon 2012 stand Indien nicht mehr auf der Liste der betroffenen Länder. Zu verdanken ist das den gemeinsamen Anstrengungen politischer, öffentlicher und privater Institutionen, der Bereitstellung preiswerter und zugleich wirksamer Impfstoffe sowie der Zusammenarbeit lokaler Stellen und internationaler Impfteams. So gelang es trotz aller Hindernisse, die Seuche selbst in einem so großen und komplexen Land wie Indien auszurotten.

Mensch zu sein bedeutet, dass wir die Situationen, in denen wir leben, so formen können, wie wir es wollen. Heute werden die meisten Menschen auf der Welt jedoch stattdessen von den Situationen geformt, in denen sie sich befinden. Das liegt daran, dass sie auf ihre Lebenssituation lediglich reagieren. Und auf die unausweichliche Frage: »Wieso bin ich in eine solche Situation geraten?«, folgt als nächste: »Ist das nicht mein Schicksal?« Alles, wofür wir keine Verantwortung übernehmen wollen und was wir logisch nicht erklären können, bezeichnen wir als »Schicksal«. Das ist ein tröstlicher Begriff, der uns jedoch leider das Heft aus der Hand nimmt.

Um Situationen so zu gestalten, wie du sie haben willst, musst du zuerst einmal wissen, wer du bist. Der Haken an der Sache ist, dass du das noch nicht weißt. Jedenfalls bist du nicht die Summe all dessen, was du angesammelt hast. Alles, was du momentan als »Ich« oder »Selbst« empfindest, ist nur ein solches Konglomerat. Dein Körper ist nur eine Ansammlung von Nahrung, und dein Geist ist nur eine Ansammlung von Eindrücken, die du über die fünf Sinne bezogen hast. Was du ansammelst, kann dir zwar angehören, aber es kann niemals das sein, was du bist.

Wer also *bist* du? Das muss erst in deinen Erfahrungshorizont gelangen, denn momentan befindet es sich noch in einem unbewussten Zustand. Du versuchst, dein Leben anhand dessen zu leben, was du angesammelt hast, nicht im Hinblick darauf, wer du *bist*. Und damit nicht genug, du bist dir dessen, was du angesammelt hast, nicht einmal vollständig bewusst!

Im Lauf der Jahre hast du durch deine gesammelten Eindrücke bestimmte Neigungen erworben. Die können jedoch vollständig transformiert werden. Wenn du an deinem Innern arbeitest und bestimmte innere Techniken anwendest, kannst du deinen Geist innerhalb einer kurzen Zeitspanne völlig neu vernetzen – ungeachtet deiner derzeitigen Neigungen, deiner Lebenserfahrungen, deiner genetischen Ausstattung und deiner Umgebung.

Alles in diesem Leben geschieht auf natürliche Weise im Einklang mit einem bestimmten organischen Gesetz. Wenn du die Natur des Lebens in deinem Innern kennst, kannst du vollständig die Regie darüber übernehmen, wie es sich abspielt. Allerdings geschieht dies innerhalb der Rahmenbedingungen, die uns die Naturgesetze vorgeben. Was ist damit gemeint? Nehmen wir uns ein konkretes Beispiel vor: Obwohl wir flügellose Wesen sind, ist es uns in den vergangenen hundert Jahren gelungen zu fliegen. Wie? Nicht indem wir gegen die Naturgesetze verstoßen haben, sondern durch ein tieferes Verständnis für sie. Die Techniken, die wir in diesem Buch erkunden werden, sind daher nur ein kleiner Teil der viel tiefgründigeren Wissenschaft, die es dem Kundigen schließlich ermöglicht, selbst den Prozess von Leben und Tod in die Hände zu nehmen.

Dein Schicksal wird *unbewusst* von dir gestaltet. Wenn du deinen physischen Körper beherrschst, hast du fünfzehn bis zwanzig Prozent von deinem Leben und Schicksal in der Hand. Beherrschst du zusätzlich deinen Geist, so gilt das für fünfzig bis sechzig Prozent. Wenn du jedoch auch deine Lebensenergien beherrschst, dann hast du *einhundert Prozent* deines Lebens und deines Schicksals in der Hand.

Schon jetzt wählst du, wie du lebst, nur auf völlig unbewusste Weise. Alles, was man unbewusst tut, kann man jedoch auch bewusst tun. Das ist ein gewaltiger Unterschied. Es ist der Unterschied zwischen Unwissenheit und Erleuchtung.

Unangenehme Gefühle in Form von Ärger, Furcht, Nervosität und Stress empfindest du deshalb, weil deine Grundstrukturen – dein Körper, dein Geist und deine Lebensenergien – machen, was sie wollen. Wenn Geist und Körper nur dazu da sind, um dem Leben in dir zu dienen, wieso wird dein Leben dann von Geist und Körper versklavt? Ist das nicht ein Zerrbild dessen, wie das Leben funktionieren sollte?

Das Schicksal selbst in die Hände zu nehmen bedeutet nicht, dass alles so laufen würde, wie man es will. Die Außenwelt wird sich nie vollständig nach Wunsch gestalten, weil zu viele Variable im Spiel sind. Wer versucht, die Außenwelt genau so hinzubekommen, wie er sie haben will, wählt einen Weg der Eroberung, der Tyrannei, der Diktatur.

Einst ging Shankaran Pillai – ein gewisser südindischer Gentleman, den du bereits in der Einleitung kennengelernt hast und der dir noch mehrere Male wiederbegegnen wird – mit seinen Freunden in die Kneipe. Er hatte vor, sich ein Gläschen zu gönnen und dann um acht nach Hause zu gehen.

Gesagt, getan ... er trank ein Gläschen, ein zweites Gläschen und ein weiteres. Und dann noch ein Gläschen. Irgendwann warf er einen Blick auf seine Armbanduhr, die halb drei Uhr morgens anzeigte. (Alkohol macht ganz normale Leute zu Yogis – sie werden zeitlos.) Shankaran Pillai rutschte von seinem Barhocker. Was für eine unfaire Welt! Da soll man auf einem runden Planeten, der sich auch noch dreht, geradeaus gehen. Mit großer Geschicklichkeit fand er das Gleichgewicht wieder und begab sich auf die Reise nach Hause.

Als er eine Abkürzung durch den Park nahm, fiel er kopfüber in einen Rosenstrauch. Die Dornen zerkratzten ihm das Gesicht. Er rappelte sich hoch und machte sich wieder auf den Weg. In diesem Zustand erreichte er sein Haus und versuchte, das Schlüsselloch zu finden. Wenn man die verflixten Schlüssellöcher heutzutage bloß nicht so winzig machen würde! Es vergingen weitere zwanzig Minuten.

Endlich gelangte er ins Haus und stolperte ins Schlafzimmer. Glücklicherweise hatte seine Frau einen gesegneten Schlaf. Er ging ins Bad und betrachtete sich im Spiegel. Sein Gesicht sah fürchterlich aus. Er öffnete das Arzneischränkchen, holte Desinfektionsmittel und eine Schachtel Pflaster heraus und verarztete sich, so gut er konnte. Dann kroch er leise ins Bett.

Am nächsten Morgen kippte ihm seine Frau einen Eimer kaltes Wasser über den Kopf.

Nach Luft schnappend wachte er auf und fühlte sich misshandelt. »Warum tust du so was?«, fragte er. »Es ist doch Sonntag!«

»Du Trottel«, sagte die Frau. »Hast wieder gesoffen, was?«

»Nein, Schatz, ich hab's dir doch vor einem halben Jahr versprochen. Seither habe ich keinen Tropfen angerührt.«

Sie packte ihn am Nachthemd, zerrte ihn ins Bad und zeigte auf den Spiegel. Der war über und über mit Pflastern beklebt!

Wenn dich Schmerz, Kummer oder Wut überkommen, musst du in dich hineinblicken statt auf deine Umgebung. Um Wohlbefinden zu erlangen, musst du nichts anderes in Ordnung bringen als dich selbst. Wenn du krank bist, dann brauchst *du selbst* ein Medikament. Wenn du Hunger hast, bist *du* es, der Nahrung braucht. Etwas geschehen muss ausschließlich mit dir selbst, aber um diese simple Tatsache zu begreifen, braucht so mancher mehrere Leben!

Das eigene Schicksal zu gestalten bedeutet nicht, jede Situation auf der Welt zu beherrschen. Es bedeutet, dass du dich stetig auf das eigene Wohlergehen und deine eigentliche Natur zubewegst, egal, was das Leben um dich herum mit sich bringt. Gehst du so mit dir um, dann wirst du von äußeren Ereignissen und Situationen nicht mehr erdrückt, sondern *gleitest auf ihnen dahin*.

Bei der spirituellen Entwicklung geht es nicht darum, dem Leben die eigenen Ideen aufzuzwingen, sondern darum, uns selbst so zu gestalten, dass die Schöpfung, der Schöpfer und jedes Atom, das existiert, nicht anders kann, als sich uns zu fügen. Solange es uns um unser eigenes Für und Wider geht, fühlen wir uns in diesem gewaltigen Universum einsam, verunsichert und bedrängt. Sobald sich das Leben uns jedoch fügt, versetzt es uns an einen Ort der Gnade, an dem jeder Kieselstein, jeder Felsen, jeder Baum, jedes Atom in einer Sprache zu uns spricht, die wir verstehen. In jedem Augenblick geschehen dann ringsum zahllose Wunder: Eine Blume blüht, ein Vogel zwitschert, eine Biene summt, ein Regentropfen fällt herab, eine Schneeflocke schwebt durch die klare Abendluft. Überall ist Magie. Wenn du lernst, wie man das Leben richtig lebt, dann ist es nichts Geringeres als ein tägliches Wunder.

Egal, wer du bist, das Leben gelingt dir nicht, wenn du nicht das Richtige tust. Du magst dich für einen guten Menschen halten, aber wenn du deinen Garten nicht bewässerst, wird er dann erblühen? Wenn du Ergebnisse willst, musst du das Richtige tun. Ein Urteil über gut und schlecht zu fällen ist eine menschliche Eigenschaft und gesellschaftlich konditioniert. Um soziale Normen zu etablieren, sind solche Urteile nützlich, aber das Leben kümmert sich um so etwas nicht. Das Leben verhält sich nicht wertend; es behandelt uns alle auf dieselbe Weise.

An einem Wintermorgen ging ein alter Mann aus Michigan zum Eisfischen. Es war zehn Uhr morgens. Er hackte ein kleines Loch ins Eis und setzte sich mit ein paar Dosen Bier daneben. Beim Fischen geht es nicht nur darum, etwas zu fangen; es handelt sich um ein Geduldsspiel. Das wusste der Mann, als er die Leine ins Wasser warf. Eine Bierdose nach der anderen leerte sich. Der Fischkorb blieb ebenfalls leer.

Der Tag verrann. Um vier Uhr nachmittags war der Korb noch immer leer. Das Bier war auch zu Ende.

Ein junger Kerl kam des Weges. Er hatte einen riesigen Ghettoblaster dabei, aus dem ohrenbetäubende Heavy-Metal-Musik dröhnte. Er hackte ein Loch ins Eis und setzte sich zum Angeln hin, während die Musik in voller Lautstärke weiterlief.

Der Alte betrachtete ihn mit kaum verhohlener Verachtung und dachte: »Ich sitze nun schon seit heute Morgen still und leise da, ohne einen einzigen Fisch zu fangen, und dieser Trottel meint, er kann um vier Uhr nachmittags angeln gehen und dabei noch laute Musik hören! Zu meiner Zeit hätte es so etwas nicht gegeben.«

Zu seinem Erstaunen zog der junge Kerl zehn Minuten später eine riesige Forelle aus dem Wasser. Das tat der Alte als Glückstreffer ab und angelte weiter. Weitere zehn Minuten später fing der Junge eine weitere große Forelle.

Nun konnte der Alte die Sache nicht mehr ignorieren. Perplex starrte er zu dem Jungen hinüber, der nun bereits die dritte Riesenforelle aus dem Wasser holte.

Der Alte schluckte seinen Stolz hinunter und trottete zu dem Jungen hinüber. »Sag mal, was ist dein Geheimnis?«, fragte er. »Ich sitze jetzt den ganzen Tag hier, und mein Korb ist leer. Du hast schon drei riesige Forellen. Wie machst du das?«

»Mamudiwümewama«, sagte der Junge.

Der Alte legte die Hand ans Ohr. »Was?«, fragte er.

Der Junge stellte den Ghettoblaster leiser und wiederholte: »Mamudiwümewama.«

»Ich verstehe kein Wort«, sagte der Alte kopfschüttelnd.

Der Junge spuckte einen merkwürdig aussehenden Klumpen in seine Hand und sagte: »Man muss die Würmer warm halten.«

Falls du nicht das Richtige tust, wird dir auch nicht das Richtige begegnen. Prinzipien und Philosophien sind nur von gesellschaftlicher Bedeutung. Es ist Zeit, dass du dazu erwachst, ein existenzielles, lebendiges Wesen zu sein und kein psychologischer Problemfall. Dann wird dein Schicksal dir selbst gehören, und zwar zu einhundert Prozent.

Das ist kein leeres Versprechen. Es ist eine Garantie.

Keine Grenze, keine Last

Eines Abends kam es zwischen einem Ehepaar zu einem Streit. Es ging um die brennende Frage: Wer soll heute die Haustür zumachen?

Keine einfache Frage und nichts, was lachhaft wäre. Im häuslichen Leben sind das ganz ernste Themen. Wer soll nachher die Tür zumachen; wer soll heute Abend die Gartenbeleuchtung ausschalten; wer soll mit dem Hund Gassi gehen – das sind Fragen, die zu einer Scheidung führen können.

Der Streit wurde immer heftiger. »Jeden Tag«, dachte die Frau, »bin ich es, die sich am Ende geschlagen gibt. Damit ist heute Schluss!« Der Mann war ebenso entschlossen. »Ständig kommandiert sie mich herum«, dachte er. »Aber heute werde ich das nicht mit mir machen lassen, komme, was wolle!«

Es war ein Machtkampf, wie er im Buche steht. Nun gibt es in jedem Haushalt ein bestimmtes System, um einen Streit beizulegen. Bei diesem Ehepaar war es üblich, ein Unentschieden schweigend auszusitzen; wer das erste Wort von sich gab, musste aufstehen und die Tür zumachen.

Eisern schweigend saßen die beiden im Wohnzimmer. Aus Minuten wurden Stunden. Das Essen stand auf dem Tisch. Wenn der Mann sagte, er wolle jetzt essen, musste er die Tür zumachen. Wenn die Frau sich entsprechend äußerte, war sie dran.

Mitternacht. Die beiden saßen immer noch da. Auf der Straße kamen zwei Spitzbuben vorbei. Sie sahen die Tür des Hauses offen stehen, das Licht brannte, aber es fand keine Party statt. Alles war still. Die beiden wollten nachschauen, was da los war, weshalb sie einen Blick ins Wohnzimmer warfen. Dort sahen sie zwei Leute sitzen, die keinen Mucks von sich gaben.

Die Spitzbuben beäugten das schweigende Ehepaar. Sie waren ziemlich erstaunt, beschlossen jedoch, es zu riskieren. Daraufhin steckten sie ein paar Wertgegenstände aus dem Wohnzimmer ein. Das Ehepaar sagte nichts. Die Spitzbuben grinsten sich an. Mutig geworden, setzten sie sich an den Esstisch und füllten sich die Teller. Das Ehepaar blieb heldenhaft schweigend sitzen.

Die Spitzbuben waren köstlich amüsiert. Was zum Teufel war hier nur los? Sie wurden nun noch dreister, und einer der beiden gab der Frau einen Kuss. Dennoch sagte das Ehepaar kein Wort. Wer den Mund aufmachte, hätte schließlich die Tür zumachen müssen. Es stand zu viel auf dem Spiel. Ein solches Risiko konnten beide nicht eingehen.

Nun wurde es den Spitzbuben ein bisschen unheimlich. Sie beschlossen, dass es an der Zeit war, dieses merkwürdige Haus zu verlassen. Vorher wollten sie jedoch ein Zeichen hinterlassen und kamen auf die Idee, dem Ehemann den Schnurrbart abzurasieren. Einer der beiden trat auf ihn zu, ein Rasiermesser in der Hand.

Da machte der Mann endlich den Mund auf. »Na gut, verdammt noch mal!«, sagte er. »Dann mache eben *ich* die Tür zu!«

Auch wenn es bei dir eventuell ein bisschen anders ablaufen sollte, gibt es in deinem Leben nicht immer mal wieder Situationen, in denen es um die Frage geht: Wer ist verantwortlich?

Tja, wer *ist* wohl verantwortlich?

Das ist eine große Frage. Stellen wir sie genauer: Wer ist dafür verantwortlich, wie du jetzt gerade bist?

Deine Gene? Dein Vater? Deine Mutter? Deine Frau? Dein Mann? Deine Lehrerin? Dein Chef? Deine Schwiegermutter? Gott? Die Regierung? Alles zusammen?

Das Problem ist allgegenwärtig. Wenn man jemand fragt: »Weshalb bist du eigentlich in so einer Lage?«, kommt prompt die Antwort: »Weißt du, in meiner Kindheit haben meine Eltern …« Es ist immer dieselbe alte Geschichte mit nur wenigen Variationen.

Um diese uralte Methode zur Erzeugung von Elend anzuwenden, braucht der Mensch keinerlei Ermunterung. Es gibt fast niemanden, der darin nicht Experte wäre. Täglich geben wir den schwarzen Peter auf hundertfach verschiedene Weise weiter. Wir haben das alte Spiel kollektiv zu einer großen Kunst verfeinert.

Unsere Lebensqualität hängt von unserer Fähigkeit ab, mit den verschiedenartigen komplexen Situationen, denen wir begegnen, umzugehen. Ist unsere Fähigkeit, mit Intelligenz, Kompetenz und Sensibilität zu reagieren, durch zwanghafte oder automatische Verhaltensweisen beeinträchtigt, werden wir zu Sklaven der jeweiligen Lage. Das heißt, wir haben es zugelassen, dass die Art unserer Lebenserfahrung durch die Umstände bestimmt wird statt durch uns selbst.

Vollständig verantwortlich zu sein bedeutet, völlig bewusst zu sein. Was du für deinen Körper hältst, hast du durch die Nahrungsaufnahme angesammelt; was du für deinen Geist hältst, hast du durch die fünf Sinne angesammelt. Wer du *bist*, geht darüber hinaus; es ist das, was du nicht angesammelt hast. Lebendig zu sein bedeutet, bewusst zu sein. In gewissem Grade ist jeder bewusst, aber wenn du die Dimension jenseits von Körper und Geist berührst, dann hast du das berührt, was den Ursprung des Bewusstseins darstellt. Du erkennst, dass das ganze Universum bewusst ist. Du bewohnst einen lebendigen Kosmos.

Die physischen und psychischen Dimensionen gehören zum Reich der Polaritäten, zum Beispiel zu den Gegensätzen Schmerz – Vergnügen, Liebe – Hass, männlich – weiblich. Ist ein Teil eines solchen Gegensatzpaares vorhanden, wird der andere bald folgen. Wenn du jedoch in die fundamentale Dimension dessen vordringst, wer du bist, hast du alle Polaritäten überwunden. Was dich dann glücklich macht, ist dein eigenes Wesen. Du führst Regie über dein eigenes Schicksal.

Es ist Zeit, uns die gewaltige transformative Kraft dieses einen Wortes zu erschließen: *Verantwortlichkeit.* Wende es auf dein Leben an, dann wirst du sehen, welche Magie es entfaltet!

Klären wir zuerst einmal, was dieses Wort bedeutet. »Verantwortlichkeit« ist ein sehr missverständlicher Begriff, der so maß- und wahllos verwendet wurde, dass er viel von seiner Aussagekraft verloren hat. Verantwortlichkeit bedeutet nicht, sich die Last der ganzen Welt auf die Schultern zu laden. Sie bedeutet nicht, die Schuld für etwas auf sich zu nehmen, was man getan oder nicht getan hat. Erst recht bedeutet sie nicht, in einem Zustand permanenten Schuldgefühls zu leben.

Bei Verantwortlichkeit geht es schlicht um deine *Fähigkeit, bewusst zu reagieren.* Wenn du beschließt: »Ich bin verantwortlich«, dann besitzt du diese Fähigkeit; wenn du beschließt: »Ich bin nicht verantwortlich«, dann besitzt du sie nicht. So einfach ist das. Du musst lediglich erkennen, dass deine Verantwortlichkeit sich auf alles erstreckt, was du bist und was du nicht bist, auf alles, was mit dir geschieht und was nicht mit dir geschieht.

Das ist kein Gedankenspiel. Das ist keine Selbsthilfe-Strategie zum leichteren Leben. Das ist keine philosophische Theorie. Das ist eine Realität. Deine physische Existenz ist nur durch die perfekte Fähigkeit deines Körpers möglich, auf das gesamte Universum sinnvoll zu reagieren. Wenn dein Körper nicht sinnvoll reagieren würde, könntest du keinen einzigen Moment existieren. Erkennst du das?

Was die Bäume um dich herum ausatmen, das atmest du in diesem Augenblick ein; was du ausatmest, das atmen die Bäume in diesem Augenblick ein. Dieser Austausch findet ständig statt. Ob du dir dessen nun bewusst bist oder nicht, dein Atmungsapparat besteht zur Hälfte aus den Blättern der Bäume! Erfahren hast du diese Wechselbeziehung zwar nicht; wahrscheinlich hast du höchstens intellektuell darüber nachgedacht. Aber wenn du diese Verbindung erfahren hättest, würde dir dann irgendjemand sagen müssen: »Pflanz Bäume, schütze die Wälder, rette die Welt«? Wäre das überhaupt notwendig?

Verantwortlich zu sein ist keine bequeme Philosophie, um sich damit abzufinden, wie die Dinge sind. Es geht nur darum, zur Wirklichkeit zu erwachen. Deine Fähigkeit, auf das gesamte Universum sinnvoll zu reagieren, ist bereits eine physische Realität. Dieser Tatsache müssen sich deine Gedanken und Emotionen lediglich bewusst werden.

Nehmen wir an, bei dir im Büro läuft etwas schief, und du meinst, das liege an der Unfähigkeit einer bestimmten Kollegin. Natürlich könntest du sie zur Schnecke machen, die Beherrschung verlieren, sie feuern. Dabei steigt wahrscheinlich dein Blutdruck an; die Arbeitsatmosphäre wird vergiftet; noch Wochen später werden du und deine Kollegen die Nachwirkungen deines Zorns spüren; du wirst dich vermutlich besonders anstrengen müssen, um Frieden und gegenseitiges Vertrauen wiederherzustellen.

Es gibt eine andere Möglichkeit – du könntest die Lage einfach sehen, wie sie ist, und die Verantwortung dafür übernehmen. Das bedeutet nicht, dass du die Schuld auf dich nimmst, statt sie jemand anders in die Schuhe zu schieben, sondern nur, dass du bewusst auf das, was vorliegt, reagierst. Sobald du dich verantwortlich fühlst, wirst du unweigerlich Möglichkeiten erkunden, mit der Situation umzugehen. Du wirst nach Lösungen suchen.

Wenn du diese Haltung häufig einnimmst, verbessert sich kontinuierlich deine Fähigkeit, deine Lebenslage zu gestalten. Durch die größere Kompetenz, mit dem Leben und seinen vielen Komplexitäten umzugehen, erreichst du Positionen, in denen du mehr Möglichkeiten und Macht hast. Wenn du in dir selbst vollständig die Verantwortung für alles übernimmst, was dich umgibt, wirst du zum Zentrum jeder Situation – zu Hause, im Beruf und sogar im Universum. Da du zum unentbehrlichen Teil dieser Situationen wirst, ist in dir kein Gefühl der Unsicherheit oder Unvollständigkeit mehr.

Erst wenn du erkennst, dass du verantwortlich bist, hast du die Freiheit, dich selbst so zu gestalten, wie du sein willst, und nicht als bloße Reaktion auf die Situationen, in denen du lebst. *Unbewusst zu reagieren ist Versklavung. Verantwortlichkeit ist Freiheit.* Wenn du dich so gestalten kannst, wie du es willst, dann gilt das auch für dein Leben. Zwar kann dein äußeres Leben nie hundertprozentig unter deiner Kontrolle sein, dein inneres Leben aber durchaus.

Reagiert man hingegen mit Zorn oder Ärger, so führt das normalerweise zu wenig intelligentem Handeln. Zorn ist grundsätzlich völlig sinnlos. Wenn du dir dein bisheriges Leben genau betrachtest, wirst du feststellen, dass du die idiotischsten und negativsten Dinge im Zorn getan hast. Vor allem aber hast du gegen dich selbst gearbeitet, und wenn man das tut – wenn man sein eigenes Wohlbefinden sabotiert –, entscheidet man sich offensichtlich für eine unintelligente Lebensweise.

Es geht mir nicht um eine moralische Argumentation. Ich sage nicht, du solltest nicht die Beherrschung verlieren, weil das ethisch falsch wäre. Wenn Zorn eine angenehme Erfahrung ist, nur zu! Wo liegt das Problem? Darin, dass Ärger und Zorn ausgesprochen unangenehm sind, für uns selbst und für jene, die unsere Laune ausbaden müssen. Kontraproduktiv und daher ineffizient ist ein solches Verhalten außerdem.

Um eine Strategie zur Wutkontrolle oder ein Anti-Aggressions-Training geht es mir ebenfalls nicht. Als ich zum ersten Mal in die Vereinigten Staaten kam, war gerade das sogenannte Stressmanagement in aller Munde. Mir war das ein Rätsel. Wieso sollte man Stress *managen* wollen? Ich hatte immer gedacht, wir würden das managen, was uns wertvoll ist – unser Geld, unseren Beruf, unsere Familie. Es dauerte eine Weile, bis mir klar wurde, dass die Leute meinen, Stress sei ein unabdingbarer Teil ihres Lebens! Sie sehen nicht, dass wir ihn selbst erschaffen und uns zufügen. Sobald wir die Regie über unser inneres Leben übernehmen, *gibt es so etwas wie Stress nicht mehr.*

Die Sache ist die, dass Zorn in der falschen Wahrnehmung wurzelt, man könne eine Situation verändern, indem man die Beherrschung verliert. Nun sagt unsere Lebenserfahrung uns immer wieder, dass das Gegenteil zutrifft – indem man Vernunft und Intelligenz über Bord wirft, kann man nie eine Situation zum Besseren wenden. Indem man wütend wird, macht man die Lage nur schlimmer. Sobald man das klar erkennt, hat man den ersten Schritt hin zur Veränderung getan.

Außerdem gibt es stichhaltige medizinische Hinweise darauf, dass man in zornigem Zustand buchstäblich den eigenen Körper vergiftet. Nachgewiesen werden kann das durch einen simplen Bluttest. Ist man zornig, verändert sich die gesamte Körperchemie und wird toxisch. Durch intensive körperliche Aktivität und Schlaf kann dieses chemische Chaos sich zwar auflösen, aber wenn man häufig in Wutzustände gerät, ist man auf dem Weg in eine körperliche und psychische Katastrophe. Daran besteht kein Zweifel.

Nach landläufiger Meinung erzielt man mit Zorn und Wut Ergebnisse, weil ohne den damit verbundenen Adrenalinrausch angeblich nichts auf der Welt in Gang kommt. Von Che Guevara, jener Kultfigur der kubanischen Revolution, stammt der Ausspruch: »Wenn du bei jeder Ungerechtigkeit vor Empörung zitterst, bist du mein Kamerad.« Schön und gut. *Im* Zorn wird man vielleicht Mitglied einer Gruppe, *außerhalb* des Zorns aber eins mit dem Universum.

Eines Tages reiste ein Gentleman, der ein Kleinkind auf dem Arm trug, mit dem Zug von Bristol nach London. Ein anderer Gentleman betrat das Abteil, hievte zwei riesige Koffer auf die Gepäckablage und setzte sich neben den ersten.

Bekanntlich beginnen Engländer nicht sofort eine Konversation, weshalb der erste Gentleman höflich eine Weile wartete. Dann wandte er sich seinem Mitreisenden zu und sagte: »Wenn ich Ihre Koffer sehe, muss ich annehmen, Sie sind Handelsvertreter, nicht wahr? Ich bin nämlich auch einer.«

Der andere sagte: »Ja, ich bin Vertreter.«

Eine weitere höfliche Pause. Dann fragte der erste Gentleman: »Was vertreiben Sie denn?«

»Zahnräder«, erwiderte der zweite. Wieder geziemendes Schweigen. Dann fragte er den ersten: »Und was vertreiben *Sie?*«

»Ich vertreibe Kondome«, lautete die Antwort.

Fassungslos sagte der zweite Gentleman: »Sie vertreiben Kondome und nehmen Ihren kleinen Sohn auf Reisen mit? Halten Sie das denn für schicklich?«

»Ach, das ist nicht mein Sohn«, erwiderte der erste. »Das ist eine Reklamation aus Bristol.«

Die Menschen befinden sich in einem ständigen Zustand des Klagens. Sie tragen das, worüber sie sich beschweren, wie ein Identitätsmerkmal mit sich herum. Viele verbringen ihr Leben damit zu lamentieren, dass das Leben zu ihnen besonders unfair gewesen sei. Als Beweis führen sie all die fürchterlichen Dinge an, die ihnen widerfahren sind, die Chancen, die sie nie hatten, die vielen Ungerechtigkeiten, die sie erlitten haben. Eventuell stimmt das sogar.

Vergessen wird dabei jedoch meistens, dass die Vergangenheit in uns allen *nur als Erinnerung* existiert. Die Erinnerung wiederum hat keine objektive Existenz, sie ist rein psychischer Natur. Wenn du dir deine Fähigkeit, bewusst zu reagieren, bewahrst, gibt dir die Erinnerung an die Vergangenheit Kraft. Bist du jedoch in einem Teufelskreis zwanghaften Reagierens gefangen, verzerrt die Erinnerung deine Wahrnehmung der Gegenwart, und deine Gedanken, Emotionen und Handlungen stehen in keinem sinnvollen Verhältnis mehr zu ihren Auslösern.

Du hast immer die Wahl, entweder *bewusst* auf die Gegenwart zu reagieren oder *zwanghaft*. Das ist ein gewaltiger Unterschied, und zwischen beidem liegen Welten.

Wenn dir schreckliche Dinge zugestoßen sind, hättest du dadurch eigentlich weiser werden sollen. Ist dir das Allerschlimmste zugestoßen, solltest du am allerweisesten sein. Doch statt weise zu werden, fühlen die meisten Mensch sich verwundet. Im Zustand einer bewussten Reaktion ist es möglich, jede Lebenssituation, egal wie scheußlich, als Gelegenheit zum Wachstum zu nutzen. Wenn du jedoch gewohnheitsmäßig denkst: »Ich bin wegen jemand anderem so, wie ich bin«, dann verwendest du das, was du erlebst, nur als Gelegenheit zur Selbstzerstörung oder Stagnation.

Ich habe einmal den bewegenden Bericht einer Frau gehört, die eine furchtbare Lebenssituation dazu verwendet hatte, zu einer wunderbaren Person zu werden. Das war ihre Geschichte: In den ersten Jahren des Zweiten Weltkriegs stürmte ein Trupp uniformierter Nazis ein Haus in Österreich. Die Erwachsenen wurden getrennt abtransportiert, während man die beiden Kinder – ein dreizehnjähriges Mädchen und einen achtjährigen Jungen – zu einem Bahnhof brachte. Während sie dort zusammen mit anderen Kindern auf die Ankunft des Zuges warteten, begann der Bruder mit einigen anderen Jungen ein Spiel. Ohne zu ahnen, was sie erwartete, fingen sie an, zusammen zu spielen, wie Kinder es eben tun.

Ein Güterzug kam, und die Uniformierten trieben alle hinein. Kaum waren sie drin, fiel dem Mädchen auf, dass ihr Bruder beim Spielen seine Schuhe ausgezogen und dann vergessen hatte. Es war ein bitterkalter Winter, und ohne Schuhe konnten einem leicht die Füße erfrieren. Das Mädchen verlor die Beherrschung. Sie schüttelte ihren kleinen Bruder, versetzte ihm Ohrfeigen und brüllte ihn an: »Du Trottel! Haben wir nicht schon genug Probleme? Wir wissen nicht, wo unsere Eltern sind, wir wissen nicht, wo man uns hinbringt! Und jetzt verlierst du auch noch deine Schuhe! Was soll ich bloß mit dir anfangen?«

Am nächsten Bahnhof wurden die Jungen von den Mädchen getrennt. Dort sahen sich Bruder und Schwester zum letzten Mal.

Als das Mädchen etwa dreieinhalb Jahre später aus dem Konzentrationslager befreit wurde, stellte sie fest, dass sie als einziges Mitglied ihrer Familie überlebt hatte. Alle anderen waren ermordet worden, darunter auch ihr Bruder. Geblieben von ihm war ihr nur die Erinnerung an die harschen Worte, die ihr aus dem Munde gekommen waren, als sie ihn zum letzten Mal lebend gesehen hatte.

In diesem Augenblick fasste sie einen Entschluss, der ihr Leben veränderte: »Egal, wem ich begegne, ich werde nie so zu ihm sprechen, dass ich es später bereue, denn diese Begegnung könnte unsere letzte sein.« Statt sich mit Gewissensbissen zu plagen, traf sie diese simple Entscheidung und bewirkte damit eine gewaltige Transformation. Danach führte sie ein reiches, erfülltes Leben.

Die schrecklichsten Dinge, die dir begegnen, können zu einer Kraftquelle werden, wenn du akzeptierst: »Ich bin verantwortlich dafür, wie ich jetzt bin.« Es ist möglich, die größten Widrigkeiten in ein Fundament für persönliches Wachstum zu verwandeln. Wenn du hundertprozentig Verantwortung dafür übernimmst, wie du heute bist, ist ein besseres Morgen möglich. Fühlst du dich für die Gegenwart jedoch nicht verantwortlich – indem du deinen Eltern, deinen Freunden, deinem Partner, deiner Partnerin, deinen Kollegen die Schuld dafür zuschiebst, wie du bist –, dann hast du deine Zukunft bereits aufgegeben, bevor sie begonnen hat.

Wir kommen mit nichts auf diese Welt, und wir gehen mit leeren Händen. Die Erfülltheit deines Lebens hängt allein davon ab, wie sehr du es zugelassen hast, durch deine Erfahrungen bereichert zu werden. Aus Unrat kann eine duftende Blume emporwachsen, Dung kann sich in die Süße einer Mango verwandeln. Keine einzige Widrigkeit stellt eine Behinderung für dich dar, wenn du dich in einem Zustand befindest, in dem du bewusst reagierst. Egal, in was für einer Lage du gerade bist, sie kann deine Lebenserfahrung nur bereichern, wenn du das zulässt.

Ärger, Zorn, Eifersucht, Schmerz, Gekränktsein und Depression sind Gifte, die *du selbst* trinkst, dabei aber erwartest, jemand anders würde daran sterben. So läuft es im Leben nicht. Die meisten Leute brauchen mehr als ein Leben, um diese einfache Wahrheit zu verstehen.

Nachdem wir nun geklärt haben, was Verantwortlichkeit bedeutet, müssen wir uns damit beschäftigen, was sie nicht ist. Beginnen wir mit der Klärung einiger fundamentaler Missverständnisse.

Unter anderem meinen viele, Verantwortlichkeit zu übernehmen würde ihre Freiheit beeinträchtigen. Logisch betrachtet scheint das zu stimmen, wenn auch nur auf einer grob vereinfachenden Ebene. Existenziell gesehen ist es völlig abwegig.

Nehmen wir ein konkretes Beispiel. Dein Kugelschreiber fällt vom Tisch. Wenn du erkennst, dass du dafür verantwortlich bist, hast du mehrere Alternativen. Du kannst dich einfach bücken und das Ding aufheben. Bist du dazu nicht in der Lage, kannst du jemand um Hilfe bitten. Falls du keine Lust hast, jetzt etwas zu unternehmen, kannst du den Kugelschreiber später aufheben. Jedenfalls hast du eine ganze Reihe von Optionen.

Wenn du hingegen nicht die Verantwortung dafür übernimmst, was kannst du dann tun? Gar nichts.

Was ist nun Freiheit? Optionen zu haben oder keine zu haben?

Dein logisches Denken sagt dir: »Gib alle Verantwortlichkeit auf, dann bist du frei!« Aber laut deiner Lebenserfahrung bist du umso freier, je besser du in der Lage bist, auf alles ringsum bewusst zu reagieren! Die logische und die erfahrungsgemäße Dimension des Lebens wirken also in genau entgegengesetzter Richtung. Die Logik hat durchaus ihren Nutzen, dient jedoch nur dazu, mit den materiellen Aspekten des Lebens umzugehen. Wenn du dein gesamtes Leben ausschließlich mit Logik handhabst, ruinierst du dich.

Ein weiteres Missverständnis besteht darin, Verantwortlichkeit mit bloßem Reagieren zu verwechseln. Wie schon erwähnt, sind die beiden Begriffe grundverschieden. Der erste bezieht sich auf Wahrnehmung, der zweite auf Nichtwahrnehmung, der erste auf Bewusstheit, der zweite auf Unbewusstheit. Der erste bedeutet Freiheit, der zweite Versklavung.

An dieser Stelle ist eine weitere Unterscheidung nötig. Verantwortlichkeit ist kein automatisches Reagieren, aber auch kein automatisches *Agieren*.

Verantwortlichkeit und Agieren gehören zu verschiedenen Dimensionen. Die Fähigkeit, bewusst zu reagieren, verleiht dir die Freiheit zu handeln, aber auch die Freiheit, *nicht* zu handeln. Sie gibt dir das Steuer deines Lebens in die Hand. Sie ermöglicht es dir, zu entscheiden, welche Aktion du umsetzen willst und wie du das tust. Verantwortlichkeit ist kein zwanghaftes Handeln, sondern mit ihr wird das Handeln zu einer *Wahl*.

Kannst du handelnd in alles eingreifen, was heute auf der Welt geschieht? Nein, aber du kannst auf alles auf der Welt bewusst reagieren. Jede Handlung muss vernünftig und nach einer sorgfältigen Analyse der Ressourcen – Kraft, Fähigkeit, Energie, Alter, Situation – ausgeführt werden. Deine Fähigkeit zu handeln ist immer begrenzt, aber für deine Fähigkeit, bewusst zu reagieren, gibt es keine Grenzen. Wenn du dazu bereit bist, kannst du auf praktisch alles bewusst reagieren.

Kannst du, nur weil du für deine Kinder verantwortlich bist, alles für sie tun? Wenn du alles für sie tätest, dann würdest du nur ihr Leben verpfuschen. Dein Verantwortungsgefühl bringt dich dazu, bestimmte Dinge für sie zu tun und andere nicht zu tun. Verantwortlichkeit bedeutet also kein zügelloses Handeln – ganz im Gegenteil.

Inwiefern, fragst du vielleicht, bist du verantwortlich für die Gewalt und die Ungerechtigkeit auf der Welt? Inwiefern bist du verantwortlich für Krieg und Blutvergießen, für all die Gräueltaten gegen Randgruppen und Unterprivilegierte? Schuld daran trägst du sicher nicht, aber sobald du dir dieser Dinge bewusst wirst, reagierst du – sei es mit Besorgnis, Liebe, Fürsorge, Hass, Zorn, Empörung oder auch, indem du handelst. Nur ist das oft eine unbewusste und keine bewusste Reaktion. Wenn du die Fähigkeit, bewusst zu reagieren, jedoch zu einem willentlichen Prozess machst, ist das die Geburtsstunde einer gewaltigen neuen Möglichkeit in dir. Dein inneres Genie beginnt aufzublühen.

Kannst du also sogar auf den Mond reagieren? Ja, das kannst du; dein Körper und deine Lebensenergien tun es ohnehin. Wenn ganze Ozeane auf die Anziehungskraft des Mondes reagieren, meinst du nicht, dass das in deinem Körper enthaltene Wasser das nicht tut? Auch wenn du kein Astronaut bist und niemals auf dem Mond spazieren gehen wirst, kannst du auf den Mond reagieren und tust das bereits. Du kannst dich nur entscheiden, das willentlich – bewusst – zu tun.

Damit kommen wir zu einem vierten Missverständnis. Vielfach herrscht die Ansicht, Verantwortlichkeit wäre mit einer bestimmten Fähigkeit verknüpft.

Das stimmt wieder nicht. Wenn es darum geht zu handeln, können Fähigkeiten eine Rolle spielen. Was unsere bewusste Reaktion angeht, ist es nur eine Frage der Bereitschaft.

Wenn du jemanden auf der Straße sterben siehst, bist du dafür verantwortlich?

Wenn du aber bereit bist, bewusst darauf zu reagieren, wirst du verschiedene Optionen ausloten. Bist du Arzt, wirst du versuchen, direkt einzugreifen. Falls nicht, kannst du den Notruf wählen. Und falls dies alles schon von jemand anders getan wird, wirst du zumindest Anteilnahme im Herzen tragen. Wenn du jedoch nicht verantwortlich bist, dann stehst du nur versteinert da und siehst zu, wie jemand vor deinen Augen stirbt.

Deine Fähigkeit, bewusst zu reagieren, ist das, was du *bist*. Nur deine Handlungsfähigkeit verbindet dich mit der Außenwelt. Bei Verantwortlichkeit geht es nicht um Reden, Denken oder Tun, sondern um *Sein*. So ist das Leben nämlich, keine unabhängige, in sich abgeschlossene Luftblase, sondern ein kontinuierlicher Dialog mit dem Universum. Du musst dich nicht anstrengen, um diesen Zustand herzustellen; du musst einfach nur erkennen, wie es ohnehin schon ist.

Dringen wir noch etwas tiefer. Wenn Verantwortlichkeit die Fähigkeit ist, bewusst auf Situationen zu reagieren, stellt sich die folgende Frage: Ist unsere Fähigkeit zu reagieren beschränkt oder schrankenlos?

Bist du fähig, auf eine Pflanze zu reagieren?

Das bist du.

Auf einen Fremden, den du auf der Straße siehst?

Das bist du.

Auf den Mond?

Das bist du.

Auf die Sonne, auf die Sterne?

Das bist du.

Auf den gesamten Kosmos?

Das bist du.

Tatsächlich reagiert, wie wir gesehen haben, jedes subatomare Teilchen in unserem Körper unbegrenzt auf den großen Tanz der Energien, den der Kosmos darstellt. Dass du den Lebensprozess nicht in seiner ganzen Majestät und Tiefe wahrnimmst, hat nur einen einzigen Grund: deinen derzeitigen mentalen Widerstand. Deine psychische Struktur ist wie eine Steinmauer. Wenn du dazu bereit bist, kann jeder Moment deines Lebens eine fantastische Erfahrung sein. Schon der Akt des Ein- und Ausatmens ist dann ein unglaubliches Liebeserlebnis.

Weshalb wehrt sich der Geist dagegen?

Weil er von seiner begrenzten Logik gelähmt wird, die sagt: »Schon wenn ich für zwei Personen verantwortlich bin, kriege ich Kopfschmerzen. Was würde wohl passieren, wenn ich Verantwortung für die ganze Welt übernehme? Da drehe ich definitiv durch!«

Im Lauf einer Jahrmillionen dauernden Evolution hat die Natur uns in bestimmte Grenzen eingesperrt – das ist das große Dilemma der Menschheit. Diese Einkerkerung besteht jedoch nur auf der biologischen Ebene. Auf der Ebene des menschlichen Bewusstseins bist du wie ein Vogel in einem Käfig ohne Tür. Welch tragische Ironie! Nur aus einer uralten Gewohnheit heraus weigern wir uns, frei zu fliegen.

Das Leben hat alles für dich offen gelassen; es blockiert für niemanden etwas. Wenn du bereit bist, hast du Zugang zum ganzen Universum. »Klopfet an, so wird euch aufgetan«, hat jemand gesagt. Du musst allerdings nicht einmal klopfen, weil dir gar keine Tür den Weg versperrt. Sie ist offen. Du musst nur hindurchgehen, das ist alles.

Dies ist der einzige Zweck des spirituellen Prozesses. Leben und Wirken jedes spirituellen Lehrers zu allen Zeiten und in allen Kulturen dienen nur dem Zweck, darauf hinzuweisen, dass die Käfigtür nicht existiert. Ob du losfliegst oder in den Grenzen des Käfigs bleibst – lass das eine bewusste Entscheidung sein.

Vielen kommt die Möglichkeit einer vollständigen Freiheit eventuell sehr bedrohlich vor. Ja, es ist eine Bedrohung, aber nur für deine Beschränkungen. Willst du ein Leben führen, in dem du dich freiwillig selbst einsperrst? Deine Verantwortlichkeit zu beschränken bedeutet, dass du dich auf verschiedenen Ebenen regelrecht erstickst – körperlich, intellektuell und emotional. Leider setzen viele Menschen dieses erstickte Leben mit Sicherheit gleich.

Nehmen wir als Beispiel einen Pflanzensamen. Wenn dieser immer nur versucht, sich zu bewahren, ist neues Leben unmöglich. Deshalb durchläuft der Samen eine gewaltige Veränderung, durch die er das verliert, was er für seine Identität hält. Er verliert seine Sicherheit und Unversehrtheit und wird verletzlich, um zu einem Baum mit vielen Ästen und Blättern heranzuwachsen, der Blüten und Früchte trägt. Ohne diese Verletzlichkeit, diese freiwillige Offenheit für die Transformation, kann kein Leben sprießen.

Eines der größten Probleme der heutigen Welt ist Einsamkeit. Eigentlich ist das unglaublich – auf unserem Planeten gibt es sieben Milliarden Menschen, aber trotzdem sind viele einsam! Wenn man es genießt, allein zu sein, ist natürlich alles in bester Ordnung, aber die meisten Leute leiden daran und haben deshalb ernste psychische Probleme. Wenn du einsam bist, liegt das daran, dass du dich entschieden hast, zu einer Insel zu werden. Das muss nicht so sein. »Ich bin nicht verantwortlich« macht dich unwillig, mit anderen Leuten auszukommen – bis du schließlich nicht einmal mehr mit dir selbst auskommst. Oft geht das so weit, dass du dich nicht mal dafür verantwortlich hältst, was in deinem Innern vor sich geht!

Der Geist vergisst gern, dass die Fähigkeit, sinnvoll zu reagieren, die *Basis des Lebens* darstellt. Wenn du diese Fähigkeit bereitwillig akzeptierst, wirst du glücklich. Geschieht das widerwillig, geht es dir miserabel.

Verantwortlich zu sein bedeutet, das eigene Leben in Besitz zu nehmen. Es bedeutet, dass du den ersten radikalen Schritt getan hast, ein vollständiger Mensch zu werden – völlig bewusst und völlig menschlich. Wenn du Verantwortung übernimmst und damit die Reise hin zu einem bewussten Leben antrittst, machst du dem uralten Muster, die Schuld außerhalb deiner selbst oder im Himmel zu suchen, ein Ende. Du hast das größte Abenteuer begonnen, das das Leben zu bieten hat – die Reise nach innen.

Die Vorstellung der Verantwortlichkeit führt uns, wie du vielleicht bemerkt hast, direkt zu einem anderen Wort, das eine bemerkenswert ähnliche Bedeutung hat. Zu einem Wort, das wir gut kennen, womöglich sogar viel zu gut. Es ist ein ebenso häufig gebrauchtes wie missbrauchtes Wort.

Liebe.

Natürlich weißt du, was uns darüber gesagt wird. Auf der ganzen Welt erklärt man den Leuten, Liebe sei das höchste Gut, Liebe sei etwas ganz Besonderes, Liebe sei göttlich, wir müssten unseren Nächsten lieben und so weiter. Alles wunderbare Aussagen. Aber wenn man tatsächlich *versucht* zu lieben, ist das schwierig und wirkt am Ende oft aufgesetzt. Ist dir das schon aufgefallen? Es scheint leichter zu sein, überhaupt nicht zu lieben, als sich darin zu versuchen!

Liebevoll zu sein bedeutet jedoch schlicht dies: die Bereitschaft, frei und offen zu reagieren. Momentan beschränkt sich das eventuell auf eine oder zwei Personen in deinem Leben. Dennoch ist es möglich, diese Fähigkeit so auszudehnen, dass sie die ganze Welt umfasst.

Heißt das, du solltest auf die Straße gehen und alle Leute in die Arme schließen? Nein. Das wäre verrückt und außerdem unverantwortlich. Wie gesagt, geht es bei Verantwortlichkeit nicht darum, dass wir handeln, sondern darum, wie wir sind. *Liebe ist nicht etwas, das wir tun; es ist einfach die Art und Weise, wie wir sind.*

Momentan hast du in deinem Leben ein einziges Fenster geöffnet, und zwar für einige wenige Menschen. Das hast du getan, weil du irgendwie begriffen hast, dass du durchdrehen würdest, wenn du dieses Fenster schließt. Dann hättest du nur zwei Optionen, Wahnsinn oder Selbstmord. Es gibt jedoch einen anderen Weg. Geht es darum, ein weiteres Fenster zu öffnen? Oder eine Tür?

Hier ist eine wirkungsvollere Möglichkeit: Wieso reißt du nicht einfach die Mauer nieder?

Liebe hat nichts mit jemand anderem zu tun. Bei ihr geht es nur um *dich*. Sie ist eine Art des Seins, die im Grunde bedeutet, dass du Zärtlichkeit in deine Emotionen bringst. Wenn jemand, den du liebst, in ein anderes Land reist, wärst du dann trotzdem in der Lage, ihn zu lieben? Das wärst du. Wenn jemand, den du liebst, stirbt, könntest du ihn dann weiterhin lieben? Das könntest du. Selbst wenn jemand, den du liebst, körperlich nicht mehr bei dir ist, bist du immer noch fähig, Liebe für ihn zu empfinden. Was *ist* Liebe also? Es ist ausschließlich deine eigene Eigenschaft. Du verwendest die andere Person nur als Schlüssel, um das zu öffnen, was bereits in dir vorhanden ist.

Aber wieso fummelst du mit Schlüsseln herum, wenn gar kein Schloss, keine Tür, keine Wand vorhanden ist? Du erschaffst erst illusionäre Wände und Türen, dann illusionäre Schlösser – und dann fummelst du mit den Schlüsseln herum! Und sobald du den Schlüssel gefunden hast, bekommst du schreckliche Angst, ihn wieder zu verlieren!

Für die meisten Leute ist Liebe anfangs eine Freude, doch nach einer Weile wird sie zur Sorge. Weshalb? Weil dieser »Schlüssel« Beine und einen eigenen Willen hat. Du kannst ihn nicht in die Hosentasche stecken oder ihn dir um den Hals hängen. Wenn du versuchst, das zu tun, steuern gleich zwei Leben direkt auf eine Katastrophe zu!

Sobald deine Freude von selbst in Gang kommt, statt angeschoben werden zu müssen, hast du deine Technik entscheidend verfeinert. Du bist nicht mehr Sklave einer äußeren Quelle, ob das nun eine Person oder eine Situation ist. Nun bist du fähig, liebevoll und glücklich zu sein, ohne etwas Besonderes zu tun. Du kannst einfach dasitzen, egal, wie irgendjemand in der Außenwelt sich verhält. Sobald du diese innere Freiheit erlebst, wirst du in deinem Leben nie mehr unter Unsicherheit leiden. Und wenn du ein wahrhaft glücklicher Mensch bist, werden alle anderen Menschen von Natur aus den Wunsch haben, in deiner Nähe zu sein! Glück bedeutet ein Leben voller Überschwang, und das ist es, wonach alles Leben strebt.

Wie entwickelt man nun die eigene innere Technik?

Damit werden wir uns in den folgenden Kapiteln ausführlich beschäftigen. Ein grundlegender Schritt wäre jedoch, bewusst einfach nur dies zu erkennen: »*Meine Fähigkeit zu reagieren ist grenzenlos, meine Fähigkeit zu handeln hingegen begrenzt. Ich bin voll und ganz verantwortlich für alles, was ich bin, und alles, was ich nicht bin, für meine Fähigkeiten und meine Unfähigkeiten, für meine Freude und meinen Jammer. Ich bin es, der entscheidet, welcher Art meine Erfahrung in diesem Leben und darüber hinaus ist. Ich bin der Schöpfer meines Lebens.*«

Es ist absolut nichts anderes erforderlich – keine Reaktion, keine Aktion, keine Fähigkeit –, als sich der grundlegenden Tatsache bewusst zu sein, *dass unsere Verantwortlichkeit grenzenlos ist*. Wir können einfach nur dasitzen und uns dessen bewusst sein. Wir können die Straße entlanggehen und uns dessen bewusst sein. Wir können arbeiten, kochen oder im Bett liegen und uns dessen bewusst sein.

Ich will dir noch eine Frage stellen: Unabhängig von deiner Religion und deinem kulturellen Hintergrund – was meinst du genau, wenn du das Wort »Gott« verwendest?

Die Formen, die Namen, die Vorstellungen sind vielfältig, aber wenn wir »Gott« sagen, dann meinen wir im Grunde das, was für alles im Universum verantwortlich ist. Wenn Gott sagen würde »Für dich bin ich nicht verantwortlich!«, wäre er damit ganz klar seinen Job los. Das Wort »Gott« bedeutet immer grenzenlose Verantwortlichkeit.

Verantwortlichkeit ist also eigentlich kein Thema für ein Schulfach wie Gemeinschaftskunde. *Sie ist die einfachste und leichteste Möglichkeit, deine eigene Göttlichkeit zum Ausdruck zu bringen.*

Der spirituelle Prozess strebt nach nichts anderem, als die Grenzen zu durchbrechen, die du dir selbst gezogen hast. Nur dann kannst du die Unermesslichkeit dessen erfahren, was du bist. Das Ziel ist es, dich von der Fessel der begrenzten Identität zu befreien, die du dir mit deiner Unwissenheit angelegt hast, und so zu leben, wie der Schöpfer dich erschaffen hat – vollständig glücklich und unbegrenzt verantwortlich.

Nach meinem Erlebnis auf dem Chamundi Hill ist mir Eines klar geworden: Im Leben gibt es kein »dies« und »jenes«, sondern nur »dies« und »dies«. Das bedeutet, dass alles *hier und jetzt* ist. Der Zugang zu allem ist hier und jetzt vorhanden, und er hängt nur von der eigenen Fähigkeit, bewusst zu reagieren, ab – von der Fähigkeit, das Göttliche zu erfahren und auszudrücken.

Es gibt kein »Ja« und »Nein«. Es gibt nur »Ja« und »Ja«! Du hast die Wahl. Du kannst auf das Leben entweder mit »Ja« und »Nein« reagieren, was zu einer fortwährenden Spaltung deiner Existenz führt und damit zur Grundlage eines Teufelskreises aus Konflikt und Elend wird. Oder du kannst ein einziges großes JA zum Leben werden.

Eingeschränkte Verantwortlichkeit ist eine Methode, um Grenzen zu ziehen. Das, wofür du dich verantwortlich hältst, liegt dann innerhalb deiner Grenzen, und das, wofür du nicht verantwortlich zu sein meinst, liegt außerhalb davon. Grenzenlose Verantwortlichkeit dehnt sich jedoch weit über deine derzeitige Verständnis- und Wahrnehmungsebene hinweg aus. Das Leben umfasst mehr – viel mehr – als das, was du momentan wahrnimmst. Sobald du dich entscheidest, der simplen Tatsache bewusst zu werden, *dass deine Fähigkeit, bewusst zu reagieren, grenzenlos ist*, kommt es plötzlich zu einer totalen Umstrukturierung des Lebens in dir. In deinem Innern erreichst du immer höhere Ebenen der Freiheit. Das Leben wird zu einer wunderbaren Reise der Selbstfindung.

In der Außenwelt haben sich viele blutige Revolutionen ereignet. Gewaltsam waren sie, weil ein Teil der Menschen zur Veränderung bereit war, ein anderer Teil nicht. Im Innenleben gibt es jedoch nur eine Art Revolution, und die findet in aller Stille statt. Bei ihr geht es darum, von der Nichtbereitschaft zur Bereitschaft zu gelangen.

Die Frage lautet: Willst du ein vollständiger Mensch sein oder nur ein halber? Wenn du deine Fähigkeit, bewusst zu reagieren, einschränkst, sind Umfang und Dimension deiner Erfahrungen trivial, vorhersagbar, begrenzt, eng. Ein absolut vollständiger Mensch zu sein bedeutet jedoch, immer mit ganzem Herzen auf alles zu reagieren. Dazu musst du nichts Besonderes tun. Du musst nur ein bereitwilliges Element des Lebens in diesem herrlich lebendigen Kosmos sein.

Verantwortlichkeit ist nicht beschwerlich, Grenzen sind es dagegen schon. Wenn du dir eine Grenze ziehst – durch eine Ideologie, deinen sozialen Status, bestimmte Überzeugungen, Rasse oder Religion –, kannst du sie nicht mehr überschreiten und bleibst schließlich völlig grundlos stecken. Solche Grenzen erzeugen lediglich Furcht, Hass und Zorn. Je massiver deine Grenze ist, desto beschwerlicher wird sie. Aber wenn deine Verantwortlichkeit grenzenlos ist, wo ist dann die Grenze?

Keine Grenze, keine Last.

Das ist die Kehrtwendung des menschlichen Bewusstseins, die sich ereignen muss.

Sobald das geschieht, ist es nicht so, dass der Kosmos sich in deinem Sinne verhält. Vielmehr wird das, was *du* bist, kosmisch.

Das ist keine Transzendenz, sondern eine Heimkehr.

Sadhana

Glaub nicht einfach, was du liest. Ob etwas wahr ist oder nicht, kann man nur herausbekommen, indem man damit experimentiert. Beende deine innere Debatte und stell das Gelesene auf den Prüfstand. Beim Weg des Yoga geht es nicht darum, irgendwelche Ansichten zu übernehmen; er ist der Weg der Experimente.
Praktisch damit anfangen kannst du so:
Wenn du das nächste Mal beim Essen sitzt, sprichst du in den ersten fünfzehn Minuten mit niemandem. Du reagierst einfach aktiv und bewusst auf das, was du isst, auf die Luft, die du atmest, und auf das Wasser, das du trinkst.
Wie schon erwähnt, reagiert dein ganzer Organismus ohnehin. Werde dir dessen einfach bewusst. Dieser Apfel, diese Möhre, dieses Stück Brot – nimm nichts davon leichtfertig hin. Wenn du einige Tage nichts zu essen bekommst, wirst du nicht an Gott denken, sondern nur an Essen. Das ist es, was dich nährt und dein Leben möglich macht. Es ist die Substanz deines Körpers. Reagiere also ganz und gar, mit absoluter Aufmerksamkeit auf dein Essen.
Dieses Obst, dieses Ei, dieses Brot, dieses Gemüse – alles ist selbst ein Teil des Lebens und doch bereit, zu dir zu werden. Wärst du bereit, das für irgendjemanden zu tun? Nein, du bist nicht bereit, deine Identität zu verlieren und mit jemand anderem zu verschmelzen. Du bist nicht einmal bereit, für einen anderen auf deinen kleinen Finger zu verzichten. Ja, vorübergehend gibst du ein klein wenig von dir preis, normalerweise dann, wenn du etwas brauchst. Zum Beispiel sind deine Liebesbeziehungen das Produkt einer genau kalkulierten Preisgabe. Aber deine Nahrung, die selbst etwas Lebendiges ist, gibt sich völlig auf, um ein Teil von dir zu werden.
Nimm nach dem Essen die folgende simple Idee mit in den Tag, ohne den Satz auszusprechen: »Meine Verantwortlichkeit ist grenzenlos; wenn ich dazu bereit bin, kann ich auf alles bewusst reagieren.« Sei dir dieser Idee bewusst bis zum letzten Augenblick

des Tages, bevor du einschläfst, und erinnere dich daran als Erstes, wenn du aufwachst.
Wenn du dieses Gewahrsein deiner grenzenlosen Natur nur eine einzige Minute aufrechterhältst, wirst du eine gewaltige Transformation bewirken. Eine Minute kommt dir vielleicht ganz leicht vor, aber du wirst merken, dass du dazu ein wenig Übung brauchst. Eine einzige Minute kann dich allerdings in eine andere Dimension der Erfahrung und Funktionalität führen. Momentan ist dein Gewahrsein sprunghaft; im einen Moment bist du dir der Dinge ringsum bewusst, und im nächsten bist du abgelenkt. Das ist in Ordnung so. Erinnere dich einfach jede Stunde daran. Experimentiere mit diesem Gewahrsein, lass zu, dass es sich vertieft, und achte darauf, was dann geschieht.
Bewusstes Reagieren versetzt dich in einen tiefen und dauerhaften Zustand der Verbundenheit mit dem Leben. Gemeint ist damit nicht eine Vorstellung oder Emotion, sondern das Leben, wie es wirklich ist. Indem du bereitwillig aktiv am Leben teilnimmst, wirst du von ihm umarmt, und diese Umarmung führt dich zum Ursprung der Schöpfung selbst.
Das ist alles, was es braucht, um den Kontakt mit dem Schöpfer herzustellen – nur Bereitschaft, sonst nichts.

»Und jetzt: Yoga«

Die Yoga-Sutras von Patanjali, die zu den tiefgründigsten Schriften über die yogischen Wissenschaften gehören, beginnen mit einer merkwürdigen Zeile: »Und jetzt: Yoga.«

Ein großartiger Text über das Leben beginnt mit einem unvollständigen Satz! Wieso?

Weil du im Yoga nur dann ankommst, wenn du erkennst, dass du dich im Grunde nach dem Grenzenlosen sehnst und dass absolut nichts anderes dich zufriedenstellen wird. Jeder Mensch lebt in einem beständigen Zustand des Mangels. Egal, wer du bist und was du erreicht hast, du willst trotzdem ein bisschen mehr als das, was du gerade in Händen hältst. Das ist ein menschliches Bedürfnis. Aber das elementare Bedürfnis jedes Menschen ist grenzenlose Ausdehnung.

Die meisten Menschen sind sich der Natur ihrer Sehnsucht nicht bewusst. Wenn diese einen *unbewussten* Ausdruck annimmt, sprechen wir von Gier, Bestreben, Ehrgeiz. Findet unsere Sehnsucht hingegen einen *bewussten* Ausdruck, nennen wir das Yoga.

Falls du immer noch meinst, alles werde sich zum Besten wenden, sobald du eine neue Partnerin oder einen neuen Partner findest, eine Gehaltserhöhung bekommst, ein neues Haus oder Auto kaufst, dann ist die Zeit für Yoga für dich noch nicht gekommen. Wenn du all dies und Weiteres jedoch ausprobiert hast und eindeutig weißt, dass nichts davon je genug sein wird – *dann* bist du bereit.

Und daher jetzt: Yoga.

Was genau ist Yoga eigentlich?

Wenn du vor deinem inneren Auge davon ein Bild entstehen lässt, ist das wahrscheinlich eines, auf dem ein Körper zu unmöglichen Haltungen verdreht ist. Muskeln verknoten, bis die Knochen krachen – das verstehen viele unter Yoga!

Inzwischen wandelt sich dieser Trend teilweise, und in vielen Yogastudios werden auch Atemtechniken und Meditationsmethoden unterrichtet. Manche Leute haben deshalb vielleicht ein Bild von Yoga vor Augen, auf dem Menschen mit perfektem Körper und gelassen lächelndem Gesicht mühelos im Lotossitz dahocken.

Nichts von alledem ist jedoch gemeint, wenn wir von der *Wissenschaft des Yoga* sprechen.

Yoga ist keine Praxis. Es ist auch keine Übung und keine Technik. Die im öffentlichen Bewusstsein kursierenden Vorstellungen beziehen sich auf eine trivialisierte Form von Yoga, die heute die ganze Welt erobert hat. Das ist ein Zerrbild jener großen, ausgesprochen tiefgründigen Wissenschaft, die auf dem indischen Subkontinent entstanden ist.

Die Wissenschaft des Yoga ist ganz schlicht die Wissenschaft, in absoluter Harmonie und vollständiger Übereinstimmung mit dem Leben zu sein.

Die vielen Wandlungen der Außenwelt wirken sich auf jeden von uns aus. Yoga hingegen ist die Wissenschaft, innere Zustände genau so zu erschaffen, wie wir sie haben wollen. Wenn du dich innerlich so fein abstimmst, dass alles in dir harmonisch ausgewogen abläuft, werden auf natürliche Weise deine besten Fähigkeiten aus dir herausströmen.

Dir ist bestimmt schon aufgefallen, dass du besser funktionierst, wenn du glücklich bist. Dann scheinst du über ein endloses Reservoir an Energien zu verfügen. Du kannst immer weitermachen, sogar ohne zu essen oder zu schlafen. Schon ein bisschen Glück befreit dich von deinem üblichen Mangel an Energie und Leistungsfähigkeit.

Wenn Körper und Geist in einem entspannten Zustand sind, ist man außerdem frei von quälenden Beschwerden. Nehmen wir an, du sitzt mit Kopfschmerzen bei der Arbeit. Das ist keine schlimme Krankheit, aber schon das Pochen im Kopf kann nicht nur deine Arbeitskraft erheblich beeinträchtigen, sondern generell deinen Enthusiasmus für deinen Job – und vielleicht sogar für das Leben selbst. Ein simpler Kopfschmerz kann etwas, woran dir sehr viel liegt, in eine Quelle von Verdruss oder gar Qual verwandeln. (Übrigens gilt das auch umgekehrt. Wenn dir nahestehende Menschen sich über dich ärgern, schützen sie gern Kopfschmerzen vor!) Durch die Praxis des Yoga können Körper und Geist jedoch ihre größtmögliche Leistungsfähigkeit behalten.

Dennoch ist Yoga nicht nur ein Selbsthilfewerkzeug, um eine größere mentale und körperliche Effizienz zu erreichen, oder ein Mittel gegen Kopfschmerzen. Er ist all dies und noch viel mehr.

Die moderne Wissenschaft sagt uns, alles Leben sei nur Energie, die sich auf unterschiedliche Weise und in verschiedenen Formen manifestiere. Das bedeutet, dass dieselbe Energie, die jetzt als Felsen dasteht, auch in Form von Schlamm daliegen, sich als Baum erheben und als Hund durch die Gegend laufen kann – falls sie nicht dieses Buch liest, wie du es gerade tust. Im Grunde sind wir also kleine Energieportionen, die Teil des wesentlich größeren Energiesystems des Universums sind. Der Kosmos ist nichts als ein großer Organismus, von dem unser Leben nicht unabhängig ist. Ohne die Welt, die uns umgibt, können wir nicht leben, weil wir in jedem Augenblick in einem tiefgreifenden Austausch mit ihr stehen.

Obwohl alles im Universum dieselbe Energie darstellt, drückt diese sich auf unterschiedlichen Ebenen aus. In der einen Pflanze entstehen durch sie Rosen, in einer anderen Jasminblüten. Mit demselben Material, aus dem man früher

Tontöpfe angefertigt hat, stellen wir heute Computer, Autos und sogar Raumschiffe her! Es ist dasselbe Material, das wir für immer höher entwickelte Möglichkeiten zu nutzen gelernt haben. Im Prinzip ist die Evolution in der Natur ein ähnliches Phänomen – was für eine unglaubliche Reise hat der Stoff des Planeten von der Amöbe bis zum Menschen hinter sich!

Dasselbe gilt für unsere inneren Energien. Yoga ist die Technik, diese Energien so zu aktivieren und zu sublimieren, dass sie die größten Möglichkeiten bieten. Mit einem Mal erreichen unsere Fähigkeiten dadurch eine Ebene, die wir nie für möglich gehalten hätten. Ein zufälliges, eingeschränktes Leben wird beinahe zu einem Wunder.

Yoga erfüllt jedoch eine noch weiter reichende Funktion, als für das Wohlbefinden auf den Ebenen von Körper, Geist und Energie zu sorgen. Wortwörtlich bedeutet Yoga »Vereinigung«. Wenn wir in Yoga sind, heißt das, dass alles in unserer Erfahrung eins geworden ist. Das ist die Essenz dieser Wissenschaft und zugleich ihr tiefstes Ziel.

Worin besteht diese Einheit? Was vereinigt sich womit?

Im Augenblick nimmst du jemanden wahr, den du »ich« nennst, und jemanden, den du »den anderen« nennst. Dieses »Ich« kann auf Gruppen bis hin zu Nationen ausgedehnt werden, aber im Grunde stellt die Unterscheidung zwischen »mir« und »den anderen« die Basis des Konflikts im Universum dar. Der ganze Zweck von Yoga ist es, uns zu einer Erfahrung zu führen, in der es in diesem Augenblick kein »Du« und »Ich« mehr gibt. Alles ist ich – oder alles ist du! Jeder Prozess, der uns dabei hilft, diese Einheit zu erreichen, ist Yoga.

Wie kann diese Einheit nun bewerkstelligt werden?

Es gibt mehrere Möglichkeiten. Fangen wir am Anfang an, und zwar bei unseren Vorstellungen davon, was ein Individuum darstellt. Wenn ich dir irgendetwas erzähle, was du noch nicht weißt, hast du die Wahl, mir entweder zu glauben oder nicht. So oder so hast du damit nur deinen Annahmen eine konkrete Form gegeben, mit positivem oder negativem Ergebnis, was lediglich deine Fantasie beflügelt. Der gesamte Prozess des Yoga zielt jedoch darauf ab, dich Schritt für Schritt und Stufe für Stufe *vom Bekannten zum Unbekannten zu führen.* Das ist eine ganz und gar empirische Wissenschaft, die von dir nicht verlangt, irgendetwas auf Treu und Glauben anzunehmen. Vielmehr verlangt sie von dir, auf jedem Schritt des Weges zu experimentieren.

Werfen wir also zuerst einen Blick darauf, was du unter dem Begriff »ich« verstehst. Momentan läuft dein Verständnis darauf hinaus, dass dieses »Ich« aus deinem Körper, deinem Geist (in Form von Gedanken und Emotionen) und deinen Energien besteht. Falls du deine Energien jetzt nicht wahrnehmen solltest, kannst du zumindest auf ihre Existenz schließen, denn wenn dein Körper und Geist so funktionieren, wie sie es tun, muss es irgendeine Energie geben, die als Antrieb wirkt. Diese drei Realitäten – Körper, Geist, Energie – sind etwas, was du kennst und womit du umgehen kannst.

Im Yoga heißt es, wir würden aus fünf »Hüllen«, Schichten oder – einfacher ausgedrückt – Körpern bestehen. Wie es eine medizinische Physiologie gibt, so gibt es auch eine yogische. Sie führt uns von den gröbsten zu den feinsten Ebenen der Realität. Ob du daran glauben musst? Nein. Aber es ist ein nützlicher Ausgangspunkt für unsere Erkundung. Der Bereich, in dem du an dir arbeitest, bezieht allerdings nur die Realitäten ein, deren du dir bewusst bist.

Die erste Hülle oder Schicht, auf die Yoga uns aufmerksam macht, ist der physische Körper, der *Annamaya Kosha*, wörtlich »Nahrungskörper«. Was du momentan als »Körper« bezeichnest, ist eigentlich nur eine Ansammlung von Nahrung, das heißt, das Produkt aller Nährstoffe, die du im Laufe der Jahre zu dir genommen hast. Daher stammt die Bezeichnung.

Die zweite Schicht ist der *Manomaya Kosha*, der geistige Körper. In der Medizin ist heute viel von psychosomatischen Erkrankungen die Rede. Damit ist gemeint, dass das, was im Geist geschieht, Auswirkungen auf den Körper hat. Was man als »Geist« bezeichnet, ist schließlich nicht nur das Gehirn und befindet sich in keinem speziellen Teil der menschlichen Anatomie. Vielmehr besitzt jede einzelne Zelle ihre eigene Intelligenz, weshalb es einen ganzen geistigen Körper, eine ganze Anatomie des Geistes gibt.

Alles, was sich im geistigen Körper abspielt, spielt sich auch im physischen Körper ab und umgekehrt. Jede Wandlung auf mentaler Ebene erzeugt eine chemische Reaktion, und umgekehrt bewirkt jede chemische Reaktion eine Wandlung auf der Ebene des Geistes.

Der physische und der geistige Körper sind gewissermaßen unsere Hardware und Software. Beides kann allerdings nicht in Gang kommen, wenn man es nicht mit einer leistungsfähigen Kraftquelle verbindet. Die dritte Schicht des Selbst ist daher der Energiekörper oder *Pranamaya Kosha*. Wenn wir unseren Energiekörper vollkommen im Gleichgewicht halten, bilden sich im physischen und geistigen Körper keine Krankheiten. Es gibt inzwischen wissenschaftliche Hinweise darauf, dass der Einfluss der genetischen Erinnerung auf den Menschen nicht absolut ist. Die fundamentalen Aspekte der DNA ausgenommen, kann alles verändert werden, auch die genetische Neigung zu Erkrankungen. Infektionskrankheiten werden von fremden Organismen verursacht, während chronische Erkrankungen permanent vom Menschen selbst erschaffen werden. Wenn unser Energiekörper vollkommen lebendig und ausgewogen ist, können im Körper keine chronischen Erkrankungen bestehen. Ich könnte dich mit Tausenden Menschen bekannt machen, die ihre physischen und psychischen Erkrankungen nur durch bestimmte einfache yogische Praktiken losgeworden sind.

Diese Praktiken zielen nicht auf die Erkrankung selbst, sondern nur darauf, dem Energiekörper eine bestimmte Harmonie und Vitalität zu vermitteln.

Dies sind die drei Dimensionen des Selbst, deren du dir momentan bewusst bist: die physische, die geistige und die energetische Dimension. Im Grunde genommen sind sie alle physischer Natur, wenn auch von zunehmender Subtilität. Vergleichbar ist das mit dem Verhältnis von Glühlampe, Elektrizität und Licht, die alle physisch sind. Die Glühlampe kann man in der Hand halten, die Elektrizität kann man spüren; und um das Licht zu erfahren, braucht man Sinnesrezeptoren, in diesem Fall das Auge. Dennoch sind sie etwas Physisches, weshalb sie mit den Sinnesorganen erfahrbar sind.

Es gibt jedoch noch eine vierte Schicht, die als *Vijnanamaya Kosha* oder Ätherkörper bezeichnet wird. *Jnana* bedeutet »Wissen«, und *Vishesh Jnana* ist das »außerordentliche Wissen«, das über die Sinneswahrnehmung hinausgeht. Es ist ein Zustand des Übergangs, der weder physisch noch nicht-physisch ist, sondern eine Art Verbindung zwischen diesen beiden Dimensionen darstellt. Dieser Zustand gehört nicht zu deiner derzeitigen Erfahrungsebene, weil diese auf die fünf Sinnesorgane beschränkt ist, die etwas Nicht-Physisches nicht wahrnehmen können. Menschen, die von Nahtod-Erfahrungen berichten, sind möglicherweise von selbst in diesen Zustand geglitten. Solche Erfahrungen kommen vor, wenn der physische, der geistige und der energetische Körper aus irgendeinem Grund schwach geworden sind. Wenn du jedoch lernst, einen bewussten Zugang zu dieser Dimension zu finden, wird deine Fähigkeit, das Phänomen des Kosmos zu erkennen, einen Quantensprung machen.

Schließlich gibt es noch eine fünfte Hülle, den *Anandamaya Kosha*, der vollständig über das Physische hinausgeht. *Ananda* bedeutet »Glückseligkeit«. Da diese Dimension nichts mit den physischen Bereichen des Lebens zu tun hat, kann sie nicht beschrieben oder auch nur definiert werden, weshalb man im Yoga nur im Hinblick auf die Erfahrung darüber spricht. Wenn wir im Kontakt mit diesem Aspekt jenseits des Physischen sind, werden wir glückselig. Das heißt nicht, dass in unserer physischen Struktur irgendwelche Glücksbläschen aufsteigen würden. Vielmehr entsteht einfach, sobald wir Zugang zu dieser undefinierbaren Dimension finden, ein überwältigendes Gefühl des Glücks.

Glückseligkeit ist jedoch kein Ziel an sich; sie stellt sich durch den Kontakt mit der Dimension der Nichtexistenz zwangsläufig ein. In diesem Zustand sind wir nicht mehr selbst das Problem in unserem Leben, und wenn wir nicht mehr das Problem sind, können wir furchtlos das erforschen, was über uns hinausgeht.

Wenn wir diese Dimension jenseits jeder Beschreibung berühren, wird der Einfluss von Zeit und Raum aufgehoben. Daher kommen die vielen Geschichten von Yogis, die über eine unglaubliche Zeitspanne hinweg reglos dasitzen. Sie haben eine Dimension jenseits aller Widersprüche von hier und dort, von jetzt und damals berührt, einen grenzenlosen Ozean der Leere, in dem es weder Fesseln noch Freiheit gibt – eine Existenz jenseits der Existenz.

Yoga verlangt von dir nicht, mit irgendetwas anderem zu arbeiten als mit dem, was du kennst. Es sagt dir lediglich, dass du Zugang zum Glückseligkeitskörper bekommst, wenn der physische, der geistige und der energetische Körper sich in vollkommener Harmonie befinden. Wie gesagt, arbeitest du jedoch nur mit den ersten drei Körpern.

Was die äußeren Realitäten betrifft, hat jeder Mensch unterschiedliche Fähigkeiten. Was der eine tut, kann der andere vielleicht nicht tun. Was jedoch die inneren Realitäten angeht, besitzen wir alle die gleichen Fähigkeiten. Es gibt keine Garantie, dass du singen, tanzen, einen Berg besteigen oder ordentlich Geld verdienen kannst, nur weil du es willst. Das innere Leben glücklich zu gestalten ist jedoch etwas, wozu jeder in der Lage ist. Wenn du dazu bereit bist, kann es dir nicht verwehrt werden. Sobald du bestimmte yogische Grundtechniken des inneren Wohlbefindens beherrschst, wird deine Reise durchs Leben vollkommen mühelos. Du bist dann in der Lage, ohne jeden Stress und ohne jede Anstrengung dein größtes Potenzial zu verwirklichen. Du kannst mit dem Leben spielen, wie du es willst, ohne dass das Leben dir auch nur einen einzigen Kratzer zufügen kann.

Um zu Wohlbefinden zu gelangen, brauchst du also nur eine gewisse Beherrschung der drei Dimensionen Körper, Geist und Energie. Dein Erfolg in der Welt hängt von deiner Fähigkeit ab, diese Dimensionen so zu nutzen, wie es deine Lebenssituation und dein jeweiliges Vorhaben verlangen. Yoga ist aber auch die Wissenschaft, die drei Dimensionen so miteinander in Einklang zu bringen, dass du den höchsten Zustand der ekstatischen Vereinigung mit dem Leben selbst erreichst.

Wie gelangt man zu dieser höchsten Einheit?

Im Yoga gibt es mehrere fundamentale Methoden. Setzt man den physischen Körper dazu ein, so spricht man von *Karma-Yoga*, dem Yoga des Handelns. Nutzt man die Intelligenz, um die höchste Natur zu erreichen, nennt man das *Jnana-Yoga*, den Yoga des Wissens. Verwendet man die Emotionen, spricht man von *Bhakti-Yoga*, dem Yoga der Hingabe; und wenn man seine Energien einsetzt, um die höchste Erfahrung zu erreichen, so ist das *Kriya-Yoga*, der Yoga der Transformation von Energien.

Jeder Mensch ist eine einzigartige Kombination derselben Bestandteile. Alle genannten Aspekte – Karma, Jnana, Bhakti,

Kriya – müssen ganzheitlich zusammenwirken, wenn man etwas erreichen will. Wenn die vier Dimensionen von Körper, Geist, Emotion und Energie nicht Hand in Hand gehen, kommt es zu einem gewaltigen Fiasko.

Einst gingen vier Männer im Wald spazieren. Der eine war ein Jnana-Yogi, der zweite ein Bhakti-Yogi, der dritte ein Karma-Yogi und der vierte ein Kriya-Yogi.

Normalerweise kommen diese vier Typen nie zusammen. Der Jnana-Yogi empfindet tiefe Verachtung für jede andere Yoga-Richtung. Sein Yoga bedient sich des Intellekts, und für gewöhnlich verachtet ein Intellektueller alle anderen, vor allem diese frommen Burschen, die ständig in den Himmel blicken und dabei den Namen Gottes rezitieren. In seinen Augen sind das reine Trottel.

Der hingebungsvolle Bhakti-Yogi wiederum ist der Ansicht, dass dieses ganze Jnana-, Karma- und Kriya-Yoga nur Zeitvergeudung darstellt. Er bemitleidet die anderen, weil sie nicht erkennen, dass man nur um die Existenz Gottes wissen, seine Hand halten und vertrauensvoll dahinschreiten muss. Sich mit irgendwelchen Philosophien das Hirn zu zermartern oder sich körperlich anzustrengen kommt ihm völlig absurd vor.

Dann ist da der Karma-Yogi, der Mann der Tat. Er meint, die anderen Typen wären allesamt schlicht stinkfaul. Ihr Leben hält er für reine Nabelschau.

Am hochmütigsten ist jedoch der Kriya-Yogi. Er lacht über die anderen. Wissen die denn nicht, dass das Leben nur aus Energie besteht? Wenn man die eigene Energie nicht transformiert, ob nun aus Sehnsucht nach Gott oder nach irgendetwas anderem, wird nichts passieren! Dann kann keine Transformation stattfinden.

Normalerweise kommen diese vier Typen also nicht miteinander aus, aber an jenem Tag gingen sie tatsächlich zusammen durch den Wald. Plötzlich brach ein Unwetter über sie herein, das immer schlimmer wurde. Der Regen prasselte erbarmungslos hernieder. Völlig durchnässt rannten die vier Yogis los, verzweifelt auf der Suche nach Schutz.

Der Bhakti-Yogi, ganz Mann der Hingabe, sagte: »In der Richtung da ist ein alter Tempel. Laufen wir doch dahin!« (Als wahrer Anhänger der Religion war er mit den Standorten von Tempeln bestens vertraut.)

Gesagt, getan – die vier rannten in die betreffende Richtung. Nach einer Weile sahen sie einen uralten Tempel, dessen Mauern schon längst eingestürzt waren; nur das von vier Säulen getragene Dach war noch übrig. Sie rannten hinein – nicht aus Liebe zu Gott, sondern nur, um dem Regen zu entkommen.

In der Mitte des Tempels stand ein Götterbild. Sie liefen darauf zu, während der Regen aus allen Richtungen hereinpeitschte. Da sie nirgendwo anders hinkonnten, scharten sie sich immer enger um die Statue. Schließlich hatten sie keine andere Wahl mehr, als sich hinzusetzen und die Statue zu umarmen.

In dem Augenblick, als die vier Männer das Götterbild umarmten, erschien plötzlich Gott persönlich.

In allen Köpfen tauchte dieselbe Frage auf: Wieso gerade *jetzt?* »Wir haben so viele subtile und geheimnisvolle Philosophien erforscht«, sagten sie, »haben an jedem nur möglichen Heiligtum – ob groß oder klein – gebetet, haben selbstlos so vielen Menschen gedient, haben uns so vielen strapaziösen asketischen Übungen unterzogen, und dennoch hast du dich nie gezeigt. Nun aber, da wir nur Schutz vor dem Regen suchen, tauchst du auf. Weshalb?«

Da sagte Gott: »Weil ihr vier Idioten endlich zusammengekommen seid!«

Yoga ist ganz einfach die Wissenschaft, die vier Idioten zusammenzubringen.

Für die meisten Menschen weisen diese vier Dimensionen in unterschiedliche Richtungen. Der Geist denkt das eine, die Emotionen ziehen uns woanders hin, der physische Körper in eine wieder andere Richtung und die Energie ebenfalls. Wenn es dir auch so geht, lauert Unheil, weil jederzeit etwas Schlimmes passieren kann. Du wirst gepackt und in vier verschiedene Richtungen gezerrt.

Es ist für dich nun an der Zeit, dass du dich ins Abenteuer der Selbstharmonisierung stürzt, in das bemerkenswert empirische System, das Yoga darstellt. Es ermöglicht dir, zugleich Alchemist und Experiment zu sein, zugleich Subjekt und Objekt.

Daher ist der zweite Teil dieses Buchs pragmatischer Natur. Nachdem wir das Terrain abgesteckt haben, begeben wir uns nun auf eine echte Reise, auf einen bewussten Weg der Selbstentdeckung und Selbstfindung. Wir werden das Wesen und die Möglichkeiten der ersten drei yogischen Schichten oder Hüllen erforschen, also von Körper, Geist (bestehend aus Gedanken und Emotionen) und Energie. Dabei lernst du Strategien kennen, mit denen du jede dieser Schichten in ein Werkzeug der Transformation verwandeln kannst, in ein Instrument des Wissens.

Das Problem besteht darin, dass religiöse Spinner auf der ganzen Welt alles, was am menschlichen Wesen schön ist, ins Jenseits exportiert haben. Spricht man von Liebe, so reden sie von göttlicher Liebe. Spricht man von Glück, reden sie von göttlichem Glück. Spricht man von Frieden, reden sie vom göttlichen Frieden. Wir haben vergessen, dass es sich bei alledem um *menschliche* Eigenschaften handelt. Der Mensch ist absolut fähig zu Freude, Liebe und Frieden. Wieso sollte man das dann alles in den Himmel exportieren?

In erster Linie spricht man so viel von Gott und vom Himmel, weil die Menschen nicht erkannt haben, wie großartig es ist, menschlich zu sein. Dabei ist es offensichtlich, dass die Quelle des Lebens selbst in uns pulsiert. Die Quelle unseres individuellen Lebens ist zugleich die jedes anderen Lebens und die Quelle der gesamten Schöpfung. Diese Dimension der Intelligenz oder des Bewusstseins existiert in uns allen. Daher liegt die Befreiung jedes Menschen darin, Zugang zu dieser unvergänglichen Dimension zu finden.

In jedem Moment des Lebens innerlich Freude und Frieden zu empfinden und fähig zu sein, das Leben jenseits seiner physischen Einschränkungen wahrzunehmen – das ist nichts Übermenschliches. Es ist eine menschliche Möglichkeit.

Im Yoga geht es deshalb nicht darum, uns über das Menschsein zu erheben, sondern darum, zu erkennen, dass es erhebend genug ist, Mensch zu sein.

Zweiter Teil

Vorbemerkung

In diesem Teil des Buchs wird es spezifischer. Er führt dich tiefer in die Erforschung der drei elementaren Hüllen oder Schichten der Identität hinein, deren sich jeder Mensch bewusst ist. Daher ist er in drei Abschnitte gegliedert: Körper, Geist und Energie.

In diesen drei Abschnitten will dieses Buch deine Vorstellungen darüber erweitern, woraus unser physischer, unser psychischer und unser *pranischer* (oder energetischer) Aspekt besteht. Dabei wirst du feststellen, dass einige Annahmen hinterfragt, manche Klischees demontiert, manche allgemein gebräuchlichen Begriffe neu definiert und einige ungewöhnliche Perspektiven erkundet werden.

Du solltest aber nichts davon einfach gläubig hinnehmen. Wie schon gesagt, fordert Yoga dich auf zu experimentieren – und zwar völlig furchtlos. Daher bietet dieser Teil abwechselnd Informationen, Vorschläge zur Praxis und Übungen zur Selbstbeobachtung. Die vorgestellten Konzepte werden konkretisiert und Methoden angeboten, wie man sie in die Tat umsetzen kann. Dabei kannst du selbst herausfinden, ob diese Konzepte praktikabel sind oder nichts als leeres Gerede.

Wie geht man mit diesem Teil des Buchs am besten um? Vielleicht hast du keine Lust, sämtliche Übungen zu machen, die unter dem Titel »Sadhana« angeboten werden. Das ist völlig in Ordnung. Diese Übungen und Tipps werden hier in großer Zahl angeboten, damit du auswählen kannst, was dich anspricht. Sie stellen Schritte dar, die dir helfen sollen, einen Übergang von der Lektüre zu den Aufgaben des Alltags zu finden. Dadurch hast du die Freiheit, jede Hypothese im Labor deines eigenen Lebens zu überprüfen. Anders gesagt, geht es darum, dich von einem passiven Leser, einem Lehnstuhl-Yogi, in einen Menschen zu verwandeln, der dynamisch an der Magie eines bewusst gelebten und frei gewählten Lebens teilhat.

Es ist Zeit, deine vorgefassten Meinungen beiseitezulegen und dich bereit zu machen für eine ungehinderte Erforschung des unglaublichen Lebewesens, das du bist.

Körper

Die ultimative Maschinerie

Der vertrauteste Teil der physischen Schöpfung ist für uns alle unser eigener Körper. Der physische Körper ist die erste Gabe, deren wir uns bewusst sind. Außerdem ist er die ultimative Maschinerie, durch die jede andere Maschinerie auf der Erde entstanden ist.

In den yogischen Wissenschaften ist, wie schon erklärt, nicht von einem Geist oder einer Seele die Rede. Alles ist schlicht ein Körper – ob es sich nun um einen Nahrungskörper, einen Geistkörper, einen Energiekörper, einen Ätherkörper oder einen Glückseligkeitskörper handelt. In dieser Sicht der Dinge liegt eine tiefe Weisheit, denn sie lässt keine Flucht in wirre psychische Zustände oder metaphysische Abstraktionen zu. Sie verankert uns fest im Greifbaren, während sie uns in die subtileren Bereiche des Körperlichen und allmählich darüber hinaus führt.

Der physische Körper ist so gestaltet und strukturiert, dass er fast ohne unser Zutun ganz alleine funktionieren kann. Wir müssen nichts tun, damit das Herz schlägt und die Leber ihre komplexen chemischen Prozesse ausführt; wir müssen nicht einmal versuchen zu atmen. Alles, was nötig ist, damit sich unsere physische Existenz manifestiert, geschieht von selbst.

Der Körper ist ein ziemlich vollkommenes und selbstständiges Instrument. Wer von Maschinen fasziniert ist, wird keine bessere finden! Unser Körper ist das raffinierteste Stück Maschinerie auf diesem Planeten – er stellt das höchste Niveau an Mechanik, die feinste Elektronik und die komplexeste elektrische Verschaltung dar, die man sich vorstellen kann.

Nehmen wir an, du isst heute Nachmittag eine Banane. Am Abend ist diese Banane bereits *zu dir* geworden. Laut Charles Darwin hat es Millionen Jahre gedauert, bis aus einem Affen ein Mensch wurde, aber du bist in der Lage, in wenigen Stunden eine Banane oder ein Stück Brot zum Bestandteil eines menschlichen Wesens zu machen! Offensichtlich ist in dir *der Ursprung der Schöpfung selbst am Werk.*

In dir wirkt eine Intelligenz, die weit über das logische Denken hinausgeht und ein Stück Nahrung in ein technisches Meisterwerk verwandeln kann. Wenn du eine solche Transformation bewusst (statt unbewusst) zustande bringen und auch nur ein Tröpfchen von dieser Intelligenz in deinen Alltag holen könntest, würdest du magisch statt kläglich leben.

Weil Basavanna, ein indischer Mystiker des zwölften Jahrhunderts, erfahren hat, wie die Quelle der Schöpfung in ihm pulsierte, nannte er den Körper einen »wandelnden Tempel«. »Meine Beine sind Pfeiler«, schreibt er in einem bekannten Gedicht der mystischen Literatur Südindiens, »der Körper ist ein Schrein, der Kopf eine Kuppel aus Gold …«

»Es gibt etwas, das mag die Mauern nicht«

Man braucht einen gewissen Grad an Bewusstheit, um die Grenzen dieser fantastischen Maschinerie zu sehen. Als Maschine ist der Körper tatsächlich makellos; das einzige Problem besteht darin, dass er uns nirgendwo hinbringt. Er entsteht nur aus der Erde und sinkt wieder in sie zurück.

Reicht das denn nicht aus?

Aus der Perspektive des Körpers betrachtet, reicht das absolut aus. Aber irgendwie ist eine Dimension jenseits des Physischen in diesen wunderbaren Mechanismus eingedrungen. Diese Dimension ist die Quelle des Lebens selbst. Sie ist es, die uns wahrhaft zu dem macht, was wir sind.

Das Leben ist das eine, die Quelle des Lebens etwas ganz anderes. In jedem Tier, in jeder Pflanze, in jedem Samen ist diese Quelle am Werk. Im Menschen ist sie auf noch großartigere Weise sichtbar.

Das ist der Grund, weshalb all die wunderbaren Gaben, die der Körper zu bieten hat, uns nach einer Weile plötzlich irrelevant und banal vorkommen. Deshalb scheinst du und jeder andere Mensch sich in einem ständigen Kampf zwischen dem Physischen und der darüber hinausgehenden Dimension zu befinden. Obwohl du den Zwängen des Physischen unterworfen bist, verfügst du auch über das Bewusstsein, mehr als nur physisch zu sein.

In uns sind zwei elementare Kräfte am Werk, die sich nach Meinung der meisten Menschen im Konflikt miteinander befinden. Die eine ist der Selbsterhaltungstrieb, der uns dazu bringt, Mauern um uns zu errichten, um uns zu schützen. Die andere ist die beständige Sehnsucht, uns auszudehnen und grenzenlos zu werden. Diese beiden Bedürfnisse – nach Erhaltung und nach Ausdehnung – sind *keine* entgegengesetzten Kräfte, auch wenn es danach aussehen mag. Sie beziehen sich lediglich auf zwei unterschiedliche Aspekte unseres Lebens. Die eine Kraft hilft uns dabei, uns gut in dieser Welt zu verwurzeln, die andere führt uns darüber hinaus. Die Selbsterhaltung muss also auf den physischen Körper beschränkt bleiben. Hast du das nötige Bewusstsein, um die beiden Kräfte zu unterscheiden, besteht kein Konflikt. Wenn du dich jedoch mit dem Physischen identifizierst, werden die zwei fundamentalen Kräfte zu einem Ursprung von Spannungen, statt zusammenzuwirken.

Aus dem Unwissen darüber entspringt der ganze Konflikt zwischen dem Materiellen und dem Spirituellen, den die Menschheit empfindet. Wenn wir von »Spiritualität« sprechen, meinen wir eine Dimension jenseits des Physischen. Der menschliche Wunsch, die Einschränkungen des Physischen zu transzendieren, ist völlig natürlich. Von unserem individuellen, begrenzten Körper zur grenzenlosen Quelle der Schöpfung zu reisen ist die eigentliche Grundlage des spirituellen Prozesses.

Die Mauern der Selbsterhaltung, die du heute errichtest, werden morgen zu Mauern, mit denen du dich selbst einkerkerst. Grenzen, die du jetzt zum Schutz in deinem Leben ziehst, fühlen sich später wie Fesseln an. Robert Frost hat eine tiefe Wahrheit erfasst, als er schrieb: »Es gibt etwas, das mag die Mauern nicht.«

Weil dein Selbsterhaltungstrieb dir sagt: »Wenn du keine Mauern um dich herum hast, bist du nicht in Sicherheit«, errichtest du sie immer weiter, ohne dir dessen bewusst zu sein. Später kämpfst du dann dagegen an. Das ist ein endloser Kreislauf, aber die Schöpfung ist durchaus bereit, dir die Tore zu dem zu öffnen, was darüber hinausgeht. Es ist nicht die mangelnde Bereitschaft der Schöpfung, mit der du kämpfst, es sind die Mauern des Widerstands, die du um dich selbst herum errichtet hast.

Deshalb spricht man im System des Yoga weder von Gott noch von einer Seele oder vom Himmel. Solche Ideen rufen unweigerlich Halluzinationen hervor. Im Yoga ist ausschließlich von den Barrieren die Rede, die wir aufgerichtet haben, weil wir uns um nichts anderes kümmern müssen als um diesen inneren Widerstand. Der Schöpfer sucht deine Aufmerksamkeit nicht. Die Fesseln, die dich binden, und die Mauern, die dich blockieren – sie sind voll und ganz von dir selbst geschaffen, und sie sind alles, was du entknoten und niederreißen musst. Mit dem Dasein an sich hast du keine Arbeit, die hast du nur mit dem Dasein, das *du* geschaffen hast.

Als Analogie für diese Situation könnte man Schwerkraft und Gnade gegenüberstellen. In gewisser Weise ist Schwerkraft mit dem fundamentalen Selbsterhaltungstrieb im Menschen verknüpft. Durch die Schwerkraft sind wir mit unserem Planeten verwurzelt; nur ihretwegen haben wir heute einen Körper. Die Schwerkraft versucht, uns unten zu halten, während Gnade eine Kraft ist, die uns in die Höhe zu heben versucht. Wenn wir uns von den physischen Kräften des Daseins lösen, bricht sich die Gnade in unserem Leben Bahn.

So wie die Schwerkraft ständig aktiv ist, ist das auch die Gnade. Du musst dich lediglich dafür empfänglich machen. Bei der Schwerkraft hast du keine andere Wahl; du bist sowieso dafür empfänglich. Wenn du dich stark mit dem Physischen identifizierst, wirst du nichts anderes erfahren als die Schwerkraft; was die Gnade angeht, musst du aufnahmebereit für sie werden. Egal, welche spirituelle Praxis du wählst, du machst dich damit letztlich empfänglich für die Gnade.

Sobald du für Gnade empfänglich bist, scheint alles mit einem Mal wie durch Zauberhand zu funktionieren. Wenn du der einzige Mensch auf der Welt wärst, der Fahrrad fahren kann, würdest du allen anderen wie ein Magier vorkommen. Mit der Gnade verhält es sich ebenso. Womöglich denken andere, es sei Magie im Spiel, aber du weißt, dass du gerade erst anfängst, empfänglich für eine neue Dimension des Lebens zu werden. Diese Möglichkeit ist jedem zugänglich.

Sadhana

Vielleicht ist es dir bereits aufgefallen – wenn du dich wohlfühlst, willst du dich ausdehnen, wenn du Angst hast, willst du dich zusammenziehen. Versuche einmal Folgendes: Setze dich einige Minuten vor eine Pflanze, zum Beispiel einen Baum. Erinnere dich daran, dass du das einatmest, was der Baum ausatmet, und das ausatmest, was der Baum einatmet. Auch wenn das keine bewusste Erfahrung darstellt, kannst du so eine geistige Verbindung zu diesem Baum herstellen. Du kannst das mehrmals täglich wiederholen. Nach einigen Tagen wirst du dich allmählich mit allem, was

dich umgibt, auf eine neue Weise verbinden. Das wird nicht auf einen einzelnen Baum begrenzt sein.
Mithilfe dieser simplen Methode haben wir vom Isha Yoga Center im südindischen Bundesstaat Tamil Nadu eine Umweltinitiative ins Leben gerufen, die seit 2004 einundzwanzig Millionen Bäume gepflanzt hat. Zuerst haben wir mehrere Jahre damit verbracht, Bäume im menschlichen Geist zu verwurzeln, denn der stellt das schwierigste Terrain dar! Diese Bäume jetzt in die Landschaft zu verpflanzen ist wesentlich müheloser.

Der Lebenssinn – das Leben jenseits der Sinne erkennen

Wie begreift der menschliche Körper die Welt? Was ist die Quelle seines Wissens?

Die Antwort liegt auf der Hand: durch die fünf Sinne.

Alles, was du über die Welt und über dich selbst weißt, sind Informationen, die du ausschließlich mit den fünf Sinnen gesammelt hast – durch Sehen, Hören, Riechen, Schmecken und Berühren. Würden diese Sinne nicht funktionieren, so würdest du weder die Welt noch dich selbst erfahren.

Wenn du abends einschläfst, verschwinden die Menschen um dich herum plötzlich, die Welt verschwindet, ja du selbst verschwindest. Du bist noch am Leben, alle ringsum sind das, aber in deiner Erfahrung löst alles sich auf, weil die fünf Sinne gewissermaßen eine Betriebspause eingelegt haben.

Die Sinne haben begrenzte Fähigkeiten; sie können nur das wahrnehmen, was physischer Natur ist. Wenn deine Wahrnehmung auf die fünf Sinne beschränkt ist, wird sich auch der Spielraum deines Lebens naturgemäß auf das Physische beschränken. Außerdem nehmen die Sinne alles nur *in Beziehung zu etwas anderem* wahr. Wenn ich einen Gegenstand aus Metall berühre und der sich für meine Finger kühl anfühlt, dann liegt das nur daran, dass meine Körpertemperatur höher ist. Wäre sie niedriger, würde derselbe Gegenstand sich warm anfühlen.

Die Sinne sind wunderbare Instrumente für das Überleben des Menschen. Sie werden im Augenblick der Geburt aktiviert, weil wir ohne sie in der Außenwelt nicht bestehen könnten. Wenn du jedoch nach mehr als reinem Überleben strebst, reichen sie nicht aus. Sie vermitteln einen verzerrten Eindruck der Wirklichkeit, weil ihre Wahrnehmung ausschließlich relativ ist.

Wenn du wirklich daran interessiert bist, das Leben in seiner ganzen Tiefendimension zu erkennen, musst du unweigerlich in dich hinein blicken statt aus dir heraus. Weshalb? Weil die Natur des Lebens ihrem Wesen nach nicht im physischen oder psychischen Ausdruck von Körper und Geist liegt, sondern in dessen Ursprung. Nach innen zu blicken ist allerdings nicht gerade einfach. Es erfordert Arbeit, weil du noch nicht über die notwendigen Wahrnehmungsmechanismen verfügst. Genau das ist das menschliche Dilemma: *Der eigentliche Ort der Erfahrung ist in uns, aber unsere Wahrnehmung ist vollständig nach außen gerichtet.*

Das ist der Grund, weshalb es eine derart starke Spaltung zwischen innen und außen gibt. Wir können sehen, was außerhalb von uns ist, aber das, was innen ist, sehen wir nicht. Selbst wenn jemand nur flüsternd spricht, können wir das hören, doch im Körper geschieht unglaublich viel, was jenseits unserer Fähigkeit zu hören ist. Wenn eine Ameise über unsere Haut kriecht, spüren wir das sofort, aber all das in uns strömende Blut spüren wir nicht. Unsere Sinnesorgane können nur äußere Eindrücke wahrnehmen, ob wir nun etwas sehen, hören, riechen, schmecken oder berühren. Der Ursprung aller Erfahrungen liegt jedoch *in uns*. Auch wenn eine Erfahrung von einem äußeren Reiz ausgelöst wird, ist ihr Ursprung immer innerlicher Natur – und manchmal wird genau dieselbe Erfahrung sogar ohne einen äußeren Auslöser hervorgerufen.

Yoga zielt im Wesentlichen darauf ab, unsere Erfahrung über die fünf Sinne hinaus auszudehnen. Eine Dimension jenseits von deren Wahrnehmungsvermögen gibt es tatsächlich, egal, wie wir sie nennen. Wenn du willst, kannst du sie als »Selbst« bezeichnen. Du kannst ihr den Namen »göttlich« oder »Gott« geben. Die Bezeichnung steht dir völlig frei.

Selbst wenn du nicht auf der Suche nach dem Göttlichen oder dem Selbst bist, kann eine Erweiterung deiner Wahrnehmung eine entscheidende Rolle dabei spielen, dein Wohlbefinden zu garantieren. Gleichgültig, was du bist – Arzt, Polizistin, Ingenieur, Künstlerin, Hausmann oder Studentin –, es ist grundsätzlich die Qualität deiner Wahrnehmung, die bestimmt, wie effizient und erfolgreich du bist und wie viel du auf diesem Planeten bewirken kannst. Die Ausdehnung deiner Sinneswahrnehmung über ihre derzeitigen Grenzen hinaus kann zu phänomenalen Ergebnissen führen und eine ganz neue, scheinbar magische Dimension in dein Leben bringen.

In diesem Zusammenhang stellt man mir häufig die Frage: »Ist es denn nicht sehr schwierig, meine Wahrnehmung zu erweitern? Muss ich mich vielleicht in eine Höhle im Himalaja zurückziehen, um mich nach innen zu wenden?«

Keineswegs. Diese Möglichkeit ergibt sich nicht dadurch, dass du irgendwo auf einem Berggipfel sitzt; sie ist bereits in dir. Bisher unzugänglich war sie für dich nur deshalb, weil du entweder zu sehr mit dem beschäftigt warst, was außerhalb von dir geschah, oder weil du viel zu stark von deinem psychischen Drama in Anspruch genommen warst. Es ist nur ein Mangel an Aufmerksamkeit, der uns die Möglichkeit verwehrt, das zu entdecken, was in uns liegt.

Sich nach innen zu wenden hat nichts mit Gedanken, Ideen, Meinungen oder Philosophien zu tun. Mit der psychischen Aktivität deines Geistes hat es ebenfalls nichts zu tun. Deine Wahrnehmung zu erweitern bedeutet, dass du deine Fähigkeit verbesserst, das Leben genau so anzunehmen, wie es ist. Wenn du bereit bist, dem täglich einige Minuten deiner Zeit zu widmen, wirst du eine Veränderung erkennen. Der simple Vorgang, deiner inneren Natur ein bisschen Aufmerksamkeit zu schenken, wird deine Lebensqualität auf bemerkenswerte Weise transformieren.

Sadhana

Beginne damit, vor dem Einschlafen allem Aufmerksamkeit zu schenken, was du für dich selbst hältst: deinen Gedanken und Emotionen, deinen Haaren, deiner Haut, deinen Kleidern, deinem Make-up. Sei dir bewusst, dass nichts davon du bist. Es ist nicht notwendig, irgendwelche Schlussfolgerungen zu ziehen, was »du« bist oder was die »Wahrheit« ist. Die Wahrheit ist keine Schlussfolgerung. Wenn du dich vor falschen Schlüssen hütest, wird die Wahrheit sich schon zeigen. Das ist so, wie du die Nacht erlebst – eigentlich ist die Sonne nicht verschwunden, von deinem Standort auf unserem Planeten aus blickst du nur in eine andere Richtung. Du denkst, liest und sprichst über das Selbst, weil du zu sehr damit beschäftigt bist, in die andere Richtung zu blicken! Dabei hast du der Erkenntnis, was das Selbst wirklich ist, nicht genug Aufmerksamkeit geschenkt. Nötig ist also keine Schlussfolgerung, sondern eine Richtungsänderung. Wenn es dir gelingt, mit diesem Bewusstsein einzuschlafen, hat das eine entscheidende Wirkung. Da du im Schlaf keine äußeren Eindrücke aufnimmst, wird es sich zu einer kraftvollen Erfahrung entwickeln. Im Lauf der Zeit wirst du so in eine Dimension jenseits aller Ansammlungen eintreten.

Es gibt mehrere Methoden, um einen Zustand der bleibenden Freude und der höchsten Vereinigung zu erreichen. Sie sind vielfältig, und es ist wichtig, sie alle auf ausgewogene und ganzheitliche Weise anzuwenden. Zwischen den verschiedenen Ansätzen besteht eigentlich keine Trennung oder Hierarchie. Yoga ist völlig unvoreingenommen; es verwendet *alle Aspekte* dessen, was wir sind, um uns zum höchsten Ziel zu führen.

Der Körper repräsentiert einen sehr großen Teil dessen, was du nach deinem momentanen Verständnis bist. Hatha-Yoga ist die Wissenschaft, die den Körper dazu verwendet, um unseren Evolutionsprozess zu beschleunigen. *Ha* steht für die Sonne, *tha* für den Mond. Bei Hatha-Yoga geht es also darum, im menschlichen Organismus ein Gleichgewicht zwischen diesen beiden Dimensionen herzustellen.

Unser Körper hat seine eigenen Ansichten, seinen eigenen Widerstand, sein eigenes Temperament. Nehmen wir an, du beschließt Folgendes: »Ab morgen früh stehe ich um fünf Uhr auf, um spazieren zu gehen.« Du stellst den Wecker. Der Wecker klingelt. Du regst dich, aber dein Körper ächzt und sagt: »Halt die Klappe und schlaf weiter!« So läuft es oft, nicht wahr? Deshalb ist Hatha-Yoga eine Methode, um mit dem Körper zu arbeiten, um ihn zu disziplinieren, zu reinigen und für ein höheres Energieniveau sowie für größere Möglichkeiten vorzubereiten.

Hatha-Yoga ist *keine* Übung. Es geht dabei vielmehr darum, die Mechanik des Körpers zu verstehen, eine bestimmte Atmosphäre zu erschaffen und dann Körperhaltungen einzusetzen, um die eigene Energie zu kanalisieren und in bestimmte Richtungen zu lenken. Dies ist das Ziel der verschiedenen Haltungen, der *Asanas*. Haltungen, die es uns ermöglichen, Zugang zu unserer höheren Natur zu finden, nennt man *Yogasana*. Sie stellen die Wissenschaft dar, unsere innere Geometrie in Einklang mit der kosmischen Geometrie zu bringen.

Ganz einfach ausgedrückt, kann man schon an der Art und Weise, wie manche Leute dasitzen, einigermaßen erkennen, was mit ihnen los ist, zumindest wenn man sie lange genug kennt. Wenn du dich beobachtest, weißt du, dass du anders dasitzt, wenn du wütend und wenn du glücklich bist. Bist du deprimiert, sitzt du wieder anders da. Bei jedem unterschiedlichen Bewusstseinsniveau und jedem psychischen Zustand nimmt der Körper von Natur aus bestimmte Haltungen an. Der Umgang damit ist die Wissenschaft der Asanas. *Wenn du deinen Körper bewusst in verschiedene Haltungen bringst, kannst du dein Bewusstsein steigern.*

Der Körper kann ein Mittel zu spirituellem Wachstum sein, aber auch zu einer Barriere werden. Angenommen, ein Teil deines Körpers – zum Beispiel eine Hand, ein Bein oder der Rücken – tut weh. Ist der Schmerz akut, fällt es dir schwer, nach irgendetwas Höherem zu streben, weil dieser Schmerz dein ganzes Leben beherrscht. Wenn du jetzt gerade Rückenschmerzen hast, ist das größte Problem im Universum dein Rücken. Andere Leute verstehen das eventuell nicht, aber für dich ist das tatsächlich das größte Problem. Selbst wenn dir Gott erschiene, würdest du nichts anderes tun, als ihn anzuflehen, deine Rückenschmerzen zu beseitigen! Du würdest um nichts anderes bitten, weil der Körper eine derartige Macht über dich besitzt. Wenn er nicht so funktioniert, wie er soll, kann er deinem Leben jedes andere Bestreben rauben. Sobald der Körper an Schmerzen leidet, lösen alle Sehnsüchte sich in Luft auf. Schmerz zu empfinden und trotzdem darüber hinauszublicken erfordert eine gewaltige Kraft, wie die meisten Leute sie nicht besitzen.

Nun gibt es zahllose Menschen, die ihre Rückenprobleme mit einfachen Asanas überwunden haben. Obwohl die Ärzte ihnen gesagt hatten, eine Operation sei unvermeidbar, sind sie völlig darum herumgekommen. Dein Rücken kann sogar in einen so ausgezeichneten Zustand versetzt werden, dass du nie wieder zur Chiropraktik musst. Dabei wird nicht nur deine Wirbelsäule flexibel, du selbst wirst das ebenfalls. Sobald du flexibel bist, bist du bereit zuzuhören – nicht jemandem, der etwas sagt, sondern dem Leben an sich. Zu lernen zuzuhören ist die Essenz einer intelligenten Lebensweise.

Es ist wichtig, ein gewisses Maß an Mühe und Zeit aufzuwenden, um dafür zu sorgen, dass der Körper nicht zur Barriere wird. Ein schmerzender Körper kann ebenso ein Hindernis darstellen wie ein von Zwängen beherrschter Körper. Nehmen einfache Bedürfnisse wie Hunger oder der Sexualtrieb einen zwanghaften Charakter an, können sie dich so stark beherrschen, dass du nicht über das rein Körperliche hinausblickst. Man kann leicht vergessen, dass der physische Körper nur *ein Teil* von uns ist, und es ist wichtig, dass er nicht den Platz des Ganzen einnimmt. Die Asanas helfen uns dabei, dem physischen Körper seinen natürlichen Platz zuzuweisen.

Wenn du in die tieferen Dimensionen der Meditation vordringst, wird dein Energieniveau stark ansteigen und dich für tiefere Erfahrungsebenen öffnen. Daher ist es sehr wichtig, dass die Energiebahnen im Körper offen sind; wenn sie blockiert sind, funktioniert das nicht. Deshalb ist es unbedingt nötig, den Körper genügend vorzubereiten, bevor man zu intensiveren Meditationsformen übergeht. Hatha-Yoga sorgt dafür, dass der Körper geschmeidig und freudig auf die ansteigende Energie reagiert.

Oft ist das spirituelle Wachstum ausgesprochen schmerzvoll, weil die notwendige Vorbereitung nicht stattgefunden hat. Leider lassen die meisten Menschen sich vollständig von äußeren Situationen formen, und es gilt heute zunehmend als Regel, dass Wachstum nur unter Schmerzen möglich ist. Das muss jedoch nicht so sein, wenn Körper und Geist entsprechend vorbereitet sind. Dazu dienen die Asanas, indem sie uns mit einem festen, stabilen Fundament ausstatten.

Hatha-Yoga, wie es heute unterrichtet wird, ist nicht die klassische Form in ihrer ganzen Tiefe und Größe. In der Szene der Yogastudios wird hauptsächlich der körperliche Aspekt dieser Wissenschaft vermittelt, aber ausschließlich das zu lernen ist wie eine Totgeburt. Es ist nicht nur wirkungslos, sondern eine Tragödie. Wenn man einen lebendigen Prozess anstoßen will, so muss er auf eine Weise vermittelt werden, die auch andere Dimensionen von Yoga einschließt.

In diesem Sinne bedeutet Hatha-Yoga nicht, auf dem Kopf zu stehen oder den Atem anzuhalten. Worauf es ankommt, ist lediglich, *wie* man das tut. Früher habe ich selbst zweitägige Yogakurse abgehalten. Die Teilnehmer waren überwältigt von der Intensität, die dabei entstand; nur durch die Praxis von Asanas flossen Tränen der Ekstase. Wieso geschieht so etwas nicht öfter? Schlicht deshalb, weil Hatha-Yoga als Selbstzweck unterrichtet wird statt als vorbereitendes System. Während Hatha-Yoga heute also einigen wenigen Frieden und manchen anderen Gesundheit bringt, ist es leider für viele ein reiner Zirkus. Falls man nur nach Frieden und Gesundheit strebt, mag das in Ordnung sein, aber wenn eine Transformation erreicht werden soll, die über die Empfänglichkeit der fünf Sinne hinausgeht, muss Hatha-Yoga in seiner klassischen Form praktiziert werden.

Sadhana

Sieh dich um. Kannst du an deinen Familienmitgliedern, Kollegen und Freunden sehen, dass jeder ein unterschiedliches Wahrnehmungsniveau hat? Beobachte das einmal genau. Wenn du einige Leute kennst, die anscheinend über eine klarere Wahrnehmung verfügen als andere, dann beobachte, wie sie mit ihrem Körper umgehen. Oft haben sie ohne jede Übung eine sichere Körperhaltung. Ein bisschen Übung kann erst recht eine Menge ausmachen. Wenn du nur ein paar Stunden täglich mit aufgerichteter Wirbelsäule dasitzt, wirst du merken, dass das eine unverkennbare Wirkung auf dein Leben hat. Nun verstehst du wohl auch, was ich mit der Geometrie deines Lebens meine. Schon die Art deiner Körperhaltung bestimmt fast alles an dir.

Eine andere Methode, dem Leben zuzuhören, besteht darin, das von der Erfahrung her zu tun statt intellektuell oder emotional. Wähle dazu etwas an dir aus, zum Beispiel deinen Atem, deinen Herzschlag, deinen Puls, einen deiner kleinen Finger. Schenke dem einfach elf Minuten lang deine Aufmerksamkeit. Tue das mindestens drei Mal täglich und achte auf jede Empfindung. Du kannst dabei aber gerne weiter das tun, womit du gerade beschäftigt bist. Es macht nichts, wenn du die Aufmerksamkeit verlierst; konzentriere dich dann einfach von neuem. Durch diese Praxis wird deine mentale Wachheit in Bewusstsein übergehen, und du wirst feststellen, dass sich die Qualität deiner Erfahrungen allmählich verändert.

Den Kosmos herunterladen

Bis vor relativ kurzer Zeit musste man in Indien nach jedem Unwetter aufs Dach steigen, um die Fernsehantenne wieder auszurichten. Nur wenn sie in eine bestimmte Richtung zeigte, kam die Welt ins Wohnzimmer. Sonst erschien plötzlich ein Schneegestöber auf dem Bildschirm, während man seine liebste Seifenoper oder ein Fußballspiel sah.

Der Körper ist wie eine solche Antenne – wenn man ihn in die richtige Haltung bringt, wird er empfänglich für alles, was existiert. Hat er irgendeine andere Haltung, so nimmt er absolut nichts von dem wahr, was über die fünf Sinne hinausgeht.

Vergleichen könnte man den Körper auch mit einem Barometer. Wenn du weißt, wie man ihn »abliest«, kann er dir alles über dich und die Welt ringsum sagen. Der Körper lügt nie, deshalb lernen wir im Yoga, ihm zu vertrauen. *Wir verwandeln den physischen Körper aus einer Reihe von Automatismen aus Fleisch, Blut und Hormonen in einen bewussten Prozess, in ein kraftvolles Instrument der Wahrnehmung und des Wissens.* Wenn du weißt, wie man den Körper abliest, kann er dir dein Potenzial, deine Einschränkungen, ja sogar deine Vergangenheit, Gegenwart und Zukunft mitteilen. Deshalb fängt man im Yoga mit dem physischen Körper an.

Es ist ganz einfach – je mehr du über dein Telefon oder irgendein anderes technisches Gerät weißt, desto besser kannst du es verwenden. Bei einer Umfrage, die ein Mobiltelefonhersteller vor einigen Jahren durchführte, stellte man fest, dass siebenundneunzig Prozent aller Handy-Besitzer nur sieben Prozent der Funktionen ihres Geräts nutzten. Dabei ging es nicht einmal um Smartphones, sondern um das gute, alte Tastengerät! Selbst die Möglichkeiten dieses simplen Apparats wurden nur zu einem derart kleinen Prozentsatz genutzt.

Nun ist dein Körper eine ausgesprochen raffinierte Maschinerie, ein perfekt entwickeltes Gerät. Was meinst du wohl, wie viel Prozent *dieser* Maschine du verwendest?

Weniger als ein Prozent! Um dein Leben in der materiellen Welt zu führen und für dein Überleben zu sorgen, brauchst du nicht einmal ein Prozent der Fähigkeiten, die der Körper bietet. Du tust allerhand banale Dinge mit ihm, weil deine ganze Wahrnehmung des Lebens auf die physische Natur der Existenz beschränkt ist. Dabei ist dein Körper fähig, das gesamte Universum wahrzunehmen. Wenn du ihn entsprechend vorbereitest, kann er alles, was existiert, erfassen, denn alles, was in dieser Welt geschieht, geschieht in gewisser Hinsicht auch mit deinem Körper.

Die ganze physische Schöpfung stellt im Grunde eine vollkommene Geometrie dar. Ohne eine geometrische Ordnung ist keine physische Gestalt möglich. Wenn wir die richtige Geometrie des menschlichen Körpers finden, ist dieser in der Lage, die größere Geometrie des Kosmos in unserem Innern zu spiegeln und für unsere Erfahrung verfügbar zu machen. Anders gesagt, ist der menschliche Körper fähig, den gesamten Kosmos herunterzuladen.

Sadhana

Setze dich in einer bequemen Haltung mit gerader Wirbelsäule hin. Falls nötig, kannst du dich dabei auch anlehnen. Bleibe ruhig sitzen und lasse deine Aufmerksamkeit ebenfalls allmählich ruhig werden. Wenn du das fünf bis sieben Minuten täglich tust, wirst du merken, dass dein Atem sich verlangsamt.

Welchen Sinn hat es, den menschlichen Atem zu verlangsamen? Geht es da um irgendwelche Yoga-Akrobatik? Nein, natürlich nicht. Normalerweise atmet der Mensch pro Minute zwölf bis fünfzehn Mal ein und aus. Wenn du dich auf zwölf Atemzüge beschränkst, wirst du in Kontakt mit der Erdatmosphäre kommen (das heißt, du wirst meteorologisch empfänglich werden). Reduzierst du die Zahl deiner Atemzüge auf neun, wirst du die Sprache der anderen Lebewesen auf diesem Planeten verstehen. Reduzierst du sie auf sechs, wirst du die Sprache der Erde selbst verstehen. Und kommst du mit drei Atemzügen in der Minute aus, verstehst du die Sprache des Ursprungs der Schöpfung. Dabei geht es weder darum, deine Lungenkapazität zu erhöhen, noch darum, dich gewaltsam der Atemluft zu berauben. Eine Kombination von Hatha-Yoga und einer fortgeschrittenen yogischen Praxis namens *Kriya* führt zwar allmählich zu einem vergrößerten Atemvolumen, hilft dir jedoch vor allem dabei, eine bestimmte Harmonie und Leichtigkeit zu erreichen. Dann entwickelt sich ein Zustand der Stabilität, in dem keinerlei störendes Knistern und Rauschen mehr vorhanden ist und in dem du alles wahrnimmst.

Die Intensität der Inaktivität

Logisch gesehen, sollte jemand, der nie irgendwelche Mühe auf irgendetwas verwendet, ein Meister der Mühelosigkeit sein. Das ist jedoch nicht der Fall; wenn du die Mühelosigkeit kennenlernen willst, musst du die Bemühung kennen. Sobald dein Bemühen seinen Höhepunkt erreicht, wirst du mühelos. Nur wer weiß, was Arbeit bedeutet, begreift die Bedeutung des Ausruhens. Paradoxerweise kennen jene, die sich immer ausruhen, keine Ruhe; sie versinken nur in Dumpfheit und Lethargie. So läuft es im Leben.

Für den russischen Balletttänzer Nijinsky bestand das ganze Leben aus Tanz. In manchen Momenten erreichten seine Sprünge eine Höhe, die eigentlich unmöglich war. Selbst wenn die Muskeln ihre Höchstleistung bringen, gibt es eine Grenze, wie hoch man springen kann. Dennoch schien Nijinsky manchmal selbst diese Grenze zu überwinden.

»Wie schaffst du das nur?«, wurde er oft gefragt.

»Ich selbst könnte das nie zustande bringen«, antwortete er dann. »Nur wenn Nijinsky nicht da ist, geschieht es.«

Wenn man kontinuierlich hundert Prozent gibt, kommt ein Punkt, an dem man alle Grenzen überschreitet und völlige Mühelosigkeit erreicht. Mühelos zu sein bedeutet nicht, zum Faulenzer zu werden, es bedeutet, die Notwendigkeit physischen Handelns zu überwinden. Nur wenn man in der Lage ist, sich alles abzuverlangen und den äußersten Einsatz aufrechtzuerhalten, erreicht man das. Heutzutage behaupten manche Leute, Zen wäre ein idealer spiritueller Weg, weil er bedeute, nichts zu tun! In Wirklichkeit gehört zu Zen eine gewaltige Aktivität, weil diese Praxis in keiner Weise vom Leben abgetrennt ist. Zum Beispiel braucht man womöglich Wochen, nur um die Kieselsteine in einem Zen-Garten zu arrangieren. Bei einer solchen Aktivität erreicht man einen Zustand des Nicht-Tuns, in dem man sich nicht mehr als Handelnden erlebt und die Erfahrung des Tuns transzendiert. In solchen Zuständen bekommt man eine Ahnung von den Dimensionen jenseits der physischen Welt.

Wenn man diese Zustände durch intensive Aktivität erreicht, wie es Nijinsky und viele andere getan haben, erlebt man sie als magische Momente. Erreicht man sie jedoch durch die *Intensität der Inaktivität*, so ist das eine yogische Haltung und ein Zustand, der länger aufrechterhalten werden kann.

Das eigentliche Wesen des *Dhyana*, des meditativen Seins, besteht darin, sich um größtmögliche Intensität zu bemühen, in der es nach einer Weile keinerlei Anstrengung mehr gibt. Dann ist Meditation kein Tun mehr, sondern eine natürliche Folge der Intensität, die man erreicht hat. Man kann einfach da sein. In diesen absolut ungezwungenen Daseinszuständen wird die notwendige Atmosphäre dafür geschaffen, dass das Individuum zu einer kosmischen Möglichkeit erblüht.

Wenn wir als Gesellschaft und als Einzelne weiterhin jeden Moment verstreichen lassen, ohne die Atmosphäre für ein solches Erblühen zu schaffen, dann vergeuden wir eine gewaltige Chance. Über den Himmel und seine Annehmlichkeiten werden so viele kindische Behauptungen aufgestellt, weil man noch nicht erforscht hat, welche gewaltige Möglichkeit es darstellt, menschlich zu sein. Wenn dein Menschsein überströmt, wird das Göttliche folgen und dir dienen. Dann hat es keine andere Wahl.

Ein Bröckchen Erde

Dein physischer Körper, heißt es im Yoga, ist ein Nahrungskörper (Annamaya Kosha), das heißt nicht mehr als eine Ansammlung des Essens, das du zu dir nimmst. Das wiederum ist nichts anderes als die Erde. Du bist ein Auswuchs dieser Erde, der einherstolziert und behauptet, eine autonome Einheit zu sein. Aber da du eine solche Erweiterung bist, geschieht alles, was mit unserem Planeten geschieht, auch mit dir – auf subtile und gelegentlich auch auf nicht so subtile Weise.

Dieser Planet ist Teil eines größeren Körpers, den wir als Sonnensystem bezeichnen. Alles, was mit diesem System geschieht, betrifft auch unseren Planeten. Das Sonnensystem wiederum ist Teil eines größeren Körpers, den wir als Universum bezeichnen. Selbst wenn das jetzt über deine Wahrnehmung hinausgehen sollte: Weil deine physische Gestalt nur ein Fragment der Erde ist, geschieht alles, was sich in irgendeinem Teil des Universums ereignet, irgendwie mit dir!

So unglaublich es klingen mag: Wenn du mit deinem physischen Körper in einer bestimmen Weise umgehst, wirst du dir der feinen Veränderungen bewusst, die sich auf der Erde und im Kosmos ereignen. Sobald du dafür empfänglich wirst, spürt dein Körper alles, was um dich herum geschieht. Wenn du mehr Zeit damit verbringst, auf die Erde zu lauschen, wird diese Empfänglichkeit dramatisch zunehmen.

Einige Jahre lang habe ich auf einem Bauernhof gelebt. Im Dorf wohnte ein Mann, der schwerhörig war. Er hieß Chikkegowda. Weil er kaum etwas hörte, war er zu keinem Austausch fähig, weshalb alle ihn für einen Idioten hielten. Das ganze Dorf begegnete ihm mit Ablehnung und Spott. Ich stellte ihn als Helfer auf meinem Hof an. Er war ein angenehmer Gefährte, weil ich kein besonderes Interesse hatte, mich zu unterhalten, und er konnte das nicht, weil er nichts hörte. Daher war alles bestens. Damals gab es bei uns noch keine Traktoren, gepflügt wurde mit einem Ochsengespann. Eines Tages sah ich um vier Uhr morgens, wie Chikkegowda plötzlich den Pflug vorbereitete.

»Was ist denn los?«, fragte ich ihn.

»Ich mache mich bereit zum Pflügen«, sagte er.

»Aber wie willst du denn pflügen?«, fragte ich. »Der Boden ist total ausgetrocknet.«

»Heute wird's regnen«, sagte er.

Ich blickte zum Himmel, der völlig wolkenlos war. »Was für ein Blödsinn!«, sagte ich. »Wo kommt da Regen?«

»Doch, Sir, es wird regnen«, sagte er. »Ganz bestimmt.«

Und das tat es auch.

Anschließend war ich mehrere Tage und Nächte völlig außer mir. Wieso konnte ich nicht wahrnehmen, was dieser Mann wahrnahm? Ich saß da, drehte meine Hand in unterschiedliche Richtungen und versuchte, die Feuchtigkeit und die Temperatur zu spüren. Außerdem bemühte ich mich, den Himmel zu deuten. Ich hatte allerlei Bücher über Meteorologie gelesen, aber nun stand ich wie vor einer Wand. Indem ich meinen Körper und meine Umgebung sorgfältig beobachtete, entdeckte ich schließlich jedoch den grundlegenden Fehler, den die meisten von uns machen – *indem wir die Bestandteile unseres Körpers wie Erde, Wasser, Luft und Nahrung gewissermaßen als Betriebsmittel betrachten statt als organischen Teil des Lebensprozesses.*

Nachdem ich mich eineinhalb Jahre lang intensiv damit beschäftigt hatte, begriff ich es, und wenn ich jetzt sage, dass es regnen wird, trifft es in fünfundneunzig Prozent aller Fälle zu. Das ist weder Astrologie noch Magie, sondern eine Vermutung, die auf der genauen Beobachtung einer völlig unterschiedlichen Ebene des menschlichen Organismus und seines ständigen Austauschs mit der Erde, der Luft und allem anderen beruht. Wenn Regen bevorsteht, finden in unserem Körper gewisse Veränderungen statt. Stadtbewohner können das meistens nicht wahrnehmen, viele Menschen in ländlichen Gebieten überall auf der Welt hingegen schon. Die meisten Insekten, Vögel und Säugetiere spüren es, und ein Baum weiß es auf jeden Fall.

Schon in früheren Zeiten hat man solche kleinen Veränderungen im System unseres Planeten erkannt und versucht, sie nicht nur für das eigene Wohlergehen zu nutzen, sondern auch zu transzendenten Zwecken. Zum Beispiel verläuft der magnetische Äquator der Erde durch Indien. Vor mehreren tausend Jahren haben Yogis den exakten Verlauf dieses Äquators bestimmt und aus ganz spezifischen Gründen in dem entsprechenden Bereich eine Reihe von Tempeln gegründet. Zu den berühmtesten dieser Heiligtümer zählt der Tempel im südindischen Chidambaram, der für Menschen errichtet wurde, die nach der höchsten spirituellen Vereinigung streben. Zu seiner Bauzeit stand er genau auf dem magnetischen Äquator (der sich seither verlagert hat und – nebenbei bemerkt – nicht mit dem geografischen Äquator identisch ist).

Im Laufe der Jahrhunderte haben sich viele spirituelle Suchende in Chidambaram zu Zeiten versammelt, in denen unser Planet sich in einer bestimmten Position befand. Ein Schrein im Tempel wurde von Patanjali, dem Vater des Yoga, *Shunyata* gewidmet, was wörtlich »Leerheit« oder »Nichts« bedeutet. Das ist keine reine Symbolik. Am magnetischen Äquator besteht keine Anziehung nach Norden oder Süden; es ist keinerlei magnetische Wirkung im Spiel, und das fördert eine gewisse Balance und Gelassenheit im Leben des spirituellen Suchers. Diese Gelassenheit kann ein wirksames Mittel sein, um sich ganz konkret von den Einschränkungen der physischen Welt zu befreien, was die betreffende Gegend zu einem geografisch idealen Ort für die Praxis macht.

Eine zusätzliche Bedeutung hat Chidambaram, weil es zufällig auf dem elften Breitengrad liegt. Als der Tempel erbaut wurde, fiel der magnetische Äquator mit diesem Breitengrad zusammen, ein ebenso seltenes wie bedeutsames Ereignis. Die Neigung der Erde an diesem Breitengrad lässt die Zentrifugalkräfte in einer nahezu vertikalen Richtung wirken, was wiederum die Energie im physiologischen System des Menschen nach oben schiebt. Das bedeutet, dass das Aufsteigen der menschlichen Energie – das Ziel der spirituellen Reise – tatsächlich von der Natur unterstützt wird. Das wirkt sich so förderlich auf die spirituelle Praxis aus, dass die gesamte Region als heilig betrachtet wurde. Übrigens ist es kein Zufall, dass das Isha Yoga Center in Südindien exakt auf dem elften Breitengrad liegt.

Das beschriebene spirituelle System bedient sich der Naturphänomene, um das menschliche Streben nach spirituellem Wachstum zu unterstützen. Ein anderes System, das der meditativen Innerlichkeit, ignoriert die Veränderungen in der Welt vollständig und konzentriert sich ausschließlich auf die innere Reise. Das sind die beiden grundlegenden Methoden, mit denen man sich auf diese Reise begeben kann: Entweder man geht langsam, Schritt für Schritt, und nimmt dabei jede verfügbare Hilfe der Natur an, oder man vernachlässigt alle Schritte und macht einen Sprung nach innen. Die zweite Methode erfordert es, sich aus äußeren Situationen zurückzuziehen; bei der ersten ist es zwingend nötig, daran teilzunehmen. Jeder Mensch hat die freie Wahl, welcher Weg für sein Temperament passender ist. In der Zeit, in der wir leben, ist es normalerweise am besten, ein Gleichgewicht zwischen beiden Wegen herzustellen.

Sadhana

Der Körper reagiert in dem Moment, in dem er in Berührung mit der Erde kommt. Deshalb sind spirituell Suchende in Indien immer barfuß gegangen und haben sich so auf den Boden gesetzt, dass sie den größtmöglichen Kontakt mit ihm hatten. Dadurch wird der Körper auf spürbare Weise daran erinnert, dass er nur ein Teil der Erde ist. Man darf ihm niemals erlauben, seinen Ursprung zu vergessen, sonst fängt er gern an, überzogene Ansprüche zu stellen; wenn er hingegen ständig daran erinnert wird, weiß er, was ihm zusteht. Dieser Kontakt mit der Erde verbindet den Körper intensiv mit seinem physischen Ursprung, was seine Stabilität wiederherstellt und die menschliche Regenerationsfähigkeit erheblich stärkt. Das erklärt, warum so viele Menschen sagen, ihr Leben habe sich auf geradezu magische Weise verändert, als sie mit einer schlichten Aktivität im Freien wie beispielsweise Gärtnern begonnen haben.
Durch die vielen künstlichen Methoden, mit denen wir heute Abstand zwischen uns und der Erde schaffen – wie etwa durch das Straßenpflaster, durch Hochhäuser oder auch nur die weitverbreitete Mode, hochhackige Schuhe zu tragen –, wird der Teil vom Ganzen entfremdet und der fundamentale Lebensprozess erstickt. Diese Entfremdung zeigt sich in den Autoimmunkrankheiten und chronischen Allergien, die heute grassieren.
Wenn du dazu neigst, rasch krank zu werden, könntest du einmal versuchen, auf dem Boden zu schlafen (oder mit einer minimalen

organischen Trennschicht zwischen dir und dem Boden). Du wirst sehen, welch großen Unterschied das macht. Versuche außerdem, näher am Boden zu sitzen. Und wenn du einen Baum findest, der einen besonders vitalen Eindruck auf dich macht, etwa weil er viele frische Blätter oder Blüten hat, kannst du ein bisschen Zeit in seiner Nähe verbringen. Nimm zum Beispiel, falls möglich, dein Frühstück oder Mittagessen darunter ein. Erinnere dich, während du unter dem Baum sitzt, an Folgendes: »Der Erdboden hier ist mein Körper. Ich nehme diesen Körper von der Erde entgegen und gebe ihn ihr zurück. Ich bitte Mutter Erde nun bewusst, mich zu stärken, zu tragen und gesund zu erhalten.« Du wirst feststellen, dass sich die Fähigkeit deines Körpers zu genesen dadurch stark verbessert.

Falls ihr alle eure Bäume in Möbel verwandelt habt, kannst du draußen ein wenig frische Erde sammeln und damit deine Füße und Hände einreiben. Halte sie danach für zwanzig bis dreißig Minuten mit der Erde bedeckt. Auch das kann deine Gesundung erheblich fördern.

Im Einklang mit der Sonne

Surya Namaskar ist eine bekannte Abfolge von Yogahaltungen, die häufig geübt wird. Im Allgemeinen wird sie als Körperübung verstanden; manche haben allerdings den Verdacht, es würde sich um eine Art Sonnenkult handeln. Beides ist nicht zutreffend. Tatsächlich kräftigt die Folge unter anderem Wirbelsäule und Muskeln, aber das ist nicht ihr wahrer Zweck.

Was ist dann die Bedeutung dieser Sequenz, die gern als »Sonnengruß« bezeichnet wird?

Vor allem handelt es sich keinesfalls um einen Gruß. Konkret geht es darum, die Energien der Sonne im eigenen Körper zu organisieren, ausgehend von der simplen Logik, dass alles Leben auf der Erde von der Sonne genährt wird. Sie ist die Lebensquelle für unseren Planeten. In allem, was wir essen, trinken und atmen, befindet sich ein Element der Sonne. Nur wer besser lernt, die Sonne zu »verdauen« – das heißt, sie zu verinnerlichen und in den eigenen Organismus zu integrieren –, profitiert voll und ganz von diesem Prozess.

Wer regelmäßig Surya Namaskar macht, stellt fest, dass seine innere Batterie länger hält und weniger oft wiederaufgeladen werden muss. Außerdem trägt die Abfolge zur Balance und zur Reorganisation der inneren Energien im Hinblick auf rechts und links sowie die lunare und solare Dimension bei. Dadurch entsteht ein physisches und psychisches Gleichgewicht, das im Alltag von gewaltigem Nutzen sein kann.

Wie erwähnt, musste ich in meiner Jugend jeden Morgen gewaltsam von meiner Mutter geweckt werden. Als ich dann mit Yoga anfing, wachte mein Organismus mühelos täglich zu einer bestimmten Stunde auf. Dadurch verlief mein Leben mit wesentlich mehr Leichtigkeit und Gelassenheit.

Bei Surya Namaskar geht es im Wesentlichen darum, eine Dimension aufzubauen, in der die physischen Körperzyklen sich im Einklang mit den Sonnenzyklen befinden. Diese dauern etwa zwölfeinviertel Jahre. Es ist also kein Zufall, sondern Absicht, dass die Abfolge aus zwölf Haltungen besteht. Wenn dein Organismus ein bestimmtes Niveau an Lebendigkeit hat und in einem hochempfänglichen Zustand ist, dann ist dein Zyklus auf natürliche Weise in Harmonie mit dem solaren Zyklus.

Jüngere Frauen haben einen Vorteil, weil sie sich zusätzlich im Einklang mit den lunaren Zyklen befinden. Auch wenn viele das als Nachteil sehen, bietet es fantastische Möglichkeiten, wenn der Körper sowohl mit den solaren als auch mit den lunaren Zyklen verbunden ist. Die Frauen wurden von der Natur mit diesem Vorzug ausgestattet, weil sie die Verantwortung für das Weiterbestehen der Menschheit tragen. Daher haben sie einige zusätzliche Privilegien, die von der Gesellschaft leider als Nachteil wahrgenommen werden. Da die Leute nicht wissen, wie sie mit der zusätzlichen Energie umgehen sollen, die Frauen zu bestimmten Zeiten haben, wird sie als negativ empfunden.

Der physische Körper ist ein idealer Grundstein für höhere Möglichkeiten, wirkt bei den meisten Leuten jedoch als Bremsklotz. Die Zwänge, denen der Körper unterliegt, hindern sie daran, Fortschritte zu machen. Durch die Praxis von Surya Namaskar bleibt der Körper empfänglich, wach und im Gleichgewicht, so dass er kein Hindernis darstellt.

Neben dem Menstruationszyklus, der mit seinen achtundzwanzig Tagen der kürzeste Zyklus ist, und dem mehr als zwölf Jahre dauernden Zyklus der Sonne gibt es viele weitere Zyklen. Der Begriff »zyklisch« bedeutet Wiederholung, aber auch, sich ständig im Kreis zu drehen, ohne irgendwohin zu gelangen. Auf einer bestimmten Ebene ist Wiederholung daher etwas Zwanghaftes, was für die Bewusstseinsbildung nicht förderlich ist.

Alles, was eine physische Natur hat, vom Atom bis hin zum Kosmos, verhält sich zyklisch. Wir können uns entweder mit dem Zyklus bewegen, oder wir werden von ihm erdrückt. Die yogische Praxis ist immer darauf ausgerichtet, sich auf den Zyklus einzustellen, um für das Bewusstsein die richtige Basis zu schaffen.

Dabei ist nicht zu vergessen, dass die sich wiederholende Natur zyklischer Bewegungen oder Systeme, die traditionell als *Samsara* bezeichnet wird, die nötige Stabilität für das Entstehen des Lebens bietet. Wenn alles zufällig wäre, dann wäre es nicht möglich, eine Maschinerie zu beherbergen, die kontinuierlich Leben erschafft. Vom Sonnensystem bis zum Individuum wurzelt alles in den Zyklen der Natur, und dadurch erhält das Leben eine gewisse Stabilität und Beständigkeit. Die physische Welt ist wesenhaft zyklisch.

Sobald das Leben jedoch jenes evolutionäre Niveau erreicht hat, das der Mensch besitzt, strebt es unweigerlich nicht nur nach Stabilität, sondern auch nach Transzendenz. Allerdings bleibt es dem Einzelnen überlassen, ob er im Zyklischen gefangen bleibt, ob er dieselben Zyklen für sein physisches Wohlbefinden nutzt oder schließlich ganz über das Zyklische hinausgeht.

Wenn du Zwängen unterworfen bist, wirst du bemerken, dass die Situationen, Erfahrungen, Gedanken und Emotionen in deinem Leben in Zyklen verlaufen. Je nach dem Grad deiner Zwanghaftigkeit wiederholen sie sich alle sechs Monate, achtzehn Monate, drei Jahre oder sechs Jahre. Wenn du auf dein Leben zurückblickst, wirst du das erkennen. Geschieht diese Wiederholung alle zwölf Jahre, so bedeutet das, dass dein Organismus sich in einem Zustand hoher Empfänglichkeit und Balance befindet.

Surya Namaskar ist ein wichtiges Verfahren, um für diesen Zustand zu sorgen. Auf der rudimentären Ebene ist es ein komplettes Konditionstraining für den Körper, eine umfassende Übungsmethode ohne irgendwelche Geräte. Vor allem aber ist es ein Mittel, das uns die Kraft gibt, uns von den zwanghaften Mustern unseres Lebens zu befreien.

Je nachdem, welche Ansprüche man hat, gibt es verschiedene Varianten dieser Praxis. Wer seine Muskulatur trainieren will, kann eine Grundform namens *Surya Shakti* üben. Sobald man durch die Praxis eine gewisse Stabilität und Körperbeherrschung gewonnen hat, kann man in ein kraftvolleres und spirituell wirksameres Verfahren namens *Surya Kriya* eingeführt werden. Während es bei Surya Namaskar darum geht, im Organismus ein Gleichgewicht zwischen den Dimensionen von Sonne und Mond (oder von männlich und weiblich) herzustellen, dient Surya Kriya dazu, diese beiden fundamentalen Anteile mit dem Ziel eines weiteren spirituellen Wachstums zu verbinden.

Ein legendärer Yogi

Raghavendra Rao, der Yogalehrer, den ich als Junge kennenlernte, hat ein Leben geführt, das man nach normalen Maßstäben als übermenschlich bezeichnen würde. Bekannt war er unter dem Namen Malladihalli Swami, weil er aus dem Dorf Malladihalli stammte. Es liegt in Karnataka, einem Bundesstaat im Südwesten Indiens. Er war dafür bekannt, dass er täglich eintausendundacht Mal Surya Namaskar ausführte. Später, als er neunzig wurde, reduzierte er diese Zahl auf einhundertundacht, nicht weil er zu mehr nicht mehr in der Lage gewesen wäre, sondern weil ihm die Zeit dafür fehlte. Das war seine spirituelle Praxis.

Swamiji war nicht nur ein Yoga-Meister, sondern auch erfahren in der ayurvedischen Medizin. Er war einer der wenigen *Nadi Vaidyas*, jener traditionellen Ärzte, die Erkrankungen durch Pulsfühlen diagnostizieren. Dabei konnte er nicht nur sagen, an welcher Krankheit man momentan litt, sondern auch, durch welche man in den nächsten zehn bis fünfzehn Jahren gefährdet war – und durch welche heilsamen Praktiken man sie vermeiden konnte. In jeder Woche konnte man ihn an einem Tag in seinem Ashram als ayurvedischen Arzt konsultieren. Wo er auch gerade war, am Sonntagabend reiste er in den Ashram zurück, um am Montagmorgen dort zu sein. Ab vier Uhr morgens saß er den ganzen Tag lang da, bis sieben oder acht Uhr abends. Die freiwilligen Helfer, die er hatte, lösten sich ab, aber er war den ganzen Tag über da. Für jeden Patienten, der kam, hatte er einen Scherz parat, so dass die Leute vergaßen, dass sie zur Behandlung gekommen waren. Es war weniger ein Gespräch zwischen Arzt und Patient als ein Fest!

Die folgende Geschichte stammt aus der Zeit, als er etwa dreiundachtzig war: Eines Sonntags kam er spät abends zu einem Bahnhof, über siebzig Kilometer von seinem Ashram entfernt, als er und seine beiden Begleiter feststellten, dass die Eisenbahner streikten. Es gab also keine Züge und auch kein anderes Transportmittel. Seine Leidenschaft für seine Tätigkeit war so groß, dass er seine Begleiter auf dem Bahnsteig stehen ließ und auf den Gleisen über Nacht siebzig Kilometer weit zum Ashram lief!

Um vier Uhr morgens kam er an und war bereit, seine Patienten zu behandeln. Die Leute im Ashram merkten gar nicht, dass er zu Fuß gekommen war. Erst als seine zwei Begleiter eintrafen, erfuhren die anderen von ihnen, was Swamiji getan hatte! Das ist ein Beispiel dafür, was für ein unglaubliches Leben er geführt hat. Er wurde hundertsechs Jahre alt und hat bis zu seinem letzten Tag Yoga unterrichtet.

Ein elementares Problem

Das Leben ist ein Spiel aus lediglich fünf Bestandteilen. Selbst für eine Pizza braucht man mehr Zutaten! Im Yoga basieren der menschliche Körper und der Kosmos jedoch auf der Magie von nicht mehr als fünf Elementen – Erde, Wasser, Feuer, Luft und Äther. So ein unglaublich komplexes Phänomen hat nur fünf Variable! Da ist es nicht erstaunlich, dass Menschen, die die Selbstverwirklichung erreicht haben, das Leben oft als kosmischen Scherz bezeichnen.

Als ich nach Mitternacht einmal mit dem Auto unterwegs war, fuhr ich auf einen Hügel zu. Dabei sah ich, dass beinahe der halbe Hang in Flammen stand! Da es nicht meine Art ist, vor Gefahren zurückzuschrecken, fuhr ich weiter, wenn auch vorsichtig, weil der Tank meines Wagens voll Benzin war und meine kleine Tochter auf dem Rücksitz saß. Es war leicht neblig, und während ich den Hang hinauffuhr, schien sich das Feuer immer ein wenig weiter zu entfernen. Da wurde mir klar, dass es nur aus der Entfernung so ausgesehen hatte, als ob das ganze Gelände in Flammen steht.

Als ich das eigentliche Feuer schließlich erreichte, sah ich, dass ein Lastwagen eine Panne hatte. Der Fahrer und seine Begleiter hatten ein kleines Feuer angezündet, um sich daran zu wärmen. Die Millionen Wassertröpfchen, die durch den Nebel in der Luft hingen, wirkten wir Prismen und erzeugten eine derart phänomenale Illusion, dass ein kleines Feuer wie ein riesiger Brand aussah. Von unten hatte es tatsächlich ausgesehen, als würde der ganze Hang in Flammen stehen! Es war wirklich verblüffend.

Ebenso stellt auch die Schöpfung einen gewaltigen Vergrößerungseffekt dar. Wer genau und aufmerksam in sich hineinblickt, erkennt, dass es nicht nötig ist, die Makro-Version zu betrachten. Der ganze Kosmos ist nur eine vergrößerte Projektion eines kleinen Vorgangs, der in unserem Innern abläuft – des Spiels der fünf Elemente. Das ist alles, was es braucht, um ein pulsierendes, vollständiges menschliches Wesen zu erschaffen!

Dein Streben kann individueller oder universeller Natur sein. Aber unabhängig davon, ob du das ganze Potenzial des menschlichen Mechanismus verwirklichen oder mit dem größeren kosmischen Mechanismus verschmelzen willst, musst du diese fünf Elemente bis zu einem gewissen Grad beherrschen. Sonst erfährst du weder das Vergnügen, ein Individuum zu sein, noch das Glück, dich mit dem Kosmischen zu vereinigen.

Ob dein physischer Körper auf deinem Weg zum Wohlbefinden einen Baustein oder eine Hürde darstellt, hängt im Wesentlichen davon ab, wie du mit den fünf Elementen umgehen kannst. Kooperieren sie nicht miteinander, wird dir nie etwas Bedeutsames widerfahren. Mit ihrer Unterstützung aber wird dein Leben mit einem Mal zu einer ungeheuren Möglichkeit.

Der Körper ist wie ein Türeingang. Auf jemanden, der immer vor geschlossenen Türen steht, wirkt eine Tür abschreckend. Für jemanden, für den sich alle Türen öffnen, ist eine Tür gleichbedeutend mit einer Möglichkeit. Deshalb sagt man auch, wie lange eine Minute sei, hänge davon ab, auf welcher Seite der WC-Tür man sich befinde. Wer drin ist, sagt: »Nur eine Minute noch, ich bin gleich fertig.« Für den, der vor der Tür steht, ist diese eine Minute eine Ewigkeit!

Jede spirituelle Praxis auf der Welt hat auf irgendeine Weise damit zu tun, die fünf Elemente zu organisieren. Die grundlegende Praxis im yogischen System ist *Bhuta Shuddhi*, das Reinigen der Elemente im physischen System, damit sie harmonisch zusammenwirken. Im Grunde sind alle yogischen Praktiken vom Reinigen dieser Elemente abgeleitet. Die Grundlage der individuellen Existenz ist die Erinnerung, die tief in die fünf Elemente eindringt. Werden diese von den zwanghaften Neigungen gereinigt, die im Individuum aufgrund seiner mentalen, genetischen, evolutionären und karmischen Erinnerung Fuß fassen, so entsteht ein Gefühl der vollkommenen Harmonie zwischen dem Individuum und dem Kosmos.

Wenn du in deiner Yoga-Praxis eine gewisse Fertigkeit entwickelt hast, erreichst du *Bhuta Siddhi*, die Beherrschung der Elemente. Dadurch öffnet das Leben dir seine reichen Schätze. Gesundheit, Wohlbefinden, Klarheit, Erleuchtung – nichts davon kann dir mehr verwehrt bleiben.

Ob du das Leben also als große Möglichkeit oder als große Barriere wahrnimmst, hängt einfach von dem Grad ab, in dem die fünf Elemente mit dir zusammenwirken. Freiheit und Zwang – beides wird von den fünf Elementen bestimmt.

Genau dieselbe Existenz, die dich gefangen hält, nährt und kräftigt dich auch. Das ist das Paradox des Lebensprozesses. Liebe und Hass, Freiheit und Gefangensein, Leben und Tod sind eng miteinander verknüpft. Wären sie voneinander getrennt, gäbe es kein Problem; du könntest leicht damit umgehen. Das Problem ist, dass sie untrennbar sind. Wenn du versuchst, das Leben zu vermeiden, führt das nur dazu, dass du den Tod vermeidest!

Im alten Indien gab es Kurtisanen, die sich meisterhaft auf die Kunst der Verführung verstanden. Sie trugen kunstvollen Schmuck, der wie mit ihnen verwachsen schien. Ihr ganzer Körper war mit Schmuckstücken bedeckt. Hätte man diese Ornamente nacheinander abnehmen wollen, so hätte das sehr lange gedauert. Der Mann, von Begierde entflammt, wollte die wunderschöne Frau entkleiden, doch das war vergeblich. Sie stachelte ihn mit berauschenden Getränken immer weiter an – ein wenig mehr, ein wenig mehr und noch ein wenig mehr. Wenn er dann alles nur noch verschwommen sah, wurde seine Aufgabe noch schwieriger, und schließlich schlief er schnarchend ein. Dabei gab es eine einzige Stecknadel, die man nur herausziehen musste, damit alles zu Boden glitt. Aber diesen Trick kannte nur die Frau.

Das Leben ist ein bisschen ähnlich. Es ist ein komplexes Gewebe, aber es gibt eine simple Stecknadel – und das ist deine Identität. Das Spiel der fünf Elemente ist hochentwickelt und kompliziert, doch der Schlüssel zur Freiheit ist dein eingeschränktes Selbstbild. Sobald du die Nadel herausziehst, fällt es einfach auseinander, und du bist frei. Wenn du weißt, wie du dich selbst herausziehen kannst, bricht die Komplexität des Lebens in sich zusammen, und alles kommt zur Ruhe. Mit einem Mal erfährst du, wie einfach es ist, in vollkommener Harmonie mit der Existenz zu sein.

Sadhana

Das Einfachste, was du tun kannst, um deine Gesundheit und die Grundstruktur deines Körpers zu verwandeln, ist, die fünf Elemente mit Hingabe und Respekt zu behandeln. Versuche einfach Folgendes: Jedes Mal, wenn du bewusst mit einem der Elemente in Berührung kommst (was in jedem Moment deines Lebens der Fall ist), setzt du dieses Element ebenso bewusst zu dem höchsten Ideal in deinem Leben in Bezug, egal, ob es sich dabei um Shiva, Rama, Krishna, Gott, Allah (oder gar Marx) handelt. Momentan bist du ein psychologisch definiertes Wesen mit hierarchischen Denkstrukturen. Diese Übung wird die Hierarchien beseitigen, und nach einer Weile kann selbst dieser Begriff wegfallen. Die Veränderung siehst du jedoch sofort daran, dass die Zahl der wirklich bewussten Momente in deinem Leben zunimmt. Die Luft, die du atmest, das Essen, das du zu dir nimmst, das Wasser, das du trinkst, der Boden, über den du gehst, und selbst der Raum, der dich umfängt – alles eröffnet dir einen Zugang zum Göttlichen.

Schreine für die Elemente

In Südindien hat man fünf bedeutende Tempel errichtet, einen für jedes der fünf Elemente. Geschaffen wurden sie nicht als Orte der Verehrung, sondern für eine bestimmte spirituelle Praxis.
Um das Wasserelement zu reinigen, suchte man einen bestimmten Tempel auf und unterzog sich einer bestimmten Art von Praxis. Zur Reinigung des Luftelements besuchte man einen anderen Ort. So entstanden fünf wunderbare Tempel, je einer für jedes der Elemente, durchdrungen von der speziellen Energie, die für die

entsprechende Praxis förderlich war. Traditionell reisten die Suchenden von einem Heiligtum zum anderen, um in Praktiken eingeweiht zu werden, mit denen sie die Elemente beherrschen sowie Heilung, Wohlbefinden und sogar Transzendenz erreichen könnten.
Diese fünf Tempel wurden erbaut, um als System zusammenzuwirken. Das war eine phänomenale Technologie, die man sich zunutze machen konnte, wenn man mit der entsprechenden spirituellen Praxis vertraut war. Kannte man die Praxis nicht, so profitierte man schon dadurch, dass man in der betreffenden Gegend lebte. Die Tempel existieren noch heute, und auch wer ihre energetische Bedeutung nicht begreift, bewundert sie zumindest als großartige Werke der Architektur.

Ein dringendes Bedürfnis

Einst fragte Kaiser Akbar bei Hofe: »Was, meint ihr, macht wohl am meisten Vergnügen?«

Die Höflinge waren um Antworten nicht verlegen. Einer von ihnen sagte: »Gott zu dienen ist das größte Vergnügen, Euer Hoheit.«

Monarchen sind immer von allerhand Speichelleckern umgeben. Daher erklärte jemand anders: »O Herr, Euch zu dienen ist das größte Vergnügen, das ich mir vorstellen kann!«

Ein dritter Höfling sagte: »Die allerhöchste Freude bereitet es mir, Euer Gesicht zu erblicken!«

Derartige Übertreibungen sprudelten nur so hervor. Der weise Birbal saß lediglich gelangweilt da.

»Nun, Birbal, weshalb schweigst du denn?«, fragte Akbar. »Was macht *dir* das größte Vergnügen?«

»Kacken«, sagte Birbal.

Bis jetzt hatte Akbar sich angesichts der ganzen Katzbuckelei und Bewunderung großartig gefühlt, doch nun wurde er zornig. »Wenn du bei Hofe eine solche Unflätigkeit von dir gibst, musst du den Beweis dafür erbringen«, sagte er. »Sonst steht dein Leben auf dem Spiel.«

»Gebt mir ein paar Tage Zeit, Euer Hoheit«, sagte Birbal, »dann werde ich es euch beweisen.«

»In Ordnung«, sagte Akbar.

Am folgenden Wochenende organisierte Birbal für Akbar einen Jagdausflug in den Wald und sorgte dafür, dass alle Frauen aus dem Palast mitkamen. Er ließ das Lager so aufschlagen, dass Akbars Zelt sich in der Mitte befand; darum herum platzierte er die Familien, Frauen und Kinder. Die Catering-Abteilung wies er an, die besten Speisen zu liefern. Tatsächlich wurden ausgewählte Leckerbissen serviert, und Akbar ließ es sich ordentlich schmecken. Schließlich war er im Urlaub.

Als er am nächsten Morgen aufstand und aus seinem Zelt trat, sah er, dass man kein Toilettenzelt aufgestellt hatte. Er ging in sein Zelt zurück, wo er auf und ab ging, doch der Druck stieg immer weiter an. Daraufhin versuchte er, sich in die Büsche zu schlagen, doch Birbal hatte dafür gesorgt, dass überall die Frauen herumliefen.

Mit jeder Minute baute der Druck sich stärker auf. Als es kurz vor zwölf Uhr mittags war, hielt Akbar es nicht mehr aus. Er war kurz davor zu platzen. Birbal, der das Geschehen beobachtete, spazierte derweil durch die Gegend und murmelte: »Das Toilettenzelt, wo stellen wir das bloß auf, wo nur?« Damit schuf er Verwirrung, um alles noch ein wenig aufzuschieben.

Der Kaiser wusste nicht mehr ein und aus, und erst kurz bevor es zur Katastrophe kam, gelang es den Dienern, das Toilettenzelt aufzustellen. Akbar schlüpfte hinein und stöhnte vor Erleichterung. Anschließend fragte Birbal, der vor dem Zelt auf ihn wartete: »Nun, stimmt Ihr mir jetzt zu?«

»Ja«, antwortete Akbar, »es ist tatsächlich das größte Vergnügen.«

Von etwas erleichtert zu werden, was man nicht bei sich behalten kann, ist immer das größte Vergnügen, nicht wahr? Ganz gleich, worum es sich da handeln mag!

Der Körper kann also wirklich zu einem Problem werden, zu einem großen sogar. Zu einer Barriere zwischen dir und deiner Freude am Leben.

Wenn du den Körper in einem bestimmten Zustand erhalten willst, kommt es darauf an, seinen verschiedenen Aktivitäten Aufmerksamkeit zu schenken, was Nahrung, Schlaf und Sex angeht. Auf den nächsten Seiten werden wir uns nacheinander damit beschäftigen.

Sadhana

Es ist wichtig, tagsüber nicht ständig etwas zu essen. Wenn du jünger als dreißig bist, passen drei Mahlzeiten täglich gut zu deinem Leben. Bist du älter als dreißig, ist es am besten, sich auf zwei Mahlzeiten pro Tag zu beschränken. Unser Körper und unser Gehirn arbeiten nur dann optimal, wenn der Magen leer ist. Iss daher bewusst so, dass die aufgenommene Nahrung nach zweieinhalb Stunden den Magen verlassen hat und nach zwölf bis achtzehn Stunden vollständig aus dem Körper verschwunden ist. Mit dieser simplen Methode wirst du über wesentlich mehr Energie, Lebendigkeit und Wachheit verfügen. Das sind die Bestandteile eines erfolgreichen Lebens, unabhängig davon, was du damit anfangen willst.

Nahrung als Brennstoff

Dein physischer Körper ist nur eine Ansammlung von Nahrung. Im Yoga wird der Ernährung viel Aufmerksamkeit geschenkt, denn was du isst, hat eine gewaltige Wirkung darauf, welche Art Körper du aufbaust. Es gibt eine ganze yogische Wissenschaft darüber, was wir essen, wie wir essen und wann wir essen sollten. Was wir in unseren Körper stecken, bestimmt, welche Qualität er hat und wie wohl er sich mit sich fühlt.

Bereitest du deinen Körper darauf vor, so schnell zu laufen wie ein Gepard? Oder bereitest du ihn darauf vor, neunzig Kilo mit sich herumzuschleppen? Oder sorgst du dafür, dass er offen für höhere meditative Möglichkeiten ist? Je nachdem, was deine Neigungen sind und was du aus deinem Leben machen willst, musst du die passende Nahrung zu dir nehmen.

Was und wie du isst, entscheidet nicht nur über deine körperliche Gesundheit, sondern auch darüber, wie du denkst, empfindest und das Leben erlebst. Wer versuchen will, intelligent zu essen, muss begreifen, für welche Art Brennstoff sein Körper geschaffen ist, um ihn dann entsprechend zu versorgen, damit er möglichst gut funktioniert.

Nehmen wir an, du hast ein Auto mit Benzinmotor gekauft, betankst es aber ständig mit Diesel. Fahren wird es zwar vielleicht trotzdem, aber nicht mit seiner optimalen Kapazität. Außerdem würde seine Lebensdauer erheblich verkürzt. Ähnliches gilt für unseren Körper – wenn wir nicht begreifen, für welche Art Brennstoff er gedacht ist, und wenn wir einfach alles in uns hineinzwingen, was auf den Teller kommt, wird er eindeutig nicht optimal funktionieren und eventuell eine stark verkürzte Lebensdauer haben. Die Kompatibilität von Brennstoff und Maschine ist von großer Bedeutung, wenn eine bestimmte Funktionsqualität erreicht werden soll.

Für welche Art Nahrung ist der menschliche Organismus also wirklich geschaffen?

Wenn du bestimmte Dinge isst, wird der Körper glücklich. Wenn du bestimmte andere Dinge isst, wird er stumpf und lethargisch, und dein Schlafbedürfnis nimmt zu. Falls du täglich acht Stunden schläfst und hundert Jahre alt wirst, hast du ein Drittel deines Lebens schlafend verbracht! Weitere dreißig bis vierzig Prozent werden für die Nahrungsaufnahme, den Gang zur Toilette und die Körperpflege verwendet. Fürs eigentliche Leben ist da nur sehr wenig Zeit!

Du isst, um Energie aufzunehmen, aber wenn du dir den Magen vollschlägst, fühlst du dich dann energiegeladen oder lethargisch? Je nach der Qualität dessen, was du isst, fühlst du dich erst lethargisch und dann allmählich voller Energie.

Weshalb ist das der Fall?

Ein Aspekt liegt darin, dass der Körper gekochte Nahrung nicht einfach so verdauen kann; er braucht dazu Enzyme. Nun sind die für den Verdauungsvorgang notwendigen Enzyme nicht alle im Körper verfügbar, auch die aufgenommene Nahrung enthält welche. Werden Nahrungsmittel gekocht, so werden im Allgemeinen achtzig bis neunzig Prozent der darin enthaltenen Enzyme zerstört, weshalb der Körper sich anstrengen muss, sie wiederherzustellen. Allerdings können die beim Kochen zerstörten Enzyme nie vollständig wiederhergestellt werden, weshalb bei den meisten Menschen etwa fünfzig Prozent der aufgenommenen Nahrung wertlos sind.

Ein weiterer Aspekt ist der Stress, dem unser Organismus unterliegt. Der Körper muss eine Menge Nahrung verarbeiten, um daraus einen kleinen Prozentsatz Energie für seine tägliche Aktivität zu gewinnen. Wenn wir Nahrungsmittel mit den notwendigen Enzymen aufnehmen, funktioniert der Organismus mit einer wesentlich höheren Effizienz, durch die ein ganz anderer Prozentsatz von Nahrung in Energie umgewandelt wird. Nehmen wir naturbelassene Nahrungsmittel in ungekochtem Zustand zu uns, in dem die Zellen noch lebendig sind, so verschaffen wir dem Organismus ein enormes Gefühl von Gesundheit und Vitalität.

Mit diesen Dingen kann man leicht experimentieren. Hole dazu nicht den Rat von Ärzten, Ernährungsberatern oder Yogalehrern ein. Bei der Nahrungsaufnahme geht es um den Körper. Frage daher deinen Körper, nicht deinen Gaumen, bei welcher Art Nahrung er sich am wohlsten fühlt. Das ist immer das ideale Essen für dich. Du musst lernen, auf deinen Körper zu hören. Sobald sich deine Körperwahrnehmung verbessert hat, wirst du genau wissen, was ein bestimmtes Nahrungsmittel mit dir macht; du musst es dafür nicht einmal in den Mund stecken. So kannst du eine gesteigerte Wahrnehmungsfähigkeit entwickeln, durch die du etwas nur ansehen oder berühren musst, um zu wissen, welche potenzielle Wirkung es auf deinen Organismus hat.

Sadhana

Du kannst es mit diesem Experiment probieren: Bereite die bestmögliche Mahlzeit für dich zu, werde dann richtig zornig auf irgendetwas, verfluche die ganze Welt und fange dann an zu essen. Du wirst anschließend merken, wie die Nahrung sich in dir verhält. Nimm dein Essen bei der nächsten Mahlzeit dann mit der Ehrfurcht ein, die ein lebensspendender Stoff verdient, und stelle anschließend fest, was in dir passiert. (Wenn du vernünftig bist, wirst du natürlich auf den ersten Teil des Experiments verzichten und nur den zweiten durchführen!)

Die meisten Menschen könnten die Nahrungsmenge, die sie zu sich nehmen, auf ein Drittel reduzieren, ohne Gewicht zu verlieren, und dabei dennoch über wesentlich mehr Energie verfügen. Dabei geht es nur darum, wie viel Empfänglichkeit du in dir geschaffen hast, denn dein Körper verhält sich entsprechend. Wenn du mit dreißig Prozent deiner derzeitigen Nahrungsmenge genauso viel leisten und die Körperprozesse aufrechterhalten kannst wie bisher, bedeutet das eindeutig, dass du eine wesentlich wirksamere Maschinerie am Laufen hast.

Nüsse und Samen

Alle Pflanzensamen haben einen gewaltigen pranischen Wert, weil sie konzentriertes Leben darstellen, und zwar zusätzlich zu ihrem großen Nährwert. Was wir als Nüsse bezeichnen, sind eigentlich ebenfalls Samen, und jeder Samen stellt eine wunderbare Möglichkeit dar. Er ist die Zukunft eines pflanzlichen Lebens. Ein einzelner Samen ist in der Lage, die ganze Erde zu begrünen. Daher kann alles, was man in Form von Samen zu sich nimmt, die menschliche Gesundheit auf vielen Ebenen erheblich verbessern.

Weiche die Nüsse, die du essen willst, soweit möglich vorher sechs bis acht Stunden in Wasser ein, vor allem wenn sie trocken sind. Alle Samen verfügen über einen bestimmten chemischen Selbstschutz. Weicht man sie in Wasser ein, so werden die toxischen Substanzen gelöst und an die Oberfläche transportiert, wo man sie beseitigen kann, indem man die Haut der Nuss entfernt. Außerdem sinkt durch das Einweichen der konzentrierte Proteingehalt, durch den Nüsse unter Umständen schwer verdaulich sind.

Essen, was zu uns passt

Die Vertreter einer vegetarischen und einer nicht-vegetarischen Ernährung liegen im Dauerstreit. Ich werde häufig gefragt, welche Ernährungsweise besser ist.

Vegetarier neigen oft zu Selbstgerechtigkeit, während Nicht-Vegetarier oft behaupten, sie seien robuster und besser auf das Leben in der Welt eingestellt, weil sie bereit seien, alle Lebewesen der Erde auf ihren Speisezettel zu setzen. Rund um das Thema Ernährung sind groß angelegte Philosophien entstanden.

Im Yoga hat das, was wir essen, absolut keine religiöse, philosophische, spirituelle oder moralische Komponente. Es geht nur darum, ob unsere Ernährung mit dem Körper, den wir besitzen, kompatibel ist.

Diese Kompatibilität hängt von den jeweiligen Zielen ab. Wenn es dir darum geht, kräftig und massig zu sein, musst du dich auf eine bestimmte Weise ernähren. Wenn du einen Körper haben willst, der ein bestimmtes Intelligenzniveau fördert, oder einen mit einer bestimmten Wachheit, Bewusstheit und Gelenkigkeit, musst du andere Nahrungsmittel zu dir nehmen. Bist du jemand, der sich nicht mit Gesundheit und den Genüssen des Lebens zufriedengibt, sondern einen Körper haben will, der empfänglich genug ist, um den Kosmos herunterzuladen, musst du dich wiederum ganz anders ernähren. Je nach deinen Zielen wirst du deine Ernährung entsprechend anpassen müssen; und wenn deine Ziele alle genannten Dimensionen einschließen, musst du ein passendes Gleichgewicht finden.

Von persönlichen Zielen einmal abgesehen – für welche Art Brennstoff ist unser Körper eigentlich geschaffen? Das ist die Frage, die wir alle uns als Erstes stellen sollten. Modifikationen, Umstellungen und Anpassungen der Ernährung sind erst der zweite Schritt. Wenn es schlicht ums Überleben geht, kannst du essen, was du willst. Aber sobald das Überleben gesichert ist und du eine Wahl hast, ist es wichtig, dass du dich bewusst ernährst und nicht von den Zwängen des Gaumens geleitet wirst, sondern von der grundlegenden Beschaffenheit deines Körpers.

Im Tierreich kann man im Großen und Ganzen zwischen Pflanzen- und Fleischfressern unterscheiden, also zwischen Tieren, die sich vegetarisch ernähren, und solchen, die sich von Fleisch ernähren beziehungsweise Jagd auf andere Tiere machen. Bei diesen beiden Kategorien bestehen fundamentale Unterschiede in der Beschaffenheit des Körpersystems. Da es hier um Ernährung geht, will ich mich auf das jeweilige Verdauungssystem beschränken. Der Verdauungstrakt ist ein Kanal, der von den Lippen bis zum Afterausgang reicht. Wenn wir ihn betrachten, finden wir mehrere erhebliche Unterschiede zwischen Pflanzen- und Fleischfressern.

Zuerst einmal ist festzustellen, dass die Kiefer von Fleischfressern sich lediglich auf und ab bewegen, während jene von Pflanzenfressern zusätzlich zu einer Seitwärtsbewegung in der Lage sind. Wir Menschen verfügen über beide Bewegungsarten.

Was ist der Grund für diese unterschiedliche Konstruktion?

Wenn du ein paar Körner ungekochten Reis in den Mund nimmst, wirst du nach etwa einer Minute einen süßlichen Geschmack wahrnehmen. Das liegt daran, dass bereits im Mund Kohlenhydrate in Zucker umgewandelt werden, was ein essenzieller Teil des Verdauungsvorgangs ist. Dafür verantwortlich ist ein Enzym namens Ptyalin, das von den Speicheldrüsen produziert wird. Es ist im Speichel aller Pflanzenfresser vorhanden, in dem von Fleischfressern jedoch nicht. Letztere müssen ihre Nahrung in kleinere Stücke zerreißen und schlucken, während Pflanzenfresser diese erst einmal kauen. Beim Kauvorgang wird die Nahrung zermahlen und ausgiebig mit Speichel gemischt, wofür eine andere Kieferkonstruktion nötig ist.

Wenn wir richtig kauen, finden nahezu fünfzig Prozent des Verdauungsvorgangs im Mund statt. Das heißt, dass unser Magen teilweise verdaute Nahrung erwartet, um den Prozess effizient weiterführen zu können. Leider ist der moderne Mensch oft so in Eile, dass er sein Essen in seiner knappen Mittagspause verschlingt, ohne es ordentlich zu kauen.

Belastet wird der Magen heute nicht nur durch unverdaute, sondern auch durch teilweise zerstörte Nahrung, wie die moderne Küche sie größtenteils hervorbringt. Essen, das nahrhaft und voller Leben ist, wird durch den Kochvorgang systematisch seines Nährwerts beraubt. Auch der pranische Wert – die Fähigkeit, spirituell unterstützend zu wirken – wird weitgehend zunichtegemacht.

Betrachtet man ferner die Länge des Verdauungstrakts, so ist der von Pflanzenfressern im Allgemeinen fünf bis sechs Mal so lang wie ihr Körper. Bei Fleischfressern hat er nur die doppelte oder dreifache Körperlänge. Vereinfacht ausgedrückt, haben Fleischfresser einen deutlich kürzeren Verdauungstrakt als Pflanzenfresser, und dieser Unterschied weist klar darauf hin, welche Art Nahrung eine Spezies zu sich nehmen sollte.

Wenn du rohes Fleisch isst, braucht es siebzig bis zweiundsiebzig Stunden, um deinen Körper zu passieren; gekochtes Fleisch braucht fünfzig bis zweiundfünfzig Stunden, gekochtes Gemüse vierundzwanzig bis dreißig Stunden, ungekochtes Gemüse zwölf bis fünfzehn Stunden, Obst eineinhalb bis drei Stunden.

Wenn man rohes Fleisch siebzig bis zweiundsiebzig Stunden offen liegen lässt, setzt ein Fäulnisprozess ein – der Geruch eines kleinen Stückes Fleisch kann dich aus deiner Wohnung vertreiben! Im Sommer wird dieser Prozess durch die höhere Temperatur und Luftfeuchtigkeit noch beschleunigt.

Dein Verdauungstrakt bietet immer ein tropisches Milieu, und wenn Fleisch sich dort bis zu zweiundsiebzig Stunden aufhält, findet eine starke Fäulnisbildung statt. Konkret bedeutet das eine exzessive bakterielle Aktivität, die der Körper mit einer Menge Energie in Schach halten muss, damit die Grenze von der Gesundheit zur Krankheit nicht überschritten wird.

Wenn du einen Freund im Krankenhaus besuchst, würdest du ihm bestimmt keine Pizza und kein Steak mitbringen, sondern wahrscheinlich Obst. Und wenn du in der Wildnis landest, was würdest du dann als Erstes essen? Eindeutig Früchte. (Du erinnerst dich, dass schon Adam einen Apfel gegessen hat, auch wenn das in seinem Fall allerhand Probleme nach sich zog.) Erst als Nächstes kämen Wurzeln, dann das Töten von Tieren, Kochen und Ackerbau. Früchte sind die am leichtesten verdauliche Nahrung, was allen Menschen instinktiv bewusst ist.

Die meisten fleischfressenden Tiere nehmen nicht täglich Nahrung zu sich, und schon gar nicht drei Mal am Tag! Sie wissen, dass sich eine solche Nahrung sehr langsam durch ihren Verdauungstrakt bewegt. Ein Tiger zum Beispiel frisst alle sechs bis acht Tage etwas. Wenn er hungrig ist, wird er agil und geht auf die Jagd, frisst fünfundzwanzig Kilo Fleisch auf einmal und legt sich dann zum Schlafen hin, falls er nicht träge umhertappt. Eine Kobra nimmt bei einer einzigen Mahlzeit bis zu sechzig Prozent ihres Körpergewichts zu sich, was sie jedoch nur alle zwölf bis fünfzehn Tage tut. Die in Zentralafrika lebenden Pygmäen haben früher Elefanten gejagt, deren Fleisch samt den inneren Organen roh gegessen und das Blut getrunken. Nach einer solchen Mahlzeit schliefen sie mehr als vierzig Stunden am Stück. Da unsere Lebensweise inzwischen jedoch immer urbaner und bewegungsärmer geworden ist, können wir uns eine solche Lebensweise schlicht nicht leisten. Wir müssen täglich etwas essen und zu bestimmten Zeiten schlafen, weil unser Verdauungstrakt dem von Pflanzenfressern ähnelt.

Die Protein-Debatte

Heute wird viel Wert darauf gelegt, Protein zu essen. Wir müssen uns jedoch klarmachen, dass unser Körpers nur zu drei Prozent aus Eiweiß besteht und ein übermäßiger Proteinkonsum Krebs verursachen kann. Fleisch hat einen hohen Proteingehalt, weshalb ein sehr kleiner Teil des Fleischs, das man normalerweise zu sich nimmt, bereits den menschlichen Bedarf an Protein decken kann. Der restliche Teil, der sich sehr langsam durch den Verdauungstrakt bewegt, verursacht eine Vielzahl an Problemen wie etwa exzessive bakterielle Aktivität, ein erhöhtes Schlafbedürfnis, eine größere Trägheit im Körper und eine verringerte Zellregeneration. Dies alles führt wiederum zu einer verminderten Wahrnehmungsfähigkeit. Daher gilt Fleischkonsum als spirituell nicht förderlich, weil es beim spirituellen Prozess prinzipiell darum geht, die Wahrnehmung über die physischen Einschränkungen hinaus zu erweitern.

Verdauungsprobleme

Ein weiterer Aspekt dieses Themas ist, dass der menschliche Körper je nach der zu verdauenden Nahrung basische Substanzen oder Säuren produziert. Wenn wir ein Durcheinander an Nahrung zu uns nehmen, gerät der Magen in Verwirrung und erzeugt zugleich basische und saure Stoffe, die sich ge-

genseitig neutralisieren, wodurch die Verdauungssäfte ihre Wirkung verlieren. Dadurch bleibt das Essen länger im Magen als erforderlich, was unsere Regenerationsfähigkeit auf der zellulären Ebene schwächt.

Im Energiesystem entsteht außerdem Trägheit *(Tamas)*, die über einen gewissen Zeitraum hinweg die Qualität dessen verändern wird, was wir sind, und beeinträchtigt, was wir sein könnten. Traditionell hat man in Südindien darauf geachtet, bestimmte Nahrungsmittel nie zu mischen. Heute geht es beim Essen jedoch nicht mehr um das Wohlbefinden des Körpers, sondern um gesellschaftliche Aspekte. Wenn man ein Büfett vorbereitet, hält man die Vielfalt und Anzahl der Gerichte für wichtiger, als sich um die Gesundheit und Lebendigkeit des Körpers zu kümmern.

Die Frage ist jedoch nicht, was man *nicht* essen sollte; sie lautet: Wie viel sollten wir wovon essen? Das ist kein moralisches Problem, sondern eine Frage des Lebensgefühls. Um mit dem Leben in der Großstadt fertigzuwerden, braucht man sowohl einen beweglichen, gut funktionierenden Geist als auch ein körperliches und mentales Gleichgewicht. Und manch einer hat sogar spirituelle Ambitionen – zumindest ab und zu! Deshalb muss jeder Einzelne die ihm gemäße ausgewogene Ernährungsweise finden, nicht indem er Gelübde ablegt, sondern durch Beobachtung und Bewusstheit.

Bei alledem ist es wichtig, nicht zum Ernährungsfanatiker zu werden. Das Essen sollte nie zu etwas werden, was uns ganz in Anspruch nimmt. Jedes Lebewesen auf der Erde weiß, was es essen sollte und was nicht. Worin besteht dann unser Problem? Nicht in zu wenig Aufmerksamkeit, sondern in zu viel Information.

Die yogische Wissenschaft geht vom Inneren des Menschen aus. Durch ihr profundes Verständnis des menschlichen Mechanismus hat sie sich später in verschiedene Systeme verzweigt. Eines ist das *ayurvedische* System, das heute wieder zunehmend populär wird. Das Word *Ayur* bedeutet »Lebensspanne«, das Wort *Veda* bedeutet »Wissenschaft« oder schlicht »Wissen«. Ayurveda ist also die Wissenschaft, die menschliche Lebensdauer zu verlängern. Es ist ein System, das pflanzliche und irdische Elemente verwendet, um die Gesundheit zu fördern und systemische Unregelmäßigkeiten zu korrigieren. Solche Wissenssysteme waren dazu gedacht, jenen zu helfen, die nicht in der Lage waren, sich einer ebenso wirksamen yogischen Praxis zu unterziehen.

Sadhana

Täglich ein Löffel Butterschmalz (in Indien *Ghee* genannt), einige Minuten vor einer Mahlzeit eingenommen, wirkt Wunder für das Verdauungssystem. Isst man geklärte Butter mit Zucker, zum Beispiel in süßem Gebäck, wird sie verdaut und verwandelt sich in Fett. Butterschmalz ohne Zucker kann den Verdauungstrakt jedoch reinigen, heilen und einölen. Die dadurch bewirkte Reinigung des Dickdarms wird sich umgehend in Form einer frischen, vitalisierten Haut zeigen. Auch wer sonst lieber keine Milchprodukte zu sich nimmt, kann damit experimentieren, weil Butterschmalz bei seinem Weg durch den Organismus weitgehend unverdaut bleibt.

Der evolutionäre Code

Wenn du dich nicht vegetarisch ernähren kannst, wäre Fisch am besten geeignet. Zum einen ist er leicht verdaulich und hat einen hohen Nährwert, zum anderen hinterlässt er am wenigsten Spuren in dir.
Was ist damit gemeint?

Unser Körper – alles, was wir essen, ausscheiden und was irgendwann eingeäschert oder beerdigt wird – ist nichts als Erde. Die Software in unserem Organismus entscheidet, dass eine von uns verzehrte Frucht in den menschlichen Körper umgewandelt wird und nicht in den eines Affen oder einer Maus. Dieses System ist so effizient, dass es die Software, von der das Erdreich in eine Frucht umgewandelt wurde, durch ein neues Programm ersetzt, das aus der Frucht eine menschliche Gestalt macht. Bei höher entwickelten Lebewesen, vor allem bei Säugetieren, ist diese Software individueller ausgeprägt. Das erschwert es unserem den Code brechenden System, die Software des von uns verzehrten Geschöpfs auszulöschen und mit einem neuen Programm zu überschreiben.

Im Tierreich gehören die Fische zu den frühesten Lebensformen auf der Erde, weshalb ihr Softwarecode für unseren Organismus am leichtesten zu brechen und zu integrieren ist. Bei Tieren mit höherer Intelligenz, vor allem solchen, die zu vielfältigen Emotionen fähig sind wie Kühe oder Hunde, bleibt das Erinnerungssystem erhalten. Anders gesagt, sind wir nicht in der Lage, hochentwickelte, intelligente und emotionsfähige Lebewesen vollständig in unseren Organismus zu integrieren.

Wenn in früheren Zeiten die Mitglieder von Kulturen, die sich noch mehr im Einklang mit der Erde befanden, Tiere jagten und töteten, konnten sie die Folgen durch ein hohes Maß an körperlicher Aktivität kompensieren. Angesichts unserer heute weitgehend bewegungsarmen Lebensweise trägt die durch eine solche Ernährung hervorgerufene Übersäuerung womöglich stark zu dem unerklärlichen Grad an Stress bei, der weithin zu beobachten ist. Abgesehen davon nehmen große Tiere, besonders Kühe, eine ganze Weile vor ihrer Schlachtung wahr, was mit ihnen geschehen wird. Der dadurch hervorgerufene Stress erzeugt in ihrem Körper einen extrem hohen Säuregehalt, was sich auf jene, die das Fleisch später konsumieren, nachteilig auswirkt.

Vernünftige Ernährung

Wenn du den natürlichen Zyklus des Körpers beobachtest, wirst du auf etwas stoßen, was gelegentlich als *Mandala* bezeichnet wird. Ein Mandala in diesem Sinne ist ein Zyklus von vierzig bis achtundvierzig Tagen, den der menschliche Organismus durchläuft. In jedem Zyklus gibt es drei Tage, an denen der Körper keine Nahrung benötigt.

Sobald du dir bewusst bist, wie dein Körper funktioniert, wirst du wahrnehmen, wenn er an einem bestimmten Tag keine Nahrung braucht. Ohne Mühe kannst du dann an diesem Tag aufs Essen verzichten. Auch Hunde und Katzen verfügen über diese Wahrnehmung und nehmen deshalb an bestimmten Tagen oft kein Futter zu sich.

Der Tag, an dem der Organismus sagt: »Kein Essen!«, ist ein Reinigungstag. Da die meisten Leute nicht wahrnehmen, wann genau das geschehen sollte, ist im indischen Kalender der *Ekadashi*-Tag festgelegt. Ekadashi ist der elfte lunare Tag nach Neu- und Vollmond, womit er sich alle vierzehn Tage wiederholt. Traditionell gilt er als Fastentag. Wenn manche Leute aufgrund ihrer Aktivitäten nicht auf Nahrung verzichten können oder nicht die geeignete spirituelle Praxis haben, um damit umzugehen, können sie sich entscheiden, an diesem Tag nur Obst zu essen.

Wenn du dich zum Fasten zwingst, ohne Körper und Geist genügend vorzubereiten, wirst du deiner Gesundheit nur

Schaden zufügen. Sind Körper, Geist und Energie jedoch durch die entsprechenden Praktiken richtig vorbereitet, kann es ausgesprochen heilsam sein zu fasten.

Wer ständig Nikotin und Koffein konsumiert, wird feststellen, dass Fasten unter Umständen sehr schwierig ist. Bereite den Körper vorher also vor, indem du die richtigen Nahrungsmittel zu dir nimmst, vor allem solche mit hohem Wassergehalt wie Obst und Gemüse. Es tut eventuell nicht jedem gut zu fasten, hat jedoch viele segensreiche Wirkungen, wenn es mit dem richtigen Verständnis durchgeführt wird.

Das ganze Ziel und Bestreben von Yoga läuft darauf hinaus, den Kokon des physischen Körpers für den größeren Sinneskörper zu öffnen, mit dem wir alles als Teil von uns empfinden. Fasten ist ein Ausdruck dieser Logik, denn es ist eine Methode, sich zu nähren, ohne aktiv etwas zu sich zu nehmen. Das ist die innere Begründung, auch wenn Fasten heute oft als reiner Entgiftungsprozess durchgeführt wird. Jede spirituelle Tradition auf der Welt hat für ihre Anhänger daher bestimmte Fastenperioden festgelegt. Im Yoga richten sich diese Perioden nach dem Mondzyklus, weil unsere Fähigkeit, aus Wasser, Luft und Sonnenlicht Energie aufzunehmen, an bestimmten Tagen dieses Zyklus größer ist als sonst. In einigen Religionen liegt die Fastenperiode hingegen im Hochsommer, wenn der menschliche Organismus von Natur aus besonders viel Wasser und Sonne aufnimmt.

Meine Urgroßmutter, eine wunderbare alte Frau, die von Leuten, die sie nicht näher kannten, gern für schrullig gehalten wurde, hat ihr Essen oft den Ameisen und Sperlingen geschenkt. Wenn sie das tat, strömten Tränen des Glücks an ihrem Gesicht herab. Wenn die Leute sie fragten: »Wieso isst *du* eigentlich nichts, Alte?«, erwiderte sie einfach: »Ich bin satt.« All ihre Ratgeber starben lange vor ihr, während sie weiterlebte und erst im unglaublichen Alter von hundertdreizehn Jahren starb!

Meine Mutter hat sich ebenso verhalten. Jeden Tag nahm sie vor dem Frühstück eine Handvoll Nahrung und sah sich nach Ameisen um, die sie füttern konnte. Erst dann setzte sie sich selbst zum Essen hin. Unter den Frauen war das bei uns wie in vielen Familien eine Tradition. Eine Ameise ist das kleinste Lebewesen, das man in der näheren Umgebung sieht, und der schlichteste Organismus, den man sich vorstellen kann. Genau aus diesem Grund füttert man sie zuerst. Man bringt nicht den Gottheiten oder irgendwelchen anderen himmlischen Wesen ein Opfer dar, sondern dem kleinsten Geschöpf, das man kennt. Ihm gehört dieser Planet ebenso, wie er uns gehört, und wir wissen, dass jedes Geschöpf dasselbe Recht hat zu leben wie wir. Dieses Wissen kann dazu beitragen, geistig und physisch eine Atmosphäre zu schaffen, in der das Bewusstsein wachsen kann.

Schon ein simpler Akt wie dieser löst dich von deiner Identifikation mit dem physischen Körper, und sobald du weniger körperlich orientiert bist, nimmt dein Bewusstsein anderer Dimensionen deines Seins naturgemäß zu. Wenn du großen Hunger hast, will dein Körper nichts anderes als essen. Warte in einem solchen Fall einmal ganze zwei Minuten, und du wirst feststellen, welch großen Unterschied das macht. Wenn du sehr hungrig bist, dann *bist du* der Körper. Schaffe ein wenig Raum, dann bist du plötzlich nicht nur ein Körper.

Gautama Buddha ist so weit gegangen zu sagen: »Wenn du dringend Nahrung brauchst und dein Essen einem anderen gibst, wirst du stärker.« Das will ich dir lieber nicht vorschlagen; ich sage nur: Warte einfach ein paar Minuten! Das wird dich definitiv stärker machen.

Wenn du ein sehr zwanghaftes Verhältnis zum Essen hast, ist es gut, bewusst eine Mahlzeit auszulassen. Versuche einmal Folgendes: Verzichte auf eine Mahlzeit an einem Tag, an dem du besonders hungrig bist und es außerdem dein Lieblingsgericht gibt. Das geschieht nicht, um dich zu foltern, sondern um dich aus der Folterkammer zu befreien, zu der dein Körper nur allzu leicht werden kann.

Egal, was, wie viel und auf welche Weise du isst – die Nahrungsaufnahme aus einem zwanghaften Muster in einen bewussten Vorgang zu verwandeln, das ist das Wesen des Fastens.

Sadhana

Experimentiere einfach. Beginne heute mit fünfundzwanzig Prozent naturbelassenem, ungekochtem und damit lebendigem Essen – Obst oder Gemüse – und steigere das dann langsam innerhalb von vier bis fünf Tagen auf hundert Prozent. Bleibe ein oder zwei Tage auf diesem Niveau, bevor du es mit jedem Tag wieder um zehn Prozent reduzierst. In weiteren fünf Tagen wirst du bei fünfzig Prozent Rohkost und fünfzig Prozent gekochter Nahrung angekommen sein. Das ist ideal für die meisten Menschen, die täglich sechzehn bis achtzehn Stunden aktiv sein wollen.

Wenn du gekochtes Essen zu dir nimmst, brauchst du vielleicht eine Viertelstunde für eine Mahlzeit. Um dieselbe Nahrungsmenge in Form von Rohkost zu dir zu nehmen, brauchst du ein bisschen mehr Zeit, weil du länger kauen musst. Der Körper ist jedoch so beschaffen, dass er dir nach einer Viertelstunde sagen wird, deine Mahlzeit sei beendet. Daher isst man mit dieser Methode im Allgemeinen weniger und nimmt ab. Nötig ist dazu nur, ein wenig bewusster wahrzunehmen, wie viel man zu sich nimmt.

Von der Ruhelosigkeit zur Ruhe

Aufgrund der Tatsache, dass du nachts schläfst, besteht ein gewisser Unterschied zwischen Morgen und Abend. Er entsteht durch die Entspannung, die der Schlaf bringt. Wenn du während aller Aktivitäten des Tages entspannt bleiben könntest, würdest du abends etwa dasselbe Niveau an Energie und Elan haben wie am Morgen.

Frisch aufzuwachen ist ein guter Anfang, aber wenn die Entspannung während des Tages langsam nachlässt, fühlst du dich allmählich gestresst. Wichtig zu wissen ist dabei, dass Stress *nicht* durch die Arbeit entsteht. Obwohl jeder seinen Beruf für stressig hält, trifft das in Wirklichkeit auf keinen Beruf zu. Natürlich gibt es viele Berufe, in denen schwierige Situationen auftreten können. Es gibt fiese Chefs, unzuverlässige Kollegen, Notfälle, unmöglich einzuhaltende Termine – vielleicht gerätst du sogar mitten in ein Kriegsgebiet! Dennoch ist nichts davon *von Natur aus* stressig. Was Stress verursacht, ist unsere zwanghafte Reaktion auf die Situationen, in die wir geraten. Stress ist ein bestimmter Grad an innerer Reibung. Mit einem gewissen Aufwand an Arbeit und Bewusstsein kann man den inneren Mechanismus jedoch beweglich halten. Was dich stresst, ist also deine Unfähigkeit, deinen eigenen Organismus zu handhaben. Du weißt dann nicht, wie du mit deinem Körper, deinem Geist und deinen Emotionen umgehen sollst; das ist das Problem.

Wie aber kannst du deinen Organismus frei von Stress halten, damit du immer gleich kraftvoll, entspannt und glücklich bist, egal, ob morgens oder abends?

Durchschnittlich hat der Mensch mit leerem Magen einen Puls von siebzig bis neunzig. Wer sich in der richtigen meditativen Praxis übt, kann diese Frequenz auf dreißig bis vierzig pro Minute senken. Selbst nach einem guten Essen steigt sie dann nicht weit über fünfzig. Das ist nur ein Parameter für den Grad an Ruhe, den der Körper im jeweiligen Moment aufweist. Er bestimmt in erster Linie über die Fähigkeit des Körpers, sich zu regenerieren und zu erneuern.

Es geht jedoch nicht darum, den Organismus auf Kosten der Aktivität zu verlangsamen, sondern einen Zustand zu erreichen, in dem Aktivitäten ihn nicht strapazieren. Selbst wenn du körperlich erschöpft bist, muss dich das in keiner Weise stressen. Wenn du es schaffst, zugleich hochgradig aktiv und entspannt zu sein, ist es den Aufwand wert. Mit bestimmten einfachen Yogaübungen wird deine Pulsfrequenz sich innerhalb von drei bis vier Monaten problemlos um mindestens acht bis zwanzig Schläge pro Minute senken lassen. Das bedeutet, dass der Körper sich in einem wesentlich effizienteren und entspannteren Modus befindet.

Was der Körper braucht, ist nicht Schlaf, sondern Ruhe. Wenn du ihn den Tag hindurch ganz entspannt hältst, wird dein Schlafbedürfnis sich automatisch verringern. Und wenn es auch noch Entspannung für dich bedeutet, zu arbeiten, spazieren zu gehen und Sport zu treiben, sinkt dein Schlafbedürfnis weiter.

Heutzutage will man alles erzwingen. Zum Beispiel sehe ich manche Leute angespannt im Park spazieren gehen. Ob man nun geht oder joggt, wieso kann man das nicht entspannt und freudig tun? Sonst bringt so etwas womöglich mehr Schaden als Wohlbefinden, weil man es tut, als würde man in den Kampf ziehen!

Kämpfe daher nicht mit dem Leben. Du bist nicht sein Gegner, sondern das Leben selbst. Bringe dich einfach in Einklang damit, dann wirst du sehen, dass du ganz mühelos hindurchgehst. Tu Dinge, die dir Freude machen: Geh Fußball spielen, schwimmen, spazieren oder joggen. Wenn du wirklich zu nichts anderem Lust hast, als den ganzen Tag Käsekuchen zu essen, hast du tatsächlich ein Problem! Aber sonst ist es absolut nicht unvereinbar, zugleich aktiv und entspannt zu sein.

Wie viel Schlaf braucht der Körper eigentlich? Das hängt vom Grad deiner physischen Aktivität ab. Es ist nicht nötig, für Essen oder Schlafen ein bestimmtes Kontingent festzulegen. Vorgaben für den täglichen Bedarf an Kalorien und

Schlaf zu machen ist eine törichte Methode, mit dem Leben umzugehen. Lass den Körper selbst entscheiden, wie viel er heute essen will. Wenn du heute körperlich nicht besonders aktiv bist, isst du weniger, und wenn das morgen anders ist, isst du eben mehr. Für den Schlaf gilt dasselbe; sobald du dich genügend entspannt fühlst, wirst du wach. In dem Moment, in dem der Körper ausgeruht ist, wird er aufwachen – ob das nun um drei, vier oder acht Uhr morgens ist. Was Essen und Schlafen angeht, kennt sich der Körper selbst am besten aus.

Wenn der Körper einen bestimmten Grad an Wachheit und Bewusstheit hat, wirst du merken, dass er von selbst aufwacht, sobald er gut ausgeruht ist. Das heißt, er brennt darauf, lebendig zu werden. Falls er stattdessen irgendwie versucht, das Bett als Grab zu nutzen, dann ist das ein Problem. Behandele deinen Körper daher so, dass er sich nicht danach sehnt, das Leben zu vermeiden oder davor zu flüchten. Sorge so für ihn, dass er sich danach sehnt aufzuwachen.

Sadhana

Wenn du ohne oder mit einem sehr flachen Kissen schläfst, so dass die Wirbelsäule nicht abgeknickt wird, können die Neuronen des Gehirns und die Zellen des gesamten Nervensystems sich wesentlich besser regenerieren. Beim Schlafen ohne Kissen ist es am besten, flach auf dem Rücken zu liegen statt auf der Seite. Im Yoga wird diese Lage als *Shavasana* bezeichnet; sie fördert die Reinigung und Erneuerung des Körpers, verbessert den freien Bewegungsfluss im Energiesystem und bringt Entspannung und Vitalität. Es gibt allerdings keinen Grund, hier dogmatisch zu sein. Nimm wenigstens im Schlaf keine unflexible Haltung ein!

Kosmischer Sex

Das Leben ist ein Tanz zwischen dem Nicht-Manifesten und dem Manifesten. Sobald sich etwas manifestiert, entsteht Dualität: Licht und Dunkelheit, männlich und weiblich, Geburt und Tod und so weiter. Obwohl das Grundgewebe der Schöpfung Einheit ist, verleiht die Dualität dem Leben Struktur, Form und Farbe. All die verschiedenen Manifestationen, die wir heute in Form von Leben sehen, wurzeln grundsätzlich in der Dualität. Weil es zwei Dinge gibt, gibt es viele. Gäbe es nur eines, dann gäbe es keine Existenz. Mit der Zweiheit beginnt das Spiel des Lebens.

Mit der Dualität beginnt auch Sex. Was wir so bezeichnen, sind lediglich zwei Teile der Dualität, die danach streben, eins zu werden. Zum Aufeinandertreffen dieser Dualitäten gehören bestimmte Funktionen, die die Natur erfüllen will, zum Beispiel Fortpflanzung und das Überleben der Spezies. Jede Dualität strebt nach Einheit, denn was einmal eins war, hat sich als zwei manifestiert; und nun ist da die ewige Sehnsucht, wieder eins zu werden.

Diese Sehnsucht findet auf vielerlei Weise ihren Ausdruck. Solange man jung ist und die Intelligenz sich im Bann der Hormone befindet, ist Sex der passende Weg. Im mittleren Alter wird die Vernunft von Emotionen überwältigt, und dann ist Liebe der passende Weg. Wenn man alt ist und sich nicht mehr mit irgendwelchem hormonellen Unfug auseinandersetzen muss, ist Gebet der passende Weg. Unabhängig vom Alter gilt jedoch: Wenn man dies alles transzendiert und dieselbe Vereinigung auf einer wesentlich höheren Bewusstseinsstufe sucht, dann ist Yoga der richtige Weg.

Wenn du eins mit dem Körper sein willst, musst du dir klarmachen, dass zwei physische Körper immer in der Dualität verbleiben, ganz egal, was du anstellst. Für eine Weile wird sich zwar ein Gefühl von Einheit einstellen, aber dann fallen die zwei Beteiligten auseinander. Wenn das nicht durch Trennung geschieht, dann durch den Tod. Auf jeden Fall wird es geschehen.

Sex bedeutet, dass zwei Gegensätze den Versuch unternehmen, eins zu sein. Deine Individualität besteht nicht nur aus falschen Grenzen, die du in deiner mentalen Struktur in Form von Vorlieben und Abneigungen, von Bewertungen und Meinungen errichtet hast. Sie bedeutet auch, dass du in den Grenzen deines physischen Körpers gefangen bist. Auch wenn du es nicht bewusst wahrnimmst, sehnt das Leben in dir sich danach, diese Grenzen zu durchbrechen. Willst du das in geistiger Hinsicht tun, so hast du vielleicht den Wunsch, eine ernsthafte Unterhaltung zu führen, ein Buch zu lesen, Alkohol zu trinken, Drogen zu nehmen oder irgendetwas Ausgeflipptes zu tun. Um die physischen Grenzen zu durchbrechen, willst du dich vielleicht piercen oder tätowieren lassen, deine Haare färben oder den guten alten Weg des Sex gehen.

Die mit Sex verbundene Intention ist toll, die Methode hingegen hoffnungslos. Da Vergnügen im Spiel ist, werden zwei Menschen aufeinander zu getrieben, doch die ersehnte Einheit tritt nur vorübergehend ein. Deshalb versuchen die beiden, in anderen emotionalen und geistigen Bereichen Übereinstimmung zu finden, und bemühen sich um Gemeinsamkeiten: »Wir mögen dieselbe Sorte Eiskrem, wir sind beide blond, wir spielen beide gern Videospiele, wir haben dasselbe Sternzeichen und mögen dieselben Fernsehsendungen ...« Aber wenn du nicht begreifst, dass du niemals eins werden kannst, wirst du nicht lernen, dein Gegenüber zu genießen.

Die beiden Energien, die wir beim Menschen als »männlich« und »weiblich« bezeichnen, versuchen immer zusammenzukommen. Zugleich sind sie mit Ausnahme dieser Sehnsucht nach Gemeinsamkeit Gegenpole. Sie sind gleichermaßen Liebende und Feinde. Wenn sie nach Ähnlichkeiten suchen, scheint es oft nur wenig Gemeinsames zu geben, doch die Anziehungskraft des Gegensätzlichen ist immer da.

Viele Leute können den eigentlich körperlichen Akt nicht als das akzeptieren, was er ist, weshalb man allerhand Ausschmückungen erfunden hat, um ihm Schönheit zu verleihen. Immer bringt man Emotionen ins Spiel, weil er ohne sie hässlich erscheint. Es ist gewissermaßen der Versuch, den Blick auf die Realität anhand von Dekorationen zu verschleiern.

Sex ist etwas Natürliches; er ist im Körper vorhanden. Sexualität hingegen ist etwas, was wir erfunden haben; sie ist psychologischer Natur. Wenn Sex im Körper ist, dann ist er völlig in Ordnung und hat seine eigene Schönheit, aber sobald er in den Geist eindringt, wird er zu einer Perversion. In deinem Geist hat er nichts zu suchen. Sex ist ein kleiner Aspekt von dir, der heute gewaltige Dimensionen angenommen hat. Für viele ist er zum Leben selbst geworden.

Im Hinblick auf die moderne Gesellschaft würde ich sagen, dass heute wahrscheinlich neunzig Prozent der menschlichen Energie darauf verwendet werden, Sex entweder nachzujagen oder ihn zu vermeiden. Dabei ist Sex schlicht ein Trick der Natur, um sich fortzupflanzen. Wenn es die Anziehungskraft der Gegensätze nicht gäbe, würde die Spezies Mensch aussterben. Inzwischen haben wir jedoch einen so großen Unterschied zwischen Mann und Frau geschaffen, als würde es sich um zwei eigenständige Spezies handeln. Kein anderes Geschöpf auf der Erde hat solche Probleme mit Sex wie der Mensch. Bei Tieren regt sich der Sexualtrieb zu bestimmten Zeiten im Körper, ansonsten sind sie frei davon. Der Mensch hingegen hat ständig Sex im Kopf.

Ein Grund dafür liegt in der Vergangenheit, als dieser simple körperliche Vorgang von vielen Religionen so stark verleugnet wurde, dass man ihn zur Sünde erklärte. Weil man die biologische Struktur des Menschen nicht akzeptieren konnte, versuchte man, biologische Vorgänge zu leugnen, statt über sie hinauszublicken. Hätten wir kein Problem mit der Biologie, würden wir keinen Unterschied zwischen den Geschlechtern machen. Alle wären dafür bekannt, was sie wert sind; ob jemand männlich oder weiblich ist, wäre irrelevant. Die ganze Ausbeutung von Frauen fängt damit an, dass man die fundamentalen Unterschiede zwischen Mann und Frau nicht akzeptieren kann.

Du musst die Biologie weder zu etwas Heiligem noch zu etwas Schmutzigen machen. Sie ist das Instrument des Lebens; ihretwegen existieren wir. Wenn du damit zu leben verstehst, ohne sie zu erhöhen oder zu erniedrigen, hat sie ihre eigene Schönheit.

Die Sinnlichkeit, die du in deinem Dasein erlebst, ist eine chemische Einladung dazu, dass etwas, was du nicht bist, zu einem Teil von dir werden soll. Das ist die Methode der Natur, dich zu einer Vereinigung und damit zu Yoga anzuregen. Ihrem Wesen nach ist Sinnlichkeit etwas Festliches, aber auch etwas Diskriminierendes. Wenn zwei Individuen einander leidenschaftlich begegnen, wird die übrige Welt ausgeschlossen oder gar ausgelöscht. Soll das Fest andauern, so müssen deine Sinnlichkeit und deine Leidenschaft allumfassend werden. Wenn du dich im Zustand einer alles umfassenden Leidenschaft befindest, nennt man das Yoga. *Verleugnung ist also nicht die Lösung. Die einzige Lösung ist Ausdehnung.*

Und wenn du die Sinnlichkeit des lebenspendenden Atems nicht erfahren hast, die jeden Moment deines Lebens prägt, wie kannst du dann auch nur annähernd eine andere Art Sinnlichkeit empfinden? Die orgasmische Natur des Atemvorgangs nennt man *Anapanasati-Yoga*, den Yoga des ein- und ausströmenden Atems. *Anapana* bedeutet wörtlich »ein« und »aus«, *Sati* bedeutet *»weibliche Gefährtin«*. Es geht also eindeutig um eine orgasmische Vereinigung. Das heißt, Anapanasati-Yoga ist ein Verfahren, das eine ebenso bewusste wie tiefgreifende Beziehung zum Atem herstellt und uns zeigt, wie das schlichte Ein- und Ausatmen zu einer Quelle unbeschreiblicher Ekstase werden kann.

Sadhana

Der menschliche Körper beherbergt die höheren Möglichkeiten des Lebens; er ist die Grundlage für alles vom Groben bis zum Heiligen. Du kannst simple Tätigkeiten wie Essen, Schlafen und Sex als grobe Akte ausführen oder ihnen eine gewisse Dimension der Heiligkeit verleihen, indem du in deinen Gedanken, Emotionen und Absichten auf subtilere Weise an sie herangehst. Vor allem musst du dir jedoch klarmachen, dass es zumal von deiner Bereitschaft und Bewusstheit abhängt, ob etwas grob oder heilig ist. Jeder Atemzug, jeder Schritt, jede einfache Handlung, jeder Gedanke und jede Emotion kann einen heiligen Charakter annehmen, wenn du dabei die Heiligkeit dessen anerkennst, womit du es zu tun hast – egal, ob es sich um eine Person, ein Nahrungsmittel oder einen Gegenstand handelt.

Von allen liebevollen Handlungen, zu denen zwei Menschen fähig sind, kann der schlichte Akt des Händehaltens am innigsten sein. Weshalb ist das so? Im Grunde, weil Hände und Füße jene Körperteile sind, in denen das Energiesystem sich auf besondere Weise ausdrückt. Zwei sich berührende Handflächen drücken etwas wesentlich Intimeres aus als der Kontakt zwischen anderen Körperteilen.

Du kannst das gleich selbst ausprobieren; dazu brauchst du nicht einmal einen Partner. Wenn du deine Hände aneinanderlegst, verbinden sich die Energiedimensionen in dir (rechts-links, männlich-weiblich, solar-lunar, Yin-Yang usw.) auf bestimmte Weise, und du erlebst in dir ein Gefühl der Einheit. Das ist die Logik der traditionellen indischen Geste *Namaskar*. Sie ist ein Mittel zur Harmonisierung unseres Organismus.

Die einfachste Methode, um einen Zustand der Vereinigung zu erfahren, ist daher diese schlichte Geste. Lege deine Hände aneinander und wende irgendeinem Gebrauchsgegenstand, deinem Essen oder einem Lebewesen, dem du begegnest, deine liebevolle Aufmerksamkeit zu. Wenn du dieses Gefühl des Gewahrseins in jede einfache Handlung legst, wird die Art und Weise, wie du das Leben erfährst, nie wieder so sein wie vorher. Wenn du die Hände aneinanderlegst, ist es sogar möglich, dass du die ganze Welt vereinst!

Im Bann der Hormone

Man hat mich einmal gefragt: »Ist es nicht merkwürdig, dass die Leute von Sex stärker besessen sind als von jedem anderen körperlichen Trieb?« Das ist absolut nicht merkwürdig, sondern einfach die Wirkung der Hormone, von denen schon die Rede war. Abgesehen davon ist nicht Sex der stärkste Trieb, sondern Hunger.

Wenn du an Sex denkst, handelt es sich meistens nur um ein zwanghaftes Verhalten. In deiner Kindheit war es gleichgültig für dich, welche Fortpflanzungsorgane jemand hatte. Sobald jedoch die Hormone in dir zum Zug kamen, konntest du an nichts anderes mehr denken. Du wirst sehen, dass dieses Thema ab einem bestimmten Alter, wenn das Spiel der Hormone nachlässt, wieder gleichgültig ist. Dann wirst du im Rückblick nicht mehr glauben können, dass du derart davon besessen warst.

Am Körper ist nichts verkehrt; es ist nur so, dass er seine Grenzen hat. Auch daran ist nichts verkehrt. Wenn du das tust, was der Körper will, wirst du eventuell ein gewisses Vergnügen haben. Der Wunsch, begrenzt zu sein, ist kein Verbrechen, aber du wirst ein unerfülltes Leben führen.

Nehmen wir an, ich verschaffe dir morgen die Gabe, dass alle Frauen oder Männer auf der Welt dich begehren. Du wirst feststellen, dass du trotzdem nicht befriedigt bist, weil du zwar ein bisschen Vergnügen und Schmerz erleben, aber weiter in der körperlichen Sphäre bleiben wirst. Der Körper kennt lediglich Überleben und Fortpflanzen, und er marschiert in jedem einzelnen Augenblick geradewegs auf das Grab zu, nirgendwo anders hin.

Du hast deinen Körper von diesem Planeten nur geliehen. Was du »Tod« nennst, ist nur der Moment, in dem Mutter Erde die dir gewährte Leihgabe zurückfordert. Alles Leben ist nur ein Recycling der Erde. Du denkst vielleicht gerade, du wärst auf dem Weg zur Arbeit, nach Hause oder zu einem Fußballspiel, aber was deinen Körper betrifft, geht er in jedem Augenblick direkt aufs Grab zu. Auch wenn du das gerade vergessen hast, wird dir mit der Zeit allmählich klarer werden, dass dies die Natur des Körpers ist. Wenn du also nichts anderes kennst als diesen Körper – den du ohnehin verlieren wirst –, dann werden Beklommenheit und Furcht deine ständigen Begleiter sein.

Manche Leute kommen sogar auf die Idee, Furcht wäre ein natürlicher Teil ihrer Existenz. Falsch. Furcht entsteht durch die Unvollständigkeit deiner Existenz. Wenn du das Leben nicht in seiner ganzen Größe und Vieldimensionalität erforschst, sondern dich auf den physischen Körper beschränkst, ist Furcht die natürliche Konsequenz.

Hast du schon mal von George Best gehört? Zu seiner Zeit war er einer der größten englischen Fußballspieler. Er war entschlossen, das Beste aus seinem Leben herauszuholen, so wie er es verstand. In den Medien war er mit ständig wechselnden Filmstars und Models im Arm abgebildet. Schon im Alter von fünfunddreißig Jahren war er ein gebrochener, unglücklicher, frustrierter Mann, und mit neunundfünfzig war er tot. Nicht der Tod ist das Problem, sondern die Art und Weise, wie man *lebt*. George Best hatte alles, was man sich wünschen konnte, doch er hat ein furchtbares Leben gelebt.

Es kommt darauf an, welchen Stellenwert man dem Physischen beimisst. Der Körper hat in deinem Leben nur eine bestimmte Rolle zu spielen. Wenn du versuchst, ihn auf das gesamte Leben auszudehnen, wirst du leiden, weil du dann versuchst, etwas Falsches zu erschaffen. Das Leben verfügt über zahllose raffinierte Methoden, dich zu biegen, zu brechen, zu kneten und zu zermahlen.

An deinen Hormonen ist nichts verkehrt, aber sobald du ein zwanghaftes Leben lebst, lebst du das Leben eines Sklaven. Womöglich läuft alles bestens – dein Beruf, deine Familie, deine sonstigen Beziehungen –, aber während verschiedene Zwänge Besitz von dir ergreifen, wirst du langsam immer unglücklicher. In deinem Innern ist etwas, das nicht bereit ist, versklavt zu sein. Trotzdem werden viele von der Jagd nach Reichtum und physischem Wohlbefinden zu immer verzweifelteren Handlungen getrieben. Wenn man hinter die Fassade der Zivilisation blickt, entdeckt man die furchtbarsten Formen von Missbrauch. Nicht einmal unsere eigenen Kinder verschonen wir. Das sind die Folgen, wenn man sich nicht um sämtliche Dimensionen des Menschseins kümmert und sich auf den engen Bereich des Physischen beschränkt.

In der heutigen Zeit führt der Versuch, den Körper zu einem Fetisch zu machen, zu unsäglichem Leid. In materieller Hinsicht könnte es uns kaum besser gehen. Wir sind medizinisch versorgt, rundum versichert, können uns ein Auto leisten. Wir haben mehr Annehmlichkeiten als jede frühere Generation. Dennoch leiden die Menschen gewaltig. In den Wohlstandsgesellschaften nimmt beinahe jeder Fünfte irgendwelche Medikamente ein, nur um seine seelische Ausgeglichenheit zu bewahren. Wenn du jeden Tag eine Pille schlucken musst, um geistig gesund zu bleiben, kann von Freude keine Rede sein. Dann bist du am Rande des Zusammenbruchs, weil du einen kleinen Aspekt deines Lebens verabsolutiert hast.

Die tiefe Bedeutung der Sterblichkeit

Erst wenn du deine sterbliche Natur erkennst, willst du erfahren, was das Leben noch zu bieten hat. Dann öffnet sich der spirituelle Prozess.

Einst trafen zwei über achtzig Jahre alte Männer aufeinander. Der eine erkannte den anderen und fragte: »Waren Sie im Zweiten Weltkrieg nicht Soldat?«

»Doch«, sagte der andere.

Wo und bei welcher Einheit, fragte der erste. Der andere sagte es ihm.

»Ach, du lieber Himmel!«, rief der erste. »Erkennst du mich nicht? Wir haben zusammen im selben Schützenloch gesessen!«

Nun ging es los! Sie redeten und redeten. Was sie tatsächlich gemeinsam erlebt hatten, war lediglich eine vierzig Minuten dauernde, intensive Kampfsituation, aber sie sprachen über jedes Geschoss, das vorbeigepfiffen war – *zing, zing* – und sie nur um wenige Zentimeter verfehlt hatte. Über diese vierzig Minuten sprachen sie mehr als vier Stunden lang.

Als sie alles ausgeschöpft hatten, was sie über jenen Tag zu sagen hatten, fragte der eine den anderen: »Was hast du seit dem Krieg eigentlich gemacht?«

»Ach, in den letzten sechzig Jahren war ich bloß Handelsvertreter.«

Diese vierzig Minuten hatten das Leben der beiden geprägt, weil ihnen dabei in jedem Moment ihre Sterblichkeit vor Augen gestanden hatte. Im Kampf war eine tiefe Bindung zwischen ihnen entstanden. Abgesehen davon konnte man das Leben jenen Mannes in einem einzigen Satz zusammenfassen: Er war bloß ein Handelsvertreter.

Wenn du deine sterbliche Natur erkennst, entdeckst du eine unbeschreibliche Tiefe in dir. Falls du deine ewige Natur nicht erkannt hast, musst du wenigstens deine sterbliche Natur erkennen. Der Tod ist nicht das Ende des Lebens, sondern nur das Ende des Körpers. Wenn du dich in deinem Leben intensiv mit dem Physischen identifiziert hast, wirst du mit dem Tod nur umso mehr kämpfen, weil der Tod das Ende des Körpers bedeutet. Erst wenn du deiner Sterblichkeit ins Auge blickst und damit dem potenziellen, aber unvermeidlichen Ende deiner physischen Gestalt, wirst du die aufrichtige Sehnsucht haben, darüber hinauszugehen.

Geist

Wunder oder Wirrnis

Einst wollte ein Mann übernatürliche Kräfte erwerben. Auf seiner verzweifelten Suche nach Unterweisung reiste er von einem Guru zum anderen. Schließlich gelangte er zu einer abgelegenen Einsiedelei in der Wildnis des Himalaja.

Der Guru des Ashrams erriet, worauf der Mann aus war, und versuchte, ihn davon abzubringen. »Was willst du denn mit solchen Kräften anfangen?«, fragte er. »Was bringt es schon, wenn du lernst, auf dem Wasser zu gehen? Nach drei Tagen ist ein Boot dann doch praktischer! Vergeude dein Leben nicht mit solchen Belanglosigkeiten; lass dir von mir lieber zeigen, wie man meditiert.«

Obwohl der Guru sich redlich bemühte, ließ der Mann sich nicht überzeugen. Schließlich sagte der Guru: »Gut, wenn du so entschlossen bist, nimmst du eben morgen früh um vier ein Bad im Fluss und kommst dann zu mir. Ich werde dich in die Geheimnisse des Übernatürlichen einweihen.«

Der Mann war ganz aufgeregt. Noch vor der Morgendämmerung stürzte er sich in den eiskalten Bergfluss, kam blaugefroren heraus und setzte sich erwartungsvoll vor den Meister.

»Tja, es ist ganz einfach«, sagte dieser. »Ich kenne ein geheimes Mantra. Wenn du es in den nächsten vierzig Tagen praktizierst, wirst du alle übernatürlichen Kräfte besitzen.«

Daraufhin offenbarte er das Mantra:

Asatoma Sadgamaya.

Führe mich von der Unwissenheit zur Wahrheit.

»Dieses heilige Mantra«, fuhr der Guru fort, »musst du in den folgenden vierzig Tagen dreimal täglich wiederholen, dann ist der ganze Bereich des Übernatürlichen in deinen Händen. Aber während du das Mantra aussprichst, darfst du auf keinen Fall an Affen denken.«

Der Mann konnte kaum glauben, wie einfach diese Praxis war. »Ist das alles?«, fragte er erfreut. »Darf ich jetzt gehen?«

»Aber gern«, sagte der Guru. »Geh nur und komm in vierzig Tagen wieder.«

Voll Begeisterung machte der Mann sich auf den Weg. »Da hat dieser törichte Guru mir all seine Geheimnisse offenbart, ohne auch nur eine Rupie dafür zu verlangen!«, dachte er. »Und dann sagt er mir auch noch, ich soll nicht an Affen denken. Wieso sollte ich denn an Affen denken? Lächerlich!«

Er stieg von den Bergen herab und erreichte das Ufer des Ganges. Nach einem kurzen Bad im heiligen Strom setzte er sich nieder, um mit seiner Praxis zu beginnen. Doch kaum hatte er das Wort »Asatoma« ausgesprochen, waren sie da, die Affen! Jedes Mal, wenn ihm ein Affe in den Kopf kam, nahm er ein weiteres Bad im Fluss. Er versuchte, das Mantra in verschiedenen yogischen Haltungen zu rezitieren. Aber immer, wenn er die erste Silbe aussprach, tauchten Affen auf. Hordenweise. Nach einer Woche intensiver Praxis brauchte er das Mantra gar nicht mehr. Das Universum war voller Affen – ein wahrer äffischer Albtraum. Geplagt von diesen Affenhorden, wusste der Mann nicht mehr ein und aus. Er suchte den Guru wieder auf und sagte: »Ich will deine verfluchten übernatürlichen Kräfte nicht mehr. Befreie mich bloß von diesen Affen!«

Wenn du dir vornimmst, einen bestimmten Gedanken nicht zu haben, ist genau der das Erste, was dir in den Sinn kommen wird! Das liegt in der Natur des menschlichen Geistes.

In letzter Zeit hat sich die Wissenschaft intensiv mit der Aktivität des Gehirns beschäftigt. Wenn man sich anschaut, wie die Neuronen »feuern«, erkennt man eine ungeheure

Konsistenz, die dafür sorgt, dass der Körper effizient funktioniert. Durch den hochgradig koordinierten und differenzierten Tanz der Neuronen finden im Körper ständig zahllose komplexe Vorgänge statt.

Der Geist jedoch ist so, wie ihn die meisten Menschen wahrnehmen, leider zu einem Zirkus geworden. Eigentlich ist eine Zirkusvorstellung ein sehr koordinierter Ablauf, der absichtlich den Anschein eines Durcheinanders erwecken soll. Selbst der Clown ist ein Artist. Er spielt zwar den Hanswurst, ist jedoch in allem, was er tut, äußerst talentiert und geschickt. Der Clown ist ein gutes Sinnbild dafür, wie die meisten Menschen ihre mentale Aktivität wahrnehmen.

Wie ist der Geist, dieser erstaunliche Artist, zu einem Clown geworden? Wie hat sich aus einer Quelle von Magie ein derartiges Chaos entwickelt? Wieso ist dieses wunderbare Instrument zu einer Maschine geworden, die Elend produziert?

Wie erwähnt, strebt jeder Mensch im Grunde nach Wohlbefinden, innerlich wie äußerlich. Was die Außenwelt angeht, ist sie aus unzähligen Komponenten zusammengesetzt, die niemand vollständig in der Hand hat. Die innere Situation ist jedoch nur von einer einzigen Komponente abhängig – *von uns selbst*. Du kannst also der einzige Architekt und Schöpfer deines inneren Lebens sein, aber du weißt nicht, wie du das anstellen sollst. Da liegt der Haken. Wenn du das Sagen hättest, würdest du bestimmt kein Elend für dich produzieren. Prinzipiell hast du die Freiheit, zu *denken,* was immer du willst. Was hält dich dann davon ab, angenehme Gedanken zu denken?

Das Problem liegt schlicht darin, dass dein Geist keine Anweisungen von dir entgegennimmt. Stell dir einmal vor, dass ein Höhlenbewohner aus der Steinzeit auf einer Computertastatur herumhackt. Was da auf dem Bildschirm auftaucht, wird womöglich wie ein einziges Sündenbabel erscheinen!

Das System des Yoga ist eine Technik mit dem Ziel, *eine Unterscheidung zwischen uns und unserem Geist* zu schaffen. Zwischen uns und dem, was wir auf der Ebene von Körper und Geist angesammelt haben, ist Raum. Uns dieses Raumes bewusst zu werden ist unser erster und einziger Schritt in die Freiheit, denn es ist der angesammelte physiologische und psychologische Inhalt, der die zyklischen Muster in unserem Leben und darüber hinaus bestimmt. Wenn wir uns ständig des Raumes zwischen uns und dem Körper-Geist bewusst sind, haben wir uns einer Dimension grenzenloser Möglichkeiten geöffnet.

Auf dieser Welt gibt es nur zwei Formen des Leidens: körperlich und geistig. Sobald der erwähnte Raum zu einem ständigen Faktor deiner Erfahrung wird, hast du das Ende des Leidens erreicht. Da die Angst vor dem Leiden dadurch beseitigt ist, kannst du mit großen Schritten durchs Leben gehen und furchtlos alles erforschen, was es zu bieten hat. Deine Fähigkeit, dich des extrem hochentwickelten Phänomens von Körper und Geist zu bedienen, kann eine ganz neue Dimension der Erfahrung und Praxis erreichen, wenn du außerhalb davon stehst. So paradox das klingen mag, es ist die Wahrheit. Wenn die Erfahrung des Raumes sich verstärkt, herrscht im Geist kein Durcheinander mehr. Dann wird er zu einer großen Symphonie, zu einer gewaltigen Möglichkeit, die dich in große Höhen führen kann.

Yoga ist eine Reise zu einer Realität, in der du die eigentliche Natur der Existenz als *grenzenlose Einheit* erlebst. Möglich ist eine solche Erfahrung nur, wenn du jenen Raum zwischen dir und deinem Körper-Geist aufrechterhältst. Dabei muss man im Sinn behalten, dass diese grenzenlose Einheit eine Erfahrung ist, keine Idee, keine Philosophie und kein Begriff. Wenn du die Einheit des Universums als intellektuelle Theorie propagierst, wirst du dich damit vielleicht bei einer Party profilieren können oder bei einem Seminar Beifall erhalten. Womöglich bekommst du sogar einen Nobelpreis. Irgendeinem anderen Zweck dient das jedoch nicht. Die *Erfahrung* einer grenzenlosen Einheit hingegen kann dich in eine völlig andere Dimension führen – in eine Dimension der Liebe und Glückseligkeit, die weit über das Intellektuelle hinausreicht.

Nebenbei kann es sogar schädlich sein, wenn man alles nur intellektuell als Einheit sieht. Manche Leute bekennen sich gern zu allerlei hochtrabenden philosophischen Theorien, wie man eins mit dem Kosmos wird und die ganze Welt zu lieben lernt, bis das Leben ihnen eine harte Lektion erteilt. Wenn es zum Beispiel um Geld geht, ist die Grenze zwischen dem Selbst und dem Anderen absolut klar. Da geht es definitiv nicht mehr darum, dass du und ich eins sind!

Einst ging Shankaran Pillai zu einem Vortrag über *Vedanta.* Das ist eine metaphysische Richtung der indischen Philosophie, in der von der Nicht-Dualität des Selbst und des Göttlichen die Rede ist. Der Vortragende, ein gelehrter Philosoph, war ganz in seinem Element: »Ihr seid nicht nur dies oder das; ihr seid überall. Es gibt nichts, was ›dein‹ oder ›mein‹ wäre; ihr seid alles, und alles gehört zu euch. Im Grunde ist alles eins. Was ihr seht, hört, riecht, schmeckt und berührt, ist nicht die Wirklichkeit; alles ist *Maya* – Illusion.«

Diese unschlagbare Vedanta-Rhetorik ging Shankaran Pillai im Kopf herum. Er ging nach Hause und schlief eine Nacht darüber. Als er am Morgen aufwachte, war er ganz energiegeladen. Normalerweise blieb er gerne noch ein bisschen liegen, aber wegen des Vortrags sprang er gleich aus dem Bett. Als Erstes kam ihm in den Sinn: »Es gibt nichts, was ich nicht wäre. Alles gehört zu mir, ich bin alles. Alles auf dieser Welt ist ich, und alles ist Maya.«

Egal, welcher Philosophie man anhängt, bekommt man bekanntlich in regelmäßigem Abstand Hunger. Daher suchte Shankaran Pillai sein Lieblingslokal auf, bestellte sich ein großes Frühstück und verschlang es. »Das Essen ist ich«, sagte er sich dabei, »wer es mir serviert, ist auch ich; derjenige, der es verzehrt, ist ebenfalls ich.« Vedanta!

Schließlich war er mit dem Frühstück fertig. Da er sich in einem derart erhöhten vedantischen Zustand befand, kam ihm so etwas Banales wie das Begleichen der Rechnung nicht in den Sinn. Er stand auf und marschierte zur Tür. Wenn man mit allem eins ist, wie kann es da eine Rechnung geben?

Als er an der Kasse vorbeikam, hatte sich der Besitzer des Lokals gerade abgewandt, um sich um etwas anderes zu kümmern. In der Kassenschublade sah Shankaran Pillai einen großen Haufen Bargeld. Sogleich raunte Vedanta ihm ins Ohr: »Alles ist dein; zwischen diesem und jenem kann man nicht unterscheiden.« Weil seine Taschen ziemlich leer waren, griff er in die Schublade, holte ein paar Scheine heraus, stopfte sie sich in die Hosentasche und schlenderte aus dem Lokal. Natürlich wollte er niemanden bestehlen; er praktizierte lediglich Vedanta.

Plötzlich kamen mehrere Leute aus dem Lokal gerannt, um ihn einzufangen. »Wen wollt ihr denn fangen?«, fragte Shankaran Pillai. »Ihr seid die Fänger und der Gefangene; was ihr fangt, seid ihr, und ihr seid jene, die fangen. Wenn es so etwas wie du und ich nicht gibt, wen kann ich dann bezahlen?«

Der Besitzer des Lokals war völlig verwirrt! Nur eines war ihm klar: »Mein Geld ist in deiner Tasche.« Worauf Shankaran Pillai erklärte: »Jener, der fängt, ist ich, ebenso wie jener, der gefangen wird.« Der Wirt wusste nicht, was man mit so einem Kunden anfangen sollte. Da er am Ende seiner Weisheit war, brachte er die Sache vor Gericht.

Dort setzte Shankaran Pillai sein Vedanta fort. Der Richter gab sich alle Mühe, ihm klarzumachen, dass er einen Diebstahl begangen hatte, doch es nützte nichts. Da gab der Richter auf und sagte: »Na gut, dann eben zehn Hiebe aufs Hinterteil.«

Erster Hieb … Shankaran Pillai kreischte auf.

»Mach dir keine Sorgen«, sagte der Richter. »Es ist sowieso alles Maya. So etwas wie Schmerz und Vergnügen gibt es nicht. Alles ist Maya.«

Zweiter Hieb. »Halt, halt!«, rief Shankaran Pillai.

»Derjenige, der schlägt, bist du«, sagte der Richter. »Derjenige, der geschlagen wird, bist ebenfalls du.«

Dritter Hieb. »Aufhören!«, brüllte Shankaran Pillai.

»So etwas wie Anfangen und Aufhören gibt es nicht. Es ist alles Maya.«

So ging es weiter, bis die zehn Hiebe erteilt waren. Aber schon vorher hatte man Shankaran Pillai alles Vedanta gründlich ausgetrieben.

Ein intellektuelles Verständnis, das nicht durch die Erfahrung untermauert wird, kann zu Gedankenspielen und Trugschlüssen führen. Wird das Einssein jedoch zu einer erfahrungsbezogenen Realität, bewirkt sie kein unreifes Handeln, sondern eine fantastische Erfahrung des Lebens, die dich für immer verwandeln wird.

Universalität ist keine Idee; sie ist eine existenzielle Wahrheit. Aber Individualität ist eine Idee. Yoga ist einfach *Citta Vritti Nirodha*. Das bedeutet, wenn die Aktivität des Geistes zur Ruhe kommt und du dennoch wach bist, dann bist du in Yoga.

Versuche aber nicht, die mentale Aktivität gewaltsam einzudämmen, weil du sonst verrückt wirst. Bei deinem Geist gibst du mit allen drei Pedalen Gas; es gibt keine Kupplung und keine Bremse. Ist dir das schon aufgefallen? Egal, welches Pedal du durchdrückst, der Geist beschleunigt immer. Sobald du deinen Gedanken jedoch keine Aufmerksamkeit schenkst, klingen sie langsam ab. Was bleibt, ist erfüllte, pulsierende Stille.

Sadhana

Erinnere dich mindestens einmal pro Stunde daran, dass du alles, was du mit dir herumträgst – deine Handtasche, dein Geld, deine Beziehungen, die Schwere in Herz und Körper –, über einen gewissen Zeitraum hinweg angesammelt hast. Wenn du dir dieser fundamentalen Tatsache immer bewusster wirst, während sich in dir ein Prozess der Entidentifizierung verstärkt, getragen von einem tiefen Gefühl der Anteilnahme an allem ringsum – dann wirst du Elend und Wahnsinn des menschlichen Geistes allmählich hinter dir lassen und auf einen meditativen Zustand zugehen.

Denken und Leben

Nur weil du existierst, kannst du einen Gedanken hervorbringen. Dennoch ist dein Denkprozess so zwanghaft geworden, dass du nicht mehr das Existenzielle, sondern das Psychologische im Blick hast. Das hat solche Formen angenommen, dass du schon meinst, du würdest existieren, weil du denkst! Schließlich ruht die westliche Philosophie seit dem 17. Jahrhundert auf dem berühmten Grundsatz des französischen Philosophen René Descartes: »Ich denke, also bin ich.«

Es ist an der Zeit, eine fundamentale Tatsache neu zu etablieren: *Wir sind, daher können wir denken*. Das hat nichts mit irgendwelcher Philosophie zu tun, ob östlich oder westlich. Es ist schlicht eine existenzielle Realität.

Du kannst »sein« und dich trotzdem entscheiden, zu denken oder nicht zu denken. Die schönsten Momente im Leben – das, was du als Glück, Freude, Ekstase oder völligen Frieden bezeichnen würdest – waren solche, in denen du an überhaupt nichts gedacht hast. Du *warst* ganz einfach da. Selbst ohne deine Gedanken findet die Existenz statt.

Was sind Gedanken eigentlich? Nichts als Informationen, die du gesammelt und recycelt hast. Bist du wirklich in der Lage, etwas anderes zu denken als das, was von deinem Geist angehäuft wurde? Der menschliche Geist tut nichts anderes, als alte Daten wiederzuverwerten.

Daher frage ich dich: Willst du ein lebendes oder ein denkendes Wesen sein? Momentan denkst du während neunzig Prozent deiner Zeit über das Leben nach, statt es zu leben. Bist du auf diese Welt gekommen, um das Leben zu erfahren oder um darüber nachzudenken? Mit dem Lebensprozess verglichen, ist dein mentaler Prozess etwas sehr Kleines, was momentan wesentlich mehr Bedeutung gewonnen hat, als ihm zusteht. Es ist Zeit für die Menschheit, sich wieder auf die Bedeutung des Lebensprozesses zu besinnen. Das ist dringend notwendig, denn unser Leben hängt davon ab.

Einst – diese Geschichte ist höchstwahrscheinlich erfunden, aber das macht nichts, sie hört sich realistisch an – ging Aristoteles, der Begründer der modernen Logik und ein intellektueller Riese, am Strand spazieren. Vor ihm breitete sich ein prächtiger Sonnenuntergang aus, doch er hatte keine Zeit für einen derart banalen Vorgang. Er dachte ernsthaft über irgendein großes existenzielles Problem nach. Für den intellektuellen Geist ist die Existenz immer ein Problem, und Aristoteles war darauf aus, es zu lösen. In ernsten Gedanken verloren, schritt er am Strand auf und ab.

Am selben Strand befand sich ein weiterer Mann, der sich ganz intensiv mit etwas beschäftigte – so intensiv, dass selbst Aristoteles ihn nach einer Weile bemerkte. Wer in seiner eigenen psychischen Realität versunken ist, ignoriert normalerweise das Leben um sich herum. Nur selten hat er einen Blick für die Blumen, den Sonnenuntergang, ein Kind oder ein lächelndes Gesicht. Und wenn es sich um ein Gesicht handelt, das nicht lächelt, bemüht er sich nicht, es zum Lächeln zu bringen; solche kleinen Pflichten hat er auf der Welt nicht. Er ist zu sehr damit beschäftigt, die großen Rätsel der Existenz zu lösen.

Der besagte Mann strahlte jedoch eine derartige Intensität aus, dass selbst Aristoteles ihn nicht ignorieren konnte. Wie der Philosoph beobachtete, ging er zielstrebig immer wieder zum Meer und zurück. Aristoteles unterbrach seine Überlegungen, um zu fragen: »Sag mal, was hast du da eigentlich im Sinn?«

»Bitte störe mich nicht«, erwiderte der Mann, »ich tue etwas sehr Wichtiges.« Worauf er sein Werk mit grimmiger Entschlossenheit fortsetzte.

Die Neugier von Aristoteles war geweckt. »Aber was tust du denn überhaupt?«

Der Mann zeigte ihm eine kleine Grube, die er im Sand gebuddelt hatte. »Ich schütte das Meer in dieses Loch.« Er hatte einen Esslöffel in der Hand.

Als Aristoteles das sah, lachte er. Nun war der Philosoph einer von jenen Typen, die ein ganzes Jahr verbringen können, ohne auch nur ein einziges Mal zu schmunzeln. Man braucht Herzlichkeit, um zu lachen. Der Intellekt kann nicht lachen; er kann nur sezieren.

Doch darüber lachte selbst Aristoteles. »So ein Quatsch!«, sagte er. »Du bist wohl verrückt. Weißt du, wie groß der Ozean ist? Wie kannst du ihn da in dieses kleine Loch schütten – und dazu noch mit einem Esslöffel? Wenn du einen Eimer hättest, bestünde wenigstens eine gewisse Chance. Gib das bitte auf. Das ist völliger Wahnsinn.«

Der Mann sah Aristoteles an, warf den Löffel weg und sagte: »Meine Aufgabe ist bereits erfüllt.«

»Was meinst du damit?«, fragte Aristoteles. »Ganz zu schweigen davon, dass der Ozean nicht leer ist, ist nicht einmal das Loch da voll. Wie kann deine Aufgabe da erfüllt sein?«

Der Mann erhob sich und sagte: »Ich versuche, den Ozean mit einem Esslöffel in dieses Loch zu schütten. Du erklärst mir, das sei Wahnsinn. Aber was versuchst *du* zu tun? Weißt du, wie groß diese Existenz ist? Sie kann eine Milliarde solche Ozeane und mehr enthalten, aber du versuchst, sie in das kleine Loch deines Kopfes zu schütten. Und womit? Mit Esslöffeln, die man Gedanken nennt. Bitte gib das auf. Es ist völlig sinnlos.«

Der dies sagte, war Heraklit, ein anderer großer griechischer Philosoph. Blitzartig hatte er Aristoteles gezeigt, welch eine verkrüppelte Existenz er durch den Versuch führte, seine Logik auf alle Aspekte des Lebens auszudehnen.

Wenn du die nur erfahrbaren Dimensionen des Lebens kennenlernen willst, so wird dir das mit dem trivialen Prozess des Denkens nie gelingen. Selbst wenn du ein Gehirn hast wie das von Einstein, ist dein Denkvorgang überfordert, weil Gedanken nicht größer als das Leben sein können. Gedanken können nur logisch sein; sie bewegen sich zwischen zwei Polaritäten. Wenn du das Leben in seiner Unermesslichkeit erkennen willst, brauchst du ein wenig mehr als nur den Intellekt.

Das ist die fundamentale Wahl, die du hast: Entweder lernst du, mit der Schöpfung zu leben, oder du fabrizierst im Kopf deine eigene Schöpfung.

Welche Option willst du wählen?

Die Erde dreht sich pünktlich um ihre eigene Achse, was keine Kleinigkeit ist. Sämtliche Galaxien kommen gut zurecht; dem ganzen Kosmos geht es blendend. Aber wenn dir ein fieser kleiner Gedanke im Kopf herumkriecht, ist der Tag für dich gelaufen! Das Problem liegt darin, dass du in einem psychischen Raum lebst, der keinen Bezug zur Realität hat. Außerdem bist du unsicher, weil er jeden Augenblick in sich zusammenstürzen kann.

Wenn du dich in der Weite und Größe des kosmischen Raumes betrachtest, bist du geringer als ein Staubkorn. Trotzdem meinst du, dass *dein* Gedanke – der wiederum geringer als ein Staubkorn in dir ist – die Natur der Existenz bestimmen soll! Du hast die Perspektive auf das Leben verloren, das ist das Grundproblem.

Vom »Buddha« hast du ja gehört. Er hieß Siddhartha Gautama, und er *wurde* zu einem Buddha. Aber Gautama war nicht der einzige Buddha. Jeder Mensch, der seinen Intellekt und damit die unterscheidenden, logischen Dimensionen seines Lebens transzendiert hat, ist ein Buddha. Die Menschheit hat unzählige Arten zu leiden erfunden, aber die Produktionsstätte dieses Leidens befindet sich ausschließlich in deinem Geist. Sobald du dich mit ihm nicht mehr identifizierst, hast du die Freiheit, das Leben jenseits aller Grenzen zu erfahren. Ein Buddha zu sein bedeutet, dass du zum Beobachter deines eigenen Verstandes geworden bist.

Die Essenz von Yoga ist nur dieses – an den Moment zu gelangen, in dem ein deutlich erkennbarer Raum zwischen dir und deinem Geist besteht. Sobald das geschieht, beginnt ein Leben, das voll größerer Klarheit, Wahrnehmung und Freiheit ist. Es ist die Geburt der Freiheit.

Grenzen der Logik

Ohne logisches Denken könnten wir auf diesem Planeten nicht überleben. Zugleich ist zu viel Logik jedoch reiner Selbstmord. Nehmen wir an, du wachst morgen früh auf und fängst an, zu hundert Prozent logisch zu denken. Denke nicht an den Sonnenaufgang, die Vögel am Himmel, das Gesicht deines Kindes, die im Garten blühenden Blumen. Denke ausschließlich logisch. Natürlich musst du aufstehen, auf die Toilette gehen, die Zähne putzen, essen, arbeiten, essen, arbeiten, schlafen.

Morgen früh dann dasselbe. Die nächsten dreißig, vierzig oder fünfzig Jahre musst du immer dasselbe tun. Wenn du hundertprozentig logisch denkst, gibt es keinerlei Grund für dich, am Leben zu sein!
Ein Mann, der Überstunden gemacht hatte, ging eines Tages vom Büro nach Hause. Plötzlich hatte er einen romantischen Einfall. Er betrat einen Blumenladen, kaufte einen riesigen Strauß rote Rosen, kam zu seiner Wohnung und klopfte an die Tür. Seine Frau machte ihm auf. Sie sah ihn an und schimpfte sofort los. »Heute war es wirklich furchtbar. Der Wasserhahn ist undicht, der Keller ist überflutet, die Kinder haben sich am Tisch mit Essen beworfen, so dass ich die ganze Küche sauber machen musste, der Hund ist krank, meiner Mutter geht es auch nicht gut, und du hast den Nerv, *besoffen* nach Hause zu kommen!«
Wenn du also zu hundert Prozent logisch denkst, ist Leben eigentlich gar nicht möglich! Momente der äußersten Logik sind Momente, in denen man sich am liebsten umbringen würde. Nur wenn du weißt, wann Logik angewendet werden sollte und wann es nötig ist, darüber hinauszugehen, wirst du ein schönes Leben haben.

Sadhana

Du könntest es einmal mit dieser simplen Übung probieren. Stelle einen Wasserhahn so ein, dass pro Minute nur fünf bis zehn Tropfen herausquellen. Versuche, jeden einzelnen Tropfen zu beobachten – wie er sich bildet, wie er herabfällt, wie er im Waschbecken auftrifft. Tue das fünfzehn bis zwanzig Minuten täglich, dann werden dir allmählich viele Dinge in dir und um dich herum bewusst werden, die deiner Wahrnehmung momentan völlig entgehen.

Diese einfache Übung kann einen Prozess der Sensibilisierung und Klarheit in die Wege leiten, der wesentlich mehr bewirkt, als du dir je vorstellen kannst. Was du dabei erforschst, ist ein Glied des Yoga, das als *Dharana* bezeichnet wird, als »das, was fließt«. Dabei geht es natürlich nicht um Wasser, sondern um deine Aufmerksamkeit und damit dein Bewusstsein. Du versuchst, deine Aufmerksamkeit zum Fließen zu bringen und sie mit ihrem Objekt zu verbinden, in diesem Falle Wasser. Geübt wird nicht etwa Beobachtung oder Wertschätzung, sondern nur diese Aufmerksamkeit, indem du etwas, was mit Unterbrechungen geschieht, in ein Fließen verwandelst. (In einem größeren Zusammenhang sind das Wasser und du übrigens bereits eins. Deine Individualität ist nur in deiner Vorstellung vorhanden.)

Die klebrige Schicht der Identität

Der Verstand ist wie ein Skalpell. Seine Funktion besteht darin, die Realität zu durchschneiden, damit du in der Lage bist, ein Ding vom anderen zu unterscheiden. Wenn ein Messer mühelos durch etwas hindurchgleiten soll, ist es wichtig, dass nichts daran kleben bleibt. Ein verklebtes Messer ist offenkundig ein unwirksames Werkzeug.

Nehmen wir an, du verwendest ein Messer heute dazu, einen Kuchen zu zerteilen; morgen schneidest du damit Fleisch, und übermorgen zerkleinerst du Obst. Wenn von alldem Rückstände am Messer haften bleiben, ist es nach einer Weile nicht mehr brauchbar. Wahrscheinlich hast du es schon selbst erlebt – wenn man Mangos oder Äpfel zerteilt, nachdem man eine Zwiebel geschnitten hat, schmeckt alles nach Zwiebeln! Ein solches Messer ist eher eine Behinderung als eine Hilfe. Anders gesagt: Sobald dein Verstand sich mit etwas identifiziert, wird er mit dieser Identifikation verkettet, wodurch du die Welt auf völlig verzerrte Weise wahrnimmst.

Als Säugling wurde Akbar, jener künftige große Kaiser, aus politischen Gründen von seiner Mutter getrennt. Eine andere Frau, die gerade selbst ein Kind bekommen hatte, wurde damit beauftragt, sich um ihn zu kümmern. Diese Frau stillte Akbar und wurde später für ihre Dienste belohnt. Ihren Sohn, der ein wenig älter als Akbar war, machte man noch in seiner Kindheit zum Herrn über mehrere Dörfer. Viele Jahre später wurde Akbar zum Kaiser gekrönt. Der andere Junge jedoch, dem es an der nötigen Intelligenz und Fähigkeit zum Herrschen fehlte, verschwendete seine sämtlichen Mittel, verlor alles, was man ihm geschenkt hatte, und verarmte.

Eines Tages, als er etwa zweiunddreißig war, kam ihm eine großartige Idee. »Da der Kaiser und ich dieselbe Muttermilch getrunken haben, sind wir Brüder«, dachte er. »Und da ich als Erster geboren wurde, bin ich der ältere Bruder!«

Mit dieser Idee im Kopf suchte er Akbar auf und erzählte ihm, was er sich ausgedacht hatte: »Hör mal, wir sind Brüder, und ich bin älter als du. Aber sieh dir mal meinen beklagenswerten Zustand an: Ich bin arm, du bist ein Kaiser! Wie kannst du mich in solchem Elend leben lassen?«

Akbar war tief bewegt. Er empfing den Mann mit offenen Armen, brachte ihn im Palast unter und behandelte ihn wie einen König. Weil sein Gast mit den höfischen Sitten nicht vertraut war, trat er in allerhand Fettnäpfchen, doch Akbar, großzügig, wie er war, sagte nur immer: »Er ist mein älterer Bruder. Wir haben dieselbe Muttermilch getrunken.« Außerdem stellte er ihn allen als seinen älteren Bruder vor.

So ging es eine Weile weiter. Dann musste der Mann in sein Dorf zurückkehren, um einige Arbeiten zu erledigen. »Mein Bruder«, sagte Akbar, »du hast die Dörfer verloren, die man dir geschenkt hat. Daher will ich dir fünf neue Dörfer geben, über die du herrschen kannst. So hast du ein eigenes kleines Königreich.«

Der Mann erwiderte: »Wie ich sehe, bist du so erfolgreich geworden, weil du von vielen klugen Leuten umgeben bist. Ich aber habe niemanden, der mich beraten könnte, und daher bin ich verloren. Wenn ich gute Ratgeber und Minister gehabt hätte, dann hätte auch ich ein großes Reich geschaffen. Vor allem hast du Birbal! Der ist unglaublich klug. Wenn ich jemanden wie ihn hätte, wäre ich auch ein großer Kaiser.«

»Nun, wenn du willst«, sagte Akbar großherzig, »kannst du Birbal mitnehmen.«

Er ließ Birbal zu sich rufen und befahl ihm: »Du musst meinen älteren Bruder begleiten.«

»Euer Hoheit«, sagte Birbal, »Euer älterer Bruder hat jemand Besseren verdient als mich. Wieso nehmt Ihr nicht *meinen* älteren Bruder? Den könntet Ihr doch statt meiner hinschicken.«

Von dieser Idee war Akbar ganz begeistert, weil es ihn gereut hätte, Birbal zu verlieren. Erfreut sagte er: »Geh ihn sogleich holen!«

Am nächsten Tag war Akbars Gast bereit, in sein neues Königreich zu reisen, weshalb man bei Hofe eine große Abschiedsparty veranstaltete. Es herrschte eine erwartungsvolle Stimmung, denn alle waren gespannt auf Birbals älteren Bruder.

Endlich traf Birbal ein. Er führte einen Bullen hinter sich her.

»Was ist denn *das?*«, fragte Akbar.

»Das ist mein älterer Bruder«, erwiderte Akbar.

Akbar geriet in Wut. »Willst du mich und meinen Bruder etwa beleidigen?«

»Keineswegs, Euer Hoheit«, sagte Birbal. »Das ist tatsächlich mein älterer Bruder. Wir haben beide Milch von derselben Mutter getrunken.«

Sobald dein Verstand – im yogischen Sprachgebrauch bezeichnet man ihn als *Buddhi* – sich mit etwas identifiziert, handelst du im Rahmen dieser Identität. Egal, worin diese besteht, ihr entspringen all deine Gedanken und Emotionen. Wenn du dich jetzt als Mann identifizierst, bestimmt diese Identifikation alles, was du denkst und empfindest. Identifizierst du dich mit deiner Nationalität oder Religion, dann wirkt das bestimmend. Was immer deine Gedanken und Emotionen sind, solche Identifikationen enthalten immer ein gewisses Vorurteil. Im Grunde ist dein Geist selbst eine Art Vorurteil. Weshalb? Weil er mit begrenzten Informationen arbeitet und von einem prinzipiell wertenden Verstand beherrscht wird. Daher stolpert dein Geist, der eigentlich eine Treppe zum Göttlichen sein sollte, über einen endlosen Weg der Mittelmäßigkeit und wird bei manchen Gelegenheiten sogar zu einer Rutschbahn in die Hölle.

Die Identität, auf die sich der Verstand bezieht, nennt man *Ahankara*. Um auf das Bild mit dem Messer zurückzukommen, ist die Identität die Hand, die das Messer führt. Anders gesagt, ist es deine Identität, die deinen Verstand handhabt und bestimmt. Wenn man ein Messer verwendet, kommt es nicht nur auf eine scharfe Schneide, sondern auch auf eine sichere Hand an. Hat man die nicht, schneidet man sich auf tausenderlei Weise ins eigene Fleisch. Das Leiden der Menschen wird zum größten Teil nicht von äußeren Situationen verursacht. Was ihnen von außen zugefügt wird, ist minimal; der Rest ist vollständig selbstgemacht!

Sobald du dich mit etwas identifiziert hast, was du nicht bist, wird der Geist zu einem Schnellzug, der nicht aufzuhalten ist. Wenn du den Geist auf Volldampf bringst und dann die Bremsen betätigen willst, klappt das nicht. Aber wenn du in der Lage bist, dich von allem, was du nicht bist, zu befreien – wenn du dich sozusagen ent-identifizierst –, dann wirst du sehen, dass der Geist einfach leer wird. Falls du ihn benutzen willst, kannst du das tun, sonst ist er einfach leer und frei von allem psychischen Gerümpel. So sollte es auch sein.

Da du dich aber momentan mit so vielen Etiketten identifiziert hast, funktioniert es schlicht nicht, wenn du versuchst, deinen Geist zur Ruhe zu bringen.

Wenn du dem Tod gegenüberstehst, fällt jede Identifikation von dir ab, ganz egal, wofür du dich hältst. Wenn die Menschheit lernen würde, ihre Identifikationen freiwillig loszulassen, wäre das Leben wunderbar. Denn wenn du deinen Verstand nicht damit belastest, womit du dich identifizierst – mit Körper, Geschlecht, Familie, Qualifikationen, Sozialstatus, Hautfarbe, Religion, Gruppenzugehörigkeit, Nationalität, ja sogar der menschlichen Spezies –, begibst du dich automatisch auf die Reise zu deiner höchsten Natur. All die Identifikationen werden mit dem Tod sowieso zugrunde gehen. Da brauchst du keinen Zweifel zu haben!

Wenn du mithilfe deiner Intelligenz den Versuch machst, deine höchste Natur zu erreichen, nennt man das Jnana-Yoga, den Yoga des Wissens. Wer ihn praktiziert, darf sich mit nichts identifizieren, sonst ist seine Reise auf diesem Weg zu Ende. Zumindest in Indien hat Jnana-Yoga sich jedoch leider dahin entwickelt, dass seine Anhänger allerhand Glaubensmeinungen haben. »Ich bin die universelle Seele, das Absolute, das höchste Wesen« – sie wissen über alles Bescheid, sei es nun die Ordnung des Kosmos oder Form und Größe der Seele! Darüber haben sie in einem Buch gelesen. Das ist *nicht* Jnana-Yoga. Jede Information über etwas, das keine lebendige Erfahrung darstellt, ist irrelevant. Womöglich ist es eine sehr heilige Irrelevanz, aber man wird dadurch nicht befreit, sondern verstrickt sich lediglich!

Einst graste ein Esel auf einer Wiese. Dabei geriet er in den Wald, und nachdem er dort wochenlang saftiges Gras gefuttert hatte, wurde er schön fett. Ein Löwe, der nicht mehr in den besten Jahren war und Schwierigkeiten hatte, seine Beute zu erwischen, sah den fetten Esel, stürzte sich auf ihn, tötete ihn und fraß ihn auf. Als sein Magen voll war, brüllte er vor

Befriedigung. In der Nähe streiften Jäger durch den Wald. Sie hörten das Brüllen, spürten den Löwen auf und erlegten ihn.

Die Moral der Geschichte: Wenn man derart viel von einem Esel intus hat, sollte man lieber die Klappe halten.

Nur sehr wenige Menschen verfügen über den nötigen Intellekt, um ausschließlich Jnana-Yoga zu betreiben. Die meisten bräuchten dazu sehr viel Vorbereitung. Ein ganzer yogischer Prozess ist notwendig, um den Intellekt so messerscharf zu machen, dass er an nichts mehr anhaftet. Das ist sehr zeitaufwendig, weil der Geist ein durchtriebener Bursche ist, der zahllose Illusionen erschaffen kann. Jnana-Yoga als Teil der spirituellen Praxis ist durchaus brauchbar; als ausschließlicher Weg ist er nur für einen sehr kleinen Kreis geeignet.

Sadhana

Sitze eine Stunde einfach alleine da. Keine Lektüre, kein Fernsehen, kein Telefon, keine Kommunikation, nichts. Beobachte im Laufe dieser Stunde nur, was deinen Geist beherrscht – ob das nun Essen, Sex, dein Auto, deine Wohnungseinrichtung, dein Schmuck oder irgendetwas anderes ist. Falls du feststellst, dass du wiederholt an Menschen oder Dinge denkst, so identifizierst du dich hauptsächlich mit deinem Körper. Denkst du daran, was du gerne in der Welt tun würdest, so identifizierst du dich hauptsächlich mit deinem Geist. Alles andere sind nur verzweigte Ableger dieser beiden Aspekte. Übrigens geht es hier nicht um ein Werturteil, sondern nur darum zu erkennen, in welchem Lebensstadium du dich befindest. Wie schnell du dich entwickeln willst, hängt von deinen eigenen Entscheidungen ab.

Den Verstand in Gewahrsein tauchen

Im yogischen Klassifikationssystem besitzt der Geist sechzehn Dimensionen, die in vier Kategorien oder Dimensionen fallen. Diese sind die *unterscheidende* Dimension beziehungsweise Verstand oder Intellekt *(Buddhi)*, die *ansammelnde* Dimension beziehungsweise das Gedächtnis *(Manas)*, das Informationen sammelt, und das *Gewahrsein (Chitta)*, das über Verstand und Gedächtnis hinausgeht. Die vierte, bereits erwähnte Dimension ist *Ahankara*, der Aspekt des Geistes, aus dem wir unser Identitätsgefühl ableiten.

Die erste Dimension – der Verstand oder Buddhi – ist unerlässlich, um zu überleben. Du bist nur deshalb in der Lage, einen Menschen von einem Baum zu unterscheiden, weil dein Verstand funktioniert. Auch dass du durch die Tür gehen musst statt durch die Wand, weißt du nur deshalb. Ohne die Dimension der Unterscheidung wüsstest du nicht, wie du auf der Erde überleben sollst. Auf einer komplexeren, höheren Ebene hat der Verstand unermesslich zur menschlichen Kultur und Zivilisation beigetragen.

Das Problem unserer Zeit ist jedoch, dass der Verstand eine unverhältnismäßig wichtige Rolle einnimmt. Die moderne Erziehung hat eine völlig einseitige Entwicklung dieses geistigen Aspekts gefördert. Da das Wesen des Verstandes darin besteht zu unterteilen, hat sich die Menschheit im großen Stil der Spaltung, Diskriminierung und Zergliederung verschrieben. Wir haben alles gespalten, selbst das unsichtbare Atom.

Sobald du den Verstand von der Leine lässt, spaltet er alles, worauf er trifft; er erlaubt dir nicht, vollständig bei etwas zu *sein*. Während er einerseits ein wunderbares Überlebensinstrument darstellt, ist er andererseits eine schreckliche Barriere, die zwischen dir und der Möglichkeit steht, das Einssein des Lebens zu erfahren.

Wie gehen wir dieses Problem an?

Yoga bietet uns einen Weg an. In der heutigen Zeit ist dieser Weg nicht nur eine nützliche Strategie, sondern vielleicht unsere *einzige* Chance, eine Entwicklung umzukehren, die uns anscheinend geradewegs in die Selbstzerstörung führt.

Zur Barriere wird der Verstand, weil du ihn ständig in den ansammelnden Teil des Geistes eintauchst – in *Manas,* dein Gedächtnis. Überprüfe das selbst, dann wirst du feststellen, dass *jeder* Gedanke, der sich im Geist bildet, seine Wurzeln in Informationen hat, die du zuvor bereits angesammelt hast. Egal, ob diese nun bewusst oder unbewusst angesammelt wurden, bedeutet das im Grunde, dass dein Verstand permanent in der Vergangenheit versunken ist. In einem solchen Zustand ist nichts Neues mehr möglich, weshalb der Verstand seine Schärfe verliert und zur Falle wird.

Einfach ausgedrückt, ist der ansammelnde Teil des Geistes nicht mehr als ein Abfalleimer der Gesellschaft. Er ist lediglich ein Haufen Eindrücke, die du von außen aufgenommen hast. Jeder, dem du begegnest, stopft etwas in deinen Kopf, bevor er seines Weges geht: deine Eltern, Lehrer, Freunde, Feinde, irgendwelche Prediger, die Nachrichtenmoderatorin im Fernsehen, praktisch jeder. Du hast keine Wahl, von wem du etwas annimmst und von wem nicht. Sobald du sagst: »Die Person da mag ich nicht«, nimmst du am Ende oft wesentlich mehr von ihr an als von jemand anderem! Du hast zwar die Fähigkeit, die empfangenen Informationen zu verarbeiten, aber das ist auch schon alles. Das heißt, dein mächtiger Verstand ist darauf reduziert worden, den Abfall zu recyceln, den du aufgesammelt hast.

Die Informationsüberflutung, der dein Geist täglich ausgesetzt ist, dringt ausschließlich durch die fünf Sinne in dich ein. Wie wir gesehen haben, nehmen diese Sinne alles immer nur im Vergleich zu etwas anderem wahr. Wo aber verglichen wird, da ist immer Dualität. Wenn ich dir jetzt meine Hand zeigen würde, dann würdest du nur eine Seite davon sehen, die andere jedoch nicht, und umgekehrt. Die menschliche Wahrnehmung über die Sinne ist immer bruchstückhaft. Sie kann dir eine Illusion von Ganzheit verschaffen, das Ganze aber niemals begreifen.

Wenn du deinen Verstand immer in dieser begrenzten, fragmentierten, akkumulierenden Dimension deines Geistes eingetaucht lässt, ziehst du völlig verzerrte Schlüsse über das Leben. Je mehr man sich in Gedanken vertieft, desto freudloser wird man. Das ist schade. Dabei muss klar gesagt werden, dass die Gedanken selbst keinerlei Problem darstellen. Wer mit Klarheit denkt, sollte eigentlich Freude empfinden. Leider geht vielen Menschen die Fähigkeit zu lächeln umso mehr verloren, je mehr sie denken! Das liegt schlicht daran, dass sie ihre Unterscheidungsfähigkeit den Einschränkungen ihrer Sinneswahrnehmung unterworfen haben.

Derselbe Verstand kann jedoch geschärft werden, wenn du es ihm erlaubst, in einen anderen Aspekt deines Geistes einzutauchen – in *Chitta*, dein Gewahrsein. Wenn du deine höchste Natur mithilfe deines Geistes erreichen willst, musst du den Verstand *wahrhaft* unterscheidungsfähig machen, also im höchsten Sinne. Das bedeutet dann, nicht mehr alles in gut und schlecht, richtig und falsch, hoch und niedrig, Himmel und Hölle, heilig und profan zu unterteilen. Stattdessen lernst du, *das Reale vom Illusorischen zu unterscheiden und das, was existenziell wahr ist, von dem, was psychologisch wahr ist.*

Wenn du deinen Verstand in dein Gewahrsein tauchst, kann die unterscheidende Dimension deines Geistes sich in ein wunderbares Werkzeug der Befreiung verwandeln. Sie kann messerscharf werden, alles durchschneiden, was wahr und unwahr ist, und dich in eine ganz andere Dimension des Lebens befördern.

Lerne daher, deinen Verstand in dein Gewahrsein zu tauchen statt in das trübe Gewässer von Gedächtnis und Identifikation. Sobald dir das gelingt, kann dieses fantastische Instrument sich mühelos seinen Weg zum Höchsten bahnen.

Sadhana

Wenn du bewusst über ein Hochseil gehst, hast du keine andere Wahl, als dein Gewahrsein einzusetzen. Sobald dein Verstand ständig zwischen gut und schlecht unterscheidet, ist er befangen, und wenn er damit beschäftigt ist, die ganze Welt in gut und schlecht zu unterteilen, wirst du definitiv vom Hochseil fallen. Du musst das mit dem Hochseil nicht wörtlich nehmen, aber du könntest trotzdem versuchen, den äußeren Bewegungen deines Körpers eine gewisse Präzision zu verleihen. (Falls du Hatha-Yoga praktizierst, sollte das ohnehin geschehen.) Wenn du zum Beispiel eine gerade Linie auf dem Boden siehst, versuche einfach, ganz locker genau darauf entlangzugehen. Dabei geht es nicht darum, dich zu verkrampfen, sondern darum, präzise und exakt zu sein. Probiere das mit deinem Körper einmal aus und beobachte, was geschieht. Bringe Präzision in jede Bewegung, jede Geste. Das ist eine der Möglichkeiten, deinen Geist in Gewahrsein zu tauchen.

Gewahrsein ist Lebendigsein

Was meinen wir eigentlich mit dem Begriff »Gewahrsein«? Was bedeutet er? Und wie können wir Zugang dazu finden?

Zuallererst wollen wir eine wichtige Unterscheidung treffen: Gewahrsein ist nicht gleichbedeutend mit mentaler Wachheit, denn die verbessert nur deine Fähigkeit, auf der Welt zu überleben. Sie ist wie die Wachheit eines Hundes, nützlich zur Selbsterhaltung, aber nicht, um das Selbst auszudehnen. Gewahrsein ist nicht etwas, was du *tust*, sondern das, was du bist. Gewahrsein ist Lebendigsein.

Gewahrsein oder Chitta ist jene Dimension des Geistes, die von der modernen Gesellschaft auf eigene Gefahr vollständig ignoriert wird. Es ist eine Intelligenz, die völlig unbefleckt von Erinnerungen ist. Es ist die tiefste Dimension des Geistes, die dich mit der Basis der Schöpfung selbst verbindet. Wenn du in Kontakt mit dieser Dimension bist, dann bist du in einem Zustand der gesteigerten Wahrnehmung, der es dir ermöglicht, zugleich vollständig bewusst und berauscht zu sein – und zwar ohne jeden äußeren Reiz! Wenn du lernst, Zugang zu Chitta zu finden, ist glücklich zu sein dein natürlicher Zustand.

Schlaf, Wachheit, Tod – das sind alles nur verschiedene Ebenen des Gewahrseins. Angenommen, du döst vor dich hin, und jemand rüttelt dich wach. *Rums!* In einem einzigen Moment kommt die ganze Welt zu dir zurück! Das ist keine Kleinigkeit, schließlich hast du schlagartig die gesamte Existenz wieder erschaffen. Die Welt, die für dein Erleben ausgelöscht war, ist plötzlich wieder da. Nicht innerhalb einer Woche – *in einem einzigen Moment.*

Woher weißt du, ob die Welt existiert oder nicht? Nur durch deine Erfahrung; einen anderen Beweis dafür gibt es nicht. Gewahrsein ist also etwas, was diese Existenz entweder erschaffen oder auslöschen kann. Das ist seine Magie.

Du kannst dein Gewahrsein auf unterschiedliche Ebenen ausrichten. Wenn du es gleichsam immer höher schraubst, öffnen sich für deine Erfahrung ganz neue Dimensionen der Existenz. Welten, die niemand sich in seinen kühnsten Träumen vorstellen könnte, werden für dich zur lebendigen Realität.

Wenn du schläfst, existiert die Welt deshalb nicht, weil dein Gewahrsein weitgehend fehlt. Aber selbst im Schlaf fehlt das Gewahrsein nicht ganz, und das macht den Unterschied zwischen einem Schlafenden und einem Toten aus. Auf ähnliche Weise besteht auch ein Unterschied zwischen einer Person, die wach ist, und einer anderen, die erwacht oder erleuchtet ist. Auch ein erwachter Mensch schläft, ist jedoch zu so viel Gewahrsein gelangt, dass ein Teil von ihm *nicht* schläft. Die Sinne schalten sich ab, der Körper ruht sich ein bisschen aus, doch alles andere ist in Funktion. Das liegt daran, dass das Gewahrsein auf eine andere Ebene gebracht wurde.

Gewahrsein ist ein alles einschließender Prozess, ein Weg, um der gesamten Existenz innezuwerden. Das kannst du zwar nicht aktiv *tun,* aber du kannst die richtigen Bedingungen schaffen, damit es geschieht. Versuche nicht, gewahr zu *sein*. Das funktioniert nicht. Wenn du jedoch deinen Körper, deine Gedanken, deine Emotionen und Energien entsprechend ausrichtest, wird das Gewahrsein aufblühen. Dann wirst du wesentlich lebendiger sein, als du es momentan bist.

Wenn du bewusst in Kontakt mit deinem Gewahrsein stehst, erhältst du Zugang zu *Akasha,* der subtilsten Dimension des Körperlichen. Wie erwähnt, ist das Universum nichts als ein Spiel der fünf Elemente – Wasser, Feuer, Erde, Luft und Äther. Die Schöpfung ist nur eine Laune der Elemente. Als Akasha bezeichnen wir in der yogischen Terminologie den Äther, und jeder Mensch ist von einer gewissen Dimension dieses fünften Elements umgeben. Während die anderen Elemente sich im Körper befinden, umhüllt diese Dimension den physischen Körper, und zwar normalerweise in einem Abstand von bis zu fünfundvierzig oder fünfundfünfzig Zentimetern. Weil dieses Element noch immer physischer Natur ist, enthält es Informationen. Alles, was mit einem bestimmten Grad an Intensität oder Tiefe in deinem Leben geschieht, wird in dem dich umgebenden Akasha-Feld gespeichert.

Wenn du bewussten Zugang zu deinem Gewahrsein gewinnst, gilt das auch für die ätherische Dimension rund um deinen Körper und zudem für die Akasha-Dimension, die

die Erde, das Sonnensystem und das gesamte Universum umgibt. Ohne eines der technischen Instrumente, die uns heute zur Verfügung stehen, hat man im alten Indien und einigen anderen Teilen der Welt ein bemerkenswertes Wissen über den Kosmos zusammengetragen. Möglich war das durch die Dimension von *Chidakasha,* dem auf Akasha basierenden Aspekt unserer Intelligenz.

Sobald du also in Kontakt mit deinem Gewahrsein bist, musst du nicht mehr *versuchen*, etwas zu erreichen. Du musst es dir nicht einmal wünschen oder erträumen, denn das Bestmögliche, das dir zuteilwerden kann, wird geschehen. In der yogischen Überlieferung heißt es, wenn man lernt, Zugang zu dieser Dimension zu gewinnen, hat man das Göttliche »unterjocht«! Gott wirkt von da an also *für* dich. Was bedeutet das genau? Sobald du dich von den Zwängen deiner genetischen und karmischen Informationen distanzierst, wird das Leben unbeschwert, geschmeidig, unglaublich mühelos. Dies ist eine Dimension jenseits von Verstand, Identifikation, Erinnerung, jenseits von Wertungen und Karma, jenseits von Unterscheidungen jeder Art. Es ist die Intelligenz der Existenz selbst, durch die das Leben sich immer so ereignet, wie es sollte, mit absoluter, unbezähmbarer Leichtigkeit.

Sadhana

Wenn du im Augenblick deines Todes im Gewahrsein ruhst, wirst du das auch jenseits des Todes tun. Beginne damit, es im Schlaf zu üben, denn der Schlaf ist nichts anderes als ein vorübergehender Tod. Daher hast du jede Nacht die fantastische Möglichkeit, der Dimension jenseits des Todes gewahr zu werden.

Ausprobieren kannst du dieses Experiment gleich heute Nacht. Versuche, den Übergang zwischen Wachsein und Schlaf bewusst wahrzunehmen. Diese Übung kannst du im Bett durchführen.

Wenn dein Gewahrsein den letzten Moment erfasst, in dem du vom Wachsein in den Schlaf wechselst, wird es während deines ganzen Schlafs anhalten.
Wie du merken wirst, erfordert das eine Menge Arbeit, daher noch ein zusätzlicher Tipp. Wenn du daran gewöhnt bist, dich von einem Wecker wecken zu lassen, kannst du den durch etwas ersetzen, was dich an dein Gewahrsein erinnert – durch einen Ton, eine Melodie oder ein Lied. Die entsprechende Assoziation ist leicht einzuüben und wird dein Gewahrsein wecken.
Um einzuschlafen, kannst du natürlich keinen Wecker verwenden! Es ist nicht leicht, bewusst vom Wachzustand in den Schlaf überzugehen, wenn man die Identifikation mit dem Körper nicht vollständig auflöst. Versuche daher, im Moment des Erwachens so früh wie möglich bewusst etwas wahrzunehmen, zum Beispiel deinen Atem oder deinen Körper. Das wird dir später umgekehrt beim bewussten Übergang in den Schlaf helfen.
Wenn du mit Gewahrsein aufwachen und einschlafen kannst, bist du todlos. Das heißt, wenn es so weit ist, dass du den Körper ablegst, wirst du das mit vollem Gewahrsein tun. Wenn du dich schon jetzt diesem Moment annäherst, wird das nicht nur auf die Funktionsweise deines Körpers und deines Geistes, sondern auf deine ganze Lebensqualität eine phänomenale Auswirkung haben.

Wissen, ohne zu denken

Hast du schon einmal einen Bienenstock genau betrachtet? Selbst die besten Ingenieure können dabei noch etwas lernen. Was für eine fantastische Konstruktionsleistung ein Bienenstock doch ist! Es ist wirklich der beste Apartmentkomplex, den man sich vorstellen kann, wunderbar konzipiert und strukturiert – und erstaunlich widerstandsfähig. Egal, was für ein Wetter herrscht, ein Bienennest fällt nicht vom Baum, nicht wahr?

Es handelt sich also um eine großartige Leistung, aber haben die Bienen den Bauplan im Kopf? Nein. Dieser Plan ist in ihrem *Körper* gespeichert. Was sie tun müssen, wissen sie deshalb genau, weil es in ihrem Organismus verankert ist.

Auch spirituelles Wissen oder »Erkenntnis« wurde schon immer auf diese Weise weitergegeben – nicht durch Gedanken, nicht durch Worte, sondern so, wie Bienen über die Generationen hinweg das Wissen weitergeben, wie man Waben baut. Sobald dieses Wissen übermittelt oder, modern ausgedrückt, heruntergeladen wird, ist alles, was du wissen musst, in dir vorhanden. Wenn du ein bestimmtes Programm auf deinen Computer herunterlädst, musst du nicht detailliert wissen, wie es funktioniert. Du musst nicht jeden Befehl lesen, den die Software enthält; du drückst einfach eine Taste, um ein bestimmtes Ergebnis zu erzielen. Bei einer anderen Taste geschieht etwas anderes, und du hast plötzlich ein anderes Phänomen.

Ich unterscheide zwischen Wissen und Erkenntnis. Bei Wissen handelt es sich im Grunde um angesammelte Informationen. Jede Information bezieht sich lediglich auf die physische Natur der Existenz, Erkenntnis hingegen ist lebendige Intelligenz. Ob mit dir oder ohne dich, sie ist immer da. Du hast entweder Anteil daran oder nicht, aber das ist auch das Einzige, was du entscheiden kannst.

In dir ist eine Intelligenz, die – wie schon gesagt – ein Stück Brot in ein menschliches Wesen verwandeln kann. Von dieser Intelligenz wurde eine extrem komplexe Maschinerie geschaffen, zu der das Hirn gehört. Momentan versuchst du lediglich, einen begrenzten Teil deines Gehirns zu verwenden, und meinst, das sei Intelligenz. Da liegst du falsch, denn in dir ist etwas, das ein komplettes menschliches Gehirn mit seiner unglaublichen Komplexität und Leistungsfähigkeit erschaffen kann. Dieses »Etwas« funktioniert ganz anders, als du meinst. Zum Beispiel denke ich nicht mit meinem Kopf, sondern *mit jeder Zelle in meinem Körper*. Dadurch wird mein Denken zu einem organischen, nahtlosen und ganzheitlichen Vorgang, weil es alles von mir einbezieht. Falls ich mich nicht bewusst entscheide zu denken, habe ich nicht besonders viele Gedanken im Kopf.

Nichts von dem, was existiert, ist jemals fehl am Platz gewesen, so etwas kommt nur in der menschlichen Gesellschaft vor. Zwischen diesem Stück Leben und jenem Stück Leben kann man einen Vergleich anstellen, doch für die Intelligenz, die das ganze Leben hervorbringt, gibt es keinen Bezugsrahmen oder Vergleich, weil kein zweites Exemplar davon existiert. Man kann nicht sagen, ob diese Intelligenz gerade gegenwärtig ist oder nicht – sie ist *immer* gegenwärtig. Anders kann sie nicht sein.

In diesem Sinne besteht das Ziel von Yoga nur darin, unseren kleinen Kopf voller Informationen gegen einen Kosmos der Intelligenz auszutauschen. Es ist tragisch, wenn jemand sich – wie es so oft geschieht – für die Begrenztheit des menschlichen Gehirns entscheidet statt für ein Universum aus unbegrenzter Erkenntnis.

Sadhana

Arbeite einfach daran, aus deinem Geist die Vorstellung zu entfernen, dass Gedanken dasselbe bedeuten wie Intelligenz. Der ganze Schöpfungsprozess, von einem einzigen Atom bis hin zum Kosmos, ist ein fantastischer Ausdruck von Intelligenz. Auch in deinem eigenen Körper ist eine pulsierende Intelligenz vorhanden, die der Ursprung der Schöpfung selbst ist. Kannst du mit dem überbewerteten Verstand, den du besitzt, auch nur die Aktivität einer einzigen Zelle in deinem Körper voll und ganz begreifen? Der erste Schritt, der aus der Falle des Intellekts heraus und zum Ursprung einer größeren Intelligenz führt, ist die Erkenntnis, dass jeder Aspekt des Lebens – von einem Sandkorn bis zu einem Berg, von einem Tropfen bis zu einem Ozean, vom Atomaren bis zum Kosmischen – der Ausdruck einer wesentlich größeren Intelligenz ist, als dein winziger Verstand zu bieten hat. Wenn du diesen einen Schritt tust, wird das Leben so zu dir sprechen wie nie zuvor.

Glauben versus Suchen

Einst waren zwei irische Straßenarbeiter vor einem Londoner Bordell beschäftigt, als sie einen protestantischen Pfarrer des Weges kommen sahen. Er schlug den Kragen hoch, senkte den Kopf und verschwand still und heimlich im Bordell.

Die beiden Männer sahen sich an und zuckten die Achseln. »Tja, was kann man von einem Protestanten schon anderes erwarten?«

Sie arbeiteten weiter. Nach einer Weile kam ein Rabbi daher. Er hatte sich seinen Schal so um den Hals gewickelt, dass sein Gesicht kaum mehr zu erkennen war. Auch er schlich sich in das Bordell. Die beiden Männer schüttelten traurig den Kopf. »Was ist nur aus der Welt geworden? Jetzt gehen schon Männer Gottes ins Bordell! Schlimm, schlimm …«

Als Nächstes kam der katholische Bischof des Ortes daher. Er spähte in alle Richtungen, dann zog er seinen Umhang enger und trat eilig ein.

Wieder sahen die beiden Männer sich an. »Da muss eins von den Mädels aber sterbenskrank sein«, sagte der eine zum anderen.

Sobald du dich stark mit etwas identifizierst, verlierst du die Perspektive dafür, wie die Dinge wirklich sind! Vorstellungen wie gut und schlecht oder richtig und falsch sind nichts als mentale Konstrukte; mit dem Leben als solchem haben sie nichts zu tun. Was vor hundert Jahren als moralisch galt, ist heute unter Umständen völlig inakzeptabel. Was du für großartig hältst, wird von deinen Kindern verachtet. Deine Vorstellungen von gut und schlecht sind nur ein bestimmter Grad an Vorurteilen gegenüber dem Leben.

In dem Augenblick, in dem du dich mit deinen begrenzten Vorstellungen von Moral identifizierst, bist du erst recht auf dem Holzweg. Dein Verstand operiert mit solchen Identifikationen so, dass du die Welt nie so siehst, wie sie ist. Wenn du ein spirituelles Element in dein Leben bringen willst, musst du zuerst die starren Vorstellungen von Tugend und Laster fallen lassen und lernen, das Leben genau so zu betrachten, wie es ist.

Eines der größten Probleme der heutigen Welt ist es, dass schon dem kindlichen Geist ein starres System aus Moralvorstellungen aufgezwungen wird. Naturgemäß identifiziert man sich mit dem, was man für gut hält, während man von dem, was man für schlecht hält, abgestoßen wird. Dieses Spiel von Anziehung und Abneigung ist die Grundlage jeder starken Identifikation. Der Geist ist so beschaffen, dass er von allem, was uns widerstrebt, beherrscht wird. Moralisten und Prediger ermahnen die Menschheit seit Generationen, »böse Gedanken« zu meiden. Das ist eine todsichere Strategie, um das Gegenteil zu erreichen! Sobald du versuchst, dich gegen einen vermeintlich »bösen« Gedanken zu wehren, wird das zu einem Vollzeitjob. Dann geht in deinem Kopf nämlich nichts anderes mehr vor sich.

Die Vorstellung moralischer Überlegenheit hat zu viele unmenschliche Akte hervorgebracht, die man nicht einfach ignorieren kann. Mit den meisten Leuten, die sich für tugendhaft halten, ist nur schwer auszukommen. Außerdem verbringen sie den Großteil ihres Lebens mit dem Versuch, das zu vermeiden, was sie als »falsch« oder »sündhaft« betrachten. Im Allgemeinen bedeutet das nur, dass sie ständig daran denken. Etwas zu meiden heißt jedoch noch lange nicht, frei davon zu sein. Eine solche Moral beruht darauf, bestimmte Dinge *aus*zuschließen, während es bei der Spiritualität darum geht, alles *ein*zuschließen.

Die eigentliche Natur unseres Menschseins ist so unterdrückt und verzerrt worden, dass man als Ersatz die »Moral« erfunden hat, um ein bisschen Ordnung und Vernunft in unser Leben zu bringen. Geschehen ist das, weil wir nichts getan haben, um unsere Menschlichkeit lebendig zu erhalten. Wäre sie das, bräuchte man überhaupt keine Moral.

Die Moral wandelt sich je nach Person, Zeit, Ort, Situation – und Funktion. Aber da, wo die Menschlichkeit ihren Ausdruck gefunden hat, egal in welcher Zeit oder welcher Kultur auf der Welt, war sie immer gleich und wird das immer sein. Auf einer oberflächlichen Ebene können wir uns hinsichtlich unserer Werte, unserer Moral und unserer Ethik unterscheiden, aber wenn wir es verstehen, so tief in einen Menschen einzudringen, dass seine Menschlichkeit berührt wird, sind wir alle gleich.

Um einem anderen Menschen Moral aufzuzwingen, braucht man sich nicht mit ihm auseinanderzusetzen, man muss ihm nur ein paar Allgemeinplätze diktieren: »Sei gut; sprich freundlich mit anderen; wenn du etwas im Zorn sagst, wird das schlimme Folgen haben« und so weiter. Will man jedoch jemandes Menschlichkeit wecken, muss man sich wesentlich mehr auf ihn einlassen. Das bedeutet, *sich selbst* einzubringen.

Moral hat einen Wert, weil sie zur sozialen Ordnung beiträgt, aber im Individuum kann sie großen Schaden anrichten. Da niemand nach den Moralvorschriften leben kann, die von den meisten Religionen verlangt werden, lebt der größte Teil der Menschheit ständig in einem Zustand von Schuldgefühlen, Scham und Furcht. Das ist eine tragisch verkrüppelte Existenz. Menschlichkeit führt ebenfalls zu sozialer Ordnung, erfordert jedoch keinerlei äußeren Zwang.

Wenn man alle Dinge auflistet, die von den Weltreligionen als »Sünde« bezeichnet werden, stellt man fest, dass es schon eine Sünde ist, am Leben zu sein. Geboren zu werden ist eine Sünde; zu menstruieren ist eine Sünde; Geschlechtsverkehr ist eine Sünde. Damit nicht genug – selbst wenn man nur eine Tafel Schokolade isst, begeht man eventuell eine Sünde. Da der Prozess des Lebens selbst angeblich eine Sünde ist, lebt man ständig voller Furcht und Schuldgefühle. Würde die Menschheit davon nicht so gepeinigt, wären die Tempel, Moscheen und Kirchen auf der Welt bei weitem nicht so gut besucht wie heute. Wer von Natur aus freudvoll ist, setzt sich an den Strand oder lauscht dem Flüstern der Blätter an einem Baum. Nur weil die Religionen dir ein Gefühl von Furcht und Scham eingeflößt haben, schämst du dich deiner biologischen Natur! Deshalb musst du einen als »heilig« bezeichneten Ort aufsuchen, um dich von diesem Gefühl zu reinigen.

Die Menschen werden immer Möglichkeiten finden, Wertmaßstäbe, Moral und Ethik zu untergraben. Wenn du jedoch ganz selbstverständlich voller Freude bist, verhältst du dich automatisch freundlich zu deiner Umwelt. Spiritualität bedeutet nicht, sich vom Leben zu entfernen, sondern durch und durch lebendig zu werden, auf möglichst vollständige Weise. Mit zunehmendem Alter nimmt zwar die körperliche Beweglichkeit ab, aber auf Freude und Lebendigkeit muss das nicht zutreffen. Wenn du von deiner Freude und Lebendigkeit einbüßt, dann begehst du Selbstmord auf Raten.

Leider werden heute jede Menge Glaubenssysteme als Spiritualität ausgegeben. Der spirituelle Prozess ist jedoch immer eine Suche, und es besteht ein erheblicher Unterschied zwischen *Glauben* und *Suchen*. Glauben bedeutet, du nimmst etwas an, was du nicht weißt; Suchen bedeutet, du hast erkannt, dass du nicht weißt. Dadurch entsteht eine gewaltige Beweglichkeit. Sobald du etwas glaubst, bringst du in den Lebensprozess, der du bist, eine gewisse Starre hinein.

Diese Starre ist nicht nur eine Einstellung, sie durchdringt jeden Aspekt deines Lebens und ist die Ursache von ungeheurem Leiden auf der Welt. Die menschliche Gesellschaft spiegelt die innere Erfahrung ihrer Mitglieder wider. Wenn es Menschen gibt, die flexibel und bereit sind, alles frisch und vorurteilsfrei zu betrachten, statt in Glaubenssystemen und Meinungen festzustecken, dann entsteht eine ganz andere Art Gesellschaft.

Yoga ist eine Methode, die bei mir und Millionen anderen wunderbar gewirkt hat. Es ist eine vollkommen wissenschaftliche Methode, die nicht in Glaubenssätzen wurzelt, sondern in einem tiefgreifenden Verständnis des menschlichen Mechanismus. Auch mit naivem Optimismus hat sie nichts zu tun. Die Grundannahme ist simpel: Wenn ein guter Samen vorhanden ist und man die richtige Atmosphäre schafft, dann keimt dieser Samen. Die richtige Atmosphäre für Körper und Geist herzustellen ist also das Einzige, worauf es ankommt, sonst muss man überhaupt nichts machen. Irgendwelche Morallehren oder metaphysische Diskurse sind unnötig. Wenn deine Menschlichkeit zum Ausdruck kommt, bist du ein wunderschönes menschliches Wesen.

Alles, was auf der Welt für negativ gehalten wird, entspringt tatsächlich der Beschränkung. Eine beschränkte Identität, die wir uns auferlegen, positioniert uns als »ich« gegen die »anderen«. In diesem Raum aus Trennung und Spaltung entstehen alle Verbrechen und Negativitäten. Nach dem Unbegrenzten zu streben ist daher eine Versicherung gegen alle negativen Tendenzen. Als Spezies muss die Menschheit jetzt das Leben befreien, statt es zu kontrollieren. Von der Einschränkung zur Befreiung – das ist der Weg.

Der Wunschbaum

Dein Geist kann sich in fünf unterschiedlichen Zuständen befinden. Er kann untätig sein – das heißt, er ist überhaupt nicht aktiv und in einem rudimentären Zustand. Wenn du ihm Energie zuführst, wird er aktiv, ist jedoch zerstreut. Führst du dann mehr Energie zu, so ist er nicht mehr zerstreut, sondern wird wankelmütig. Mit weiterer Energie konzentriert er sich auf einen Punkt, und wenn du ihm dann noch mehr Energie zuführst, wird er bewusst. Wenn der Geist jedoch bewusst ist, so ist das reine Magie; es ist ein Wunder, eine Brücke zu dem, was jenseits dieser Welt existiert.

Ein untätiger Geist ist kein Problem. Jemand, der sehr einfältig ist und dessen Verstand nicht gerade übersprudelt, hat keine Schwierigkeiten. Er isst gut und schläft gut. Nur Leute, die zu viel denken, können nicht anständig essen und schlafen! Einfältige Menschen verrichten alle Aktivitäten des Körpers wesentlich besser als die sogenannten Intellektuellen dieser Welt. In ihnen herrscht ein bestimmter Friede, weil man ein gewisses Maß an Intelligenz braucht, um Unruhe und Chaos zu erschaffen. Ein untätiger Geist ist der tierischen Natur näher als der menschlichen.

Sobald man dem Geist etwas Energie zuführt, wird er aktiv, ist jedoch oft zerstreut. Wenn man mit der spirituellen Praxis beginnt, erfährt man unter Umständen einen Überschwang, mit dem man vielleicht nicht umgehen kann, wenn die entsprechende Anleitung fehlt. Dieser Zustand, der von einem neuen Energieniveau des Organismus bewirkt ist, wird dann womöglich als störend wahrgenommen, vor allem von Menschen, die dazu neigen, alles zu fürchten, was neu ist. In Wirklichkeit sind sie nur dabei, von der Untätigkeit zu einem höheren Grad an Lebendigkeit zu finden.

Sobald jemand, der einen sehr zerstreuten Geist hat, mit der spirituellen Praxis beginnt, kommt er an einen Punkt, an dem der Geist weniger diffus ist. Nun jedoch wird er wankelmütig; das heißt, an einem Tag bewegt er sich in die eine Richtung, am nächsten Tag in die andere. Allerdings ist das bereits wesentlich besser als ein Zustand der Zerstreuung, in dem der Geist in jedem Augenblick an ein Dutzend verschiedene Orte springt.

Wenn dem wankelmütigen Geist noch mehr Energie zugeführt wird, konzentriert er sich langsam; er wird, wie man im Yoga sagt, »einspitzig«. Das ist wiederum wesentlich besser als der vorherige Zustand, doch der höchste Zustand wird erst erreicht, wenn der Geist *bewusst* wird. Nicht dein Computer, dein Auto oder ein Raumschiff ist die wunderbarste Apparatur, sondern der menschliche Geist – wenn du ihn nur bewusst verwenden könntest. Dass manche Leute so leicht und selbstverständlich Erfolg haben, während andere sich ständig abmühen, hat einen einfachen Grund: Manche haben ihren Geist so organisiert, dass er so denkt, wie sie es wollen, während das Denken anderer gegen ihre eigenen Interessen gerichtet ist.

Ist der menschliche Geist gut organisiert, bezeichnet man ihn im Yoga als *Kalpavriksha*, als einen Baum, der jeden Wunsch gewährt. Mit einem solchen Geist wird alles, wonach du dich sehnst, zur Wirklichkeit. Dazu musst du den Geist lediglich bis zu dem Punkt entwickeln, an dem er zu einem Wunschbaum wird statt zu einer Quelle von Durcheinander. Ein Geist, der manifestieren kann, was er will, befindet sich in einem Zustand von *Samyukti*. Das ist eine aus Gelassenheit entstehende Gewandtheit.

Sobald deine Gedanken organisiert sind, gilt das auch für deine Emotionen. Allmählich organisieren sich dann auch deine Energien und dein Körper in derselben Richtung. Die Reihenfolge, in der du dich mit diesen Dimensionen beschäftigst, kann jedoch unterschiedlich sein, je nachdem, wofür du bereit bist. Angesichts der Realitäten des Alltags sind die meisten Menschen erst dann bereit für ein bestimmtes System, wenn sie verstandesmäßig davon überzeugt sind. Sobald deine Gedanken, deine Emotionen, dein Körper und deine Energie jedoch auf eine bestimmte Weise ausgerichtet sind, gewinnst du eine unglaubliche Fähigkeit, zu erschaffen und zu verwirklichen, was du willst.

Die moderne Wissenschaft hat den Beweis erbracht, dass die gesamte Existenz nur eine Resonanz von Energie ist, ein endloses Vibrieren. Auch Gedanken sind Resonanz. Wenn du einen kraftvollen Gedanken erzeugst und in die Welt setzt, wird er sich immer manifestieren. Damit das geschieht, darfst du dein Denken nicht behindern und schwächen, indem du negative, kontraproduktive Denkmuster erschaffst.

Im Allgemeinen bedient man sich des religiösen Glaubens, um negative Gedanken zu verbannen. Sobald man jedoch zu einem denkenden menschlichen Wesen wird, kommen unweigerlich Zweifel auf. So, wie dein Geist beschaffen ist, würdest du, wenn dir Gott in diesem Augenblick erschiene, dich ihm nicht hingeben. Vielmehr würdest du eine Untersuchung durchführen wollen, um herauszufinden, ob es sich bei der Erscheinung tatsächlich um das handelt, was sie zu sein behauptet, oder nicht.

Nun gibt es eine Alternative zum Glauben, nämlich die Möglichkeit, eine *Verpflichtung* einzugehen. Wenn du dich einfach dazu verpflichtest, das zu erschaffen, was dir wirklich wichtig ist, organisieren sich deine Gedanken so, dass keine Hürden mehr bestehen. Sie strömen frei auf das zu, was du willst, und sobald das geschieht, manifestiert sich das, wonach du strebst, auf natürliche Weise.

Um das zu erschaffen, worauf es dir ankommt, muss dein Wunsch sich zuerst deutlich in deinem Geist manifestieren. Geht es um etwas, was du *wirklich* willst? Denke sorgfältig darüber nach. »Das ist es!«, hast du in deinem Leben sicherlich schon oft gedacht, nur um dann, als du es erreicht hattest, zu erkennen, dass dem überhaupt nicht so war! Erforsche daher zuerst, was du wirklich willst. Sobald das klar ist und du dich verpflichtet hast, es zu erschaffen, erzeugst du einen kontinuierlichen Gedankenstrom in der angestrebten Richtung. Wenn du diesen Strom aufrechterhältst, ohne seine Richtung zu verändern, wird es in deinem Leben zur Wirklichkeit werden.

Es gibt im Yoga ein Verfahren, mit dem du eine andere Dimension der Intelligenz erreichen kannst – das bereits erwähnte, von Erinnerungen unbefleckte Chitta. Die Kraft von Chitta zu erkennen nennt man *Chit Shakti*. Es ist ein einfacher, aber kraftvoller Prozess, durch den du Zugang zum Ursprung der Schöpfung in deinem Innern erhalten kannst.

Der Mythos Kopf gegen Herz

Häufig hört man Leute sagen, ihr Kopf würde sie in die eine Richtung führen, ihr Herz in eine andere. Im Yoga stützen wir uns auf eine zentrale Grundlage, die lautet: Wir sind eine einzige Person, ein einzelnes, einheitliches Wesen. Es gibt keine Trennung von Kopf und Herz; wir sind etwas Ganzes.

Machen wir uns in diesem Kontext erst einmal klar, was als »Kopf« und als »Herz« bezeichnet wird. Normalerweise verknüpfst du deine Gedanken mit dem Kopf, deine Emotionen mit dem Herzen. Wenn du jedoch sorgfältig und absolut aufrichtig darüber nachdenkst, wirst du erkennen, dass du so fühlst, wie du denkst. Allerdings denkst du auch so, wie du fühlst. Deshalb sieht man im Yoga sowohl Gedanken als auch Emotionen als Teil von *Manomaya Kosha,* dem geistigen Körper.

Was du üblicherweise für den »Geist« hältst, ist der Gedankenprozess, dein Verstand oder Intellekt. Tatsächlich hat der Geist aber viele Dimensionen; eine davon ist der logische

Aspekt, eine andere der tiefere emotionale Aspekt. Wie erwähnt, wird der Verstand als Buddhi bezeichnet. Die tiefere, emotionale Dimension des Geistes nennt man herkömmlich das »Herz«; im Yoga spricht man jedoch von *Manas.* Das ist eine komplexe Mischung aus Erinnerungen, die deine Emotionen auf bestimmte Weise formen. Was du fühlst und wie du denkst, ist also beides eine Aktivität des Geistes.

Eigentlich ist es ziemlich einfach. Wenn ich denke, du bist ein wunderbarer Mensch, sind meine Gefühle dir gegenüber positiv. Wenn ich dich für einen fürchterlichen Menschen halte, trete ich dir mit negativen Gefühlen gegenüber. Wenn du erst jemanden zu deinem Feind erklärst und dann versuchst, ihn zu lieben, ist das harte Arbeit, und wir sollten die simplen Aspekte des Lebens nicht zu harter Arbeit werden lassen.

Du fühlst also so, wie du denkst, aber dennoch scheinen Gedanken und Gefühle eine unterschiedliche Erfahrung darzustellen. Weshalb ist das der Fall? Weil das Denken eine gewisse Klarheit und Wendigkeit an sich hat. Emotionen sind langsamer. Nehmen wir an, du hältst jemanden für einen tollen Menschen und hast warme Gedanken ihm gegenüber – da tut er plötzlich etwas, was dir nicht gefällt, und schon findest du ihn abscheulich. Das sagt dir dein Denken, aber deine Emotionen können sich nicht sofort ändern. Sie haben ihre Mühe mit der Situation. Wenn sie gerade noch herzlich waren, können sie nicht im nächsten Moment bitter werden. Sie brauchen Zeit, um kehrtzumachen; sie haben sozusagen einen größeren Wendekreis. Je nachdem, wie stark deine Emotionen sind, wird dieser Prozess drei Tage, drei Monate oder drei Jahre dauern, aber nach einiger Zeit wird die Kehrtwendung stattfinden.

Es ist nicht nützlich, einen solchen Konflikt zwischen Kopf und Herz zu erschaffen. Emotionen sind nur der saftigere Aspekt des Denkens. Du kannst ihre Süße genießen, aber es ist weitgehend das Denken, das die Emotionen lenkt, ob du das nun erkennst oder nicht. Emotionen sind nicht völlig beständig; sie flattern und wenden sich hierhin und dorthin, sind jedoch weniger beweglich als Gedanken. Da sie länger brauchen, um sich in eine andere Richtung zu wenden, und da sie normalerweise wesentlich intensiver sind als Gedanken, kommt es uns oft so vor, als gäbe es einen Unterschied zwischen Denken und Fühlen. Diese beiden Aspekte sind jedoch nicht stärker voneinander getrennt als Zuckerrohr und dessen Saft.

In der Erfahrung der meisten Menschen sind Gedanken also nicht so intensiv wie Emotionen; zum Beispiel denkst du nicht so intensiv, wie du zornig wirst. Wenn ein Gedanke, den du erzeugst, jedoch stark genug ist, kann er dich ebenfalls überwältigen. Nur fünf bis zehn Prozent aller Menschen sind in der Lage, derart intensive Gedanken zu produzieren, dass sie dabei keine Emotionen brauchen. Neunzig Prozent können lediglich intensive Emotionen erzeugen, weil sie niemals die nötige Arbeit in die andere Richtung geleistet haben. Aber es gibt Menschen, deren Gedanken sehr tiefgründig sind. Sie haben nur wenige Emotionen, sind jedoch sehr tiefe Denker.

Am besten ist es allerdings, wenn du in dir keine Polaritäten erschaffst, denn das führt nur zu Bürgerkrieg und Schizophrenie. Es gibt keinen fundamentalen Unterschied zwischen Denken und Fühlen. Das eine ist trocken, das andere ist saftig. Genieße beides.

Erkenntnis und Hingabe

In der Kultur des Yoga besitzt das Wort *Shi-va* zwei Aspekte. Wörtlich bedeutet es »das, was nicht ist.« Alles, was *ist*, entstammt »dem, was nicht ist«. Wenn du in den Himmel blickst, siehst du viele Sterne und andere Himmelsobjekte, aber das Größte, was sich dort oben ausbreitet, ist eine gewaltige Leere. Im Schoß dieses Nicht-Seins findet in diesem Augenblick der Tanz der Schöpfung statt. Diese Leere, die die Basis der Schöpfung ist, wird als »Shi-va« bezeichnet.

Eine ganz andere Dimension von Shiva ist Adiyogi, der erste Yogi, der der Menschheit die unglaubliche Wissenschaft des Yoga eröffnet hat. Die yogische Kultur geht nahtlos von der Anrufung von Shi-va als Basis der Schöpfung zur Anrufung von Shiva als erstem Yogi über. Dadurch wird Shi-va als Shiva personifiziert.

Ist das widersprüchlich?

Überhaupt nicht. Nachdem Yoga – die höchste Vereinigung – einmal stattgefunden hat, gibt es keinen Unterschied mehr zwischen der höchsten Wirklichkeit und dem, der sie erfahren hat. In Übereinstimmung mit dieser Logik bietet die Kultur des Yoga zwei Wege, um den höchsten Zustand zu erreichen: alles oder nichts zu werden. Diese sind der Weg der Erkenntnis *(Jnana)* und der Weg der Hingabe *(Bhakti)*.

Wenn du Shi-va, die Dimension jenseits des Physischen, erfahren willst, musst du entweder den Gesetzen folgen, die den nicht-physischen Bereich beherrschen, oder dich in diese Dimension hinein auflösen, da sie Freiheit von den Gesetzen bedeutet, die den physischen Bereich beherrschen. Wenn du einen Berggipfel erfahren willst, begibst du dich entweder auf seine Höhe oder du blickst einfach hinauf. Das sind die beiden grundlegenden Methoden, sonst ist eine Begegnung nicht möglich. Durch Erkenntnis strebst du danach, »dem, was nicht ist«, direkt zu begegnen. Durch Hingabe strebst du danach, dein begrenztes, starres Ich auszulöschen und einen beweglicheren Zustand zu erreichen. Von ihm aus kannst du dich der Dimension nähern, die über den Rahmen deiner Neigungen und Abneigungen hinausgeht. Diese Neigungen und Abneigungen bilden die Grundlage deines Ichs. Es ist eine ewige menschliche Sehnsucht, nach der unendlichen Natur des Lebens jenseits der physischen Existenz zu streben. Unendlichkeit und Null sind nur der positive und der negative Ausdruck derselben Wirklichkeit.

Hingabe bedeutet, die Dualität von Neigung und Abneigung, von Anhaftung und Widerwille aufzugeben. Sie bedeutet, dass das, was »in Ordnung« und »nicht in Ordnung« ist, für dich nicht mehr existiert; *alles* ist in Ordnung. Wenn jemand, der Hingabe übt, sagt »Gott ist überall« oder »Alles ist Gott«, dann sagt er im Grunde »Alles ist in Ordnung«. Indem er glaubt, dass Gott überall ist, erreicht er einen tiefen Zustand der Akzeptanz, der ihn verwandelt und befreit. Bhakti ist allumfassend und alles einschließend; es unterscheidet nicht. So verhält es sich auch mit der Natur der höchsten Wirklichkeit.

Seit alters her gilt Hingabe als der wichtigste spirituelle Weg, weil er der schnellste ist. Allerdings hat er bestimmte Fallgruben. Der Weg der Erkenntnis ist schwerer, doch man folgt ihm mit offenen Augen. Hingabe hingegen ist ein Weg, den man mit geschlossenen Augen geht. Auf dem Weg der Erkenntnis weißt du bei jedem Schritt, den du tust – ob vorwärts oder rückwärts –, wohin du gehst. Auf dem Weg der Hingabe hast du keine Ahnung, ob du auf deine Befreiung zugehst oder in einer Fallgrube gelandet bist.

Bei den meisten Menschen sind Emotionen im Allgemeinen intensiver als Gedanken, weshalb man den Weg der Hingabe immer mehr gepriesen hat als andere Wege. Ohne das rechte Verständnis und ebensolche Weisheit kann er jedoch zu allerhand Täuschungen führen. Hingabe ist ein Mittel, um die duale Natur der Logik zu überwinden. Anstatt jedoch über die Logik hinauszugehen, kann das bedeuten, die Logik überhaupt zu verleugnen. Deshalb ist es wichtig, auf einer stabilen logischen Basis zu stehen, bevor man sich in den flüssigen Zustand der Hingabe begibt.

Umgekehrt meinen viele Leute, Hingabe habe im Bereich der Logik keinen Platz. Das stimmt jedoch nicht. In erster

Linie ist Logik ein Schneidwerkzeug, ein Instrument der Erkenntnis. Wenn deine Logik wie ein Buschmesser ist, zerfällt alles, was du damit angehst, in zwei Stücke. Verwendest du die Logik jedoch wie ein fein geschliffenes Skalpell, kannst du etwas zerlegen und offenbar zugleich ganz lassen. Es heißt, wenn ein vollendeter Schwertkämpfer mit seiner Waffe einen Baum durchtrennt, merkt selbst der Baum das nicht, sondern bleibt stehen. Wenn du deinen Verstand ebenso verfeinerst, wirst du feststellen, dass Hingabe perfekt zu deiner Logik passt.

Hingabe kann sehr schön, freudig und ekstatisch sein, doch ohne die Klarheit der Erkenntnis kann sie zur Stagnation führen. Umgekehrt kann eine spirituelle Praxis ohne Emotionen öde, trocken und leblos werden. Ohne Bhakti wird Jnana schlicht zu einer Übung im Haarespalten.

Wenn du – um auf ein bereits erwähntes Bild zurückzukommen – einen Berggipfel erleben willst, dann musst du dich entweder auf seine Höhe begeben oder einfach hinaufblicken. Die Hingabe lehrt uns: Selbst wenn man es schafft, auf den Gipfel zu steigen, steht man immer noch *daneben*. Aber wenn man zum Tal wird, kann man den ganzen Berg im Schoß halten.

Yoga und Rauschzustand

Der Legende nach hat Adiyogi *Somarasa* getrunken, den berauschenden Saft des Mondes. Da er die destillierte Essenz der Mondstrahlen in sich aufnahm, war er ständig berauscht.

Yogis sind nicht gegen Vergnügungen, sondern nur nicht bereit, sich mit kleinen Vergnügungen zufriedenzugeben, das ist alles! Sie wissen, wenn man ein Glas Wein trinkt, bekommt man nur einen Schwips, aber am nächsten Morgen hat man Kopfschmerzen oder Schlimmeres. Damit begnügen Yogis sich nicht. Um den Rausch zu genießen, muss man ganz betrunken und zugleich ganz wach sein. Ich habe nie irgendein Rauschmittel angerührt, aber wenn du mir in die Augen schaust, wirst du sehen, dass ich immer berauscht bin. Ich bin total betrunken und total bewusst. Das ist eine der Vergnügungen, die von der Wissenschaft des Yoga geboten werden.

Es geht allerdings nicht einfach darum, berauscht zu sein, sondern darum, dass dieser glückselige Zustand die Angst vor Leiden beseitigt. Empfindet man diese namenlose Ekstase, macht man sich keine Sorgen um die Selbsterhaltung mehr. Dadurch wird man als menschliches Wesen fähig, so zu sein und zu handeln, dass man anderen manchmal übermenschlich vorkommt.

Erst wenn die quälende Sorge um die Selbsterhaltung vollständig aus deinem Geist entfernt ist, wagst du es, das Leben zu erforschen – sonst willst du es nur beschützen. Sobald du die Furcht vor Leiden loslässt, kannst du dich ohne Zögern in jede Situation stürzen. Selbst wenn du zum ewigen Aufenthalt in der Hölle verdammt werden solltest, wirst du frohen Herzens dorthin gehen, weil du dich nicht vor dem Leiden fürchtest!

Als alle davon sprachen, in den Himmel zu kommen, sagte Gautama Buddha: »Wenn ihr behauptet, im Himmel sei alles großartig, was soll ich dann dort anfangen? Lasst mich lieber in die Hölle gehen und etwas tun, um anderen zu helfen, denn leiden kann ich ohnehin nicht.«

Solange die Furcht vor Leiden fortbesteht, wirst du nicht wagen, die tieferen Dimensionen des Lebens zu erkunden. Dabei muss nur dein Körper beschützt werden, sonst braucht nichts in dir irgendwelchen Schutz. Wenn du bereit bist, die Vorstellungen, Philosophien und Glaubenssysteme aufzugeben, an denen du dich jetzt festklammerst, kannst du dein ganzes Leben schon im nächsten Augenblick neu erschaffen.

Das Mantra der Liebe

Und was ist mit der Liebe? Gibt es so etwas wie bedingungslose Liebe? Kann sie zwischen zwei menschlichen Wesen wirklich existieren? Solche Fragen werden häufig gestellt.

Eines Tages ging Shankaran Pillai in den Park. Auf einer Steinbank sah er eine attraktive Frau sitzen und ließ sich neben ihr nieder. Nach einigen Minuten rückte er ein bisschen näher. Die Frau rückte von ihm weg. Er wartete einige Minuten, bevor er sich wieder ein bisschen näher schob, worauf sie wieder von ihm wegrückte. Als er es zum dritten Mal versuchte, setzte sie sich ganz ans Ende der Bank. Er schob sich eng heran und legte den Arm um sie. Sie schob ihn weg. Da sank er auf die Knie, pflückte eine Blume, reichte sie der Frau und sagte: »Ich liebe dich so, wie ich im ganzen Leben noch niemanden geliebt habe.«

Die Sonne ging unter. Shankaran Pillai hatte eine Blume in der Hand und sah die Frau mit schmelzenden Blicken an. Die Atmosphäre stimmte, und die Frau schmolz dahin. Die beiden sanken sich in die Arme und überließen sich ihren Sinnen, während die Abenddämmerung in die Nacht überging. Plötzlich sprang Shankaran Pillai auf die Füße und sagte: »Es ist schon acht. Ich muss los.«

»Was?«, sagte die Frau. »Jetzt? Du hast doch gesagt, du liebst mich mehr als irgendjemand anders!«

»Ja, ja, natürlich, aber meine Frau wartet auf mich.«

Im Allgemeinen bilden wir Beziehungen in einem Rahmen, der angenehm und vorteilhaft für uns ist. Als Menschen haben wir körperliche, seelische, emotionale, finanzielle und soziale Bedürfnisse. Eine der besten Methoden, um diese Bedürfnisse zu erfüllen, ist es, zu jemand anderem zu sagen: »Ich liebe dich.« Diese angebliche Liebe ist zu einer Art Mantra geworden, zu einem »Sesam, öffne dich!« Indem man es ausspricht, kann man bekommen, was man will.

In Wirklichkeit ist Liebe eine Seinsqualität, nicht etwas, was man mit jemand anderem tut. Jede unserer Handlungen geschieht in irgendeiner Weise, um bestimmte Bedürfnisse zu erfüllen. Wenn du das erkennst, kannst du in die Liebe als deinen natürlichen Zustand hineinwachsen. Du kannst dir allerdings auch vormachen, dass die Beziehungen, die du der Zweckmäßigkeit, der Bequemlichkeit und des Wohlbefindens wegen eingegangen bist, eigentlich Beziehungen der Liebe sind. Ich will nicht sagen, in solchen Verbindungen könnte man keinerlei Liebe erfahren, aber das geschieht in gewissen Grenzen. Egal, wie oft von wahrer Liebe die Rede ist, sobald ein paar Erwartungen und Bedürfnisse nicht erfüllt werden, fällt alles auseinander. Im Grunde handelt es sich nämlich um eine Übereinkunft zum gegenseitigen Nutzen.

So etwas wie bedingte und unbedingte Liebe existiert eigentlich nicht. Es gibt Bedingungen, und es gibt Liebe. Wenn man von Liebe spricht, *muss* sie bedingungslos sein. Sobald eine Bedingung vorliegt, handelt es sich lediglich um eine geschäftliche Vereinbarung. Vielleicht ist diese zweckmäßig und ein gutes Arrangement, aber das wird dich nicht erfüllen oder in eine andere Dimension befördern. Es ist eben nur zweckmäßig. Liebe hingegen muss nicht notwendig zweckmäßig sein; meist ist sie das nicht. Sie braucht *Leben*. Du musst *dich selbst* einbringen.

Wenn du dich verlieben willst, dann solltest du das nicht tun. Ein Ausdruck wie »sein Herz verlieren« spricht Bände. Man soll etwas verlieren, um dem anderen entgegenzukommen, aber es gibt einen Unterschied zwischen einer geschäftlichen Vereinbarung und einem Liebesverhältnis. Ein solches Verhältnis muss keinen bestimmten Menschen einschließen, man kann auch eine große Liebesaffäre mit dem Leben selbst haben.

Was du tust oder nicht tust, hängt von den Umständen ab, in denen du dich befindest. Unser Handeln wird immer von den Erfordernissen der äußeren Situation bestimmt. Liebe ist jedoch ein innerer Zustand, und deine innere Seinsart kann eindeutig einen unbedingten Charakter haben. Akte der Liebe können mit der Zeit lästig und anstrengend werden, und dann erkennst du, dass Liebe nicht etwas ist, was du tust; Liebe ist die Art und Weise, wie du bist.

Sadhana

Liebe ist nie etwas zwischen zwei Menschen, sondern etwas, was in dir geschieht, und dein Inneres muss sich nicht zum Sklaven von jemand oder etwas anderem machen. Versuche etwa eine Viertelstunde lang einmal dies: Setze dich vor etwas hin, was dir momentan nichts bedeutet – das kann ein Baum sein, ein Kieselstein, ein Wurm oder ein Insekt. Tue das einige Tage hintereinander. Nach einer Weile wirst du feststellen, dass du dieses Objekt mit ebenso viel Liebe betrachten kannst wie deine Frau, deinen Mann, deine Mutter oder dein Kind. Vielleicht weiß der Wurm das nicht, doch das macht nichts. Wenn du alles liebevoll betrachten kannst, wird die ganze Welt in deiner Erfahrung zu etwas, das voller Schönheit ist.

Hingabe – eine Dimensionsverschiebung

Die meisten Menschen leben vorsichtig. Aus Furcht, ihre Liebe und Lebensfreude könnten sich erschöpfen, messen sie sie in sparsamen Dosierungen ab. Die großzügigste Lebensweise ist es dagegen, mit gutem Beispiel voranzugehen, indem man das Leben mit ganzer Intensität und jenseits aller Einschränkungen lebt. Wenn du so knauserig bist, dass du nicht lieben, lachen und mit vollem Einsatz leben kannst, dann bist du auf allen Ebenen das, was wir in Indien als *Kanjoo* bezeichnen: ein Geizhals! Hingabe bedeutet, kein Kanjoo zu sein, sondern voller Saft und Kraft! Wer hingebungsvoll ist, will das Leben so vollständig erforschen und erfahren wie irgend möglich.

Hingabe bedeutet, das Leben nicht zu zergliedern, sondern es ganz zu umfangen. Das ist keine Liebesaffäre, sondern eine total verrückte Angelegenheit. Schon die Liebe ist verrückt, aber immerhin mit Resten von Vernunft behaftet, weshalb man von ihr genesen kann. Bei der Hingabe gibt es keine Vernunftreste und keine Genesungsmöglichkeit mehr. Wer sie praktiziert, hat eine wunderbare Lebenserfahrung. Auch wenn alle anderen ihn für einen Idioten halten, geht es ihm prächtig. Wer ist da wohl der Idiot?

Wenn ich von »Hingabe« spreche, meine ich nicht den Glauben an irgendetwas. Glaubenssysteme sind dasselbe wie Moral. Leute, die an etwas glauben, halten sich oft für überlegen, aber in dem Moment, in dem man etwas glaubt, geschieht nur eines: Die eigene Dummheit schöpft Selbstvertrauen. Dummheit und Selbstvertrauen sind eine sehr gefährliche Kombination, treten jedoch im Allgemeinen gemeinsam auf. Wenn du die Welt um dich herum betrachtest, begreifst du klar und deutlich, dass dein Wissen viel zu unbedeutend ist, um daraus Selbstvertrauen zu gewinnen. Ein Glaubenssystem beseitigt dieses Problem, indem es dir enormes Selbstvertrauen schenkt. Deine Dummheit heilt es jedoch nicht.

Hingabe ist keine Handlung; sie ist nicht auf irgendetwas ausgerichtet. Das *Objekt* der Hingabe ist immateriell. Mit Hingabe hast du lediglich allen Widerstand in dir aufgelöst, so dass das Göttliche so mühelos in dich eindringen kann wie der Atem. Schließlich ist das Göttliche kein Wesen, das irgendwo da oben residiert; es ist eine lebendige Kraft, die in jedem Moment deines Lebens am Werk ist. Hingabe macht dir das bewusst.

Einst setzte sich eine traditionelle katholische Familie zum Mittagessen hin. Als der Mann des Hauses an den Tisch kam, warf er einen Blick auf das Essen, um anschließend wie üblich zu nörgeln und seine Frau samt allem anderen zu verfluchen. Nachdem das erledigt war und alle sich beruhigt hatten, setzte er sich und sprach sein Gebet: »Lieber Gott, wir danken dir für das tägliche Brot und all die wunderbaren Dinge, die auf dem Tisch stehen.«

Seine fünfjährige Tochter saß kleinlaut auf ihrem Stuhl. Du weißt ja, wie es mit Fünfjährigen so ist – man setzt sie immer auf ein oder zwei zusätzliche Kissen, aber sie kommen trotzdem nicht problemlos an den Teller. Da piepste dieses kleine Mädchen, das kaum über die Tischkante spähen konnte: »Papa, hört Gott eigentlich alle unsere Gebete?«

Sogleich wurde der Christ in ihrem Vater geweckt. »Ja, natürlich«, sagte er. »Er hört jedes Gebet, das wir sprechen.«

Worauf das Mädchen ein wenig tiefer auf seinem Stuhl und in seinen Gedanken versank. Nach einer Weile sagte es: »Aber Papa, hört er auch die ganzen anderen Dinge, die wir sagen?«

»Ja, in jedem Moment unseres Lebens hört Gott alles, was wir sagen, und sieht alles, was wir tun.«

Da sank das Mädchen noch tiefer und sagte: »Aber Papa, was glaubt er denn dann – das eine oder das andere?«

Sage mir, was sollte Gott eigentlich glauben – deine Gebete oder deine Flüche? Er muss völlig verwirrt sein. Wahrscheinlich hat er schon aufgegeben. Weil wir die subtilsten Aspekte des Lebens systematisieren und institutionalisieren, verliert mit einem Mal alles seine Lebendigkeit und wird leblos. Dieselben Worte werden von allen nachgeplappert wie von einem Papagei, aber sie bedeuten absolut nichts mehr. Wenn wir etwas sagen, was in Wirklichkeit keine Bedeutung für uns hat und nicht in uns brennt, ist das gleichbedeutend mit einer Lüge. Da wäre es eigentlich besser, den Mund zu halten.

Wir versuchen immer, Leute nachzuahmen, die wir für unsere Mentoren und Vorbilder halten. Wenn aber etwas vor zweitausend Jahren bei jemand gewirkt hat, dann lag das an dem Feuer in seinem Herzen, an der Wahrheit, die in ihm brannte, und nicht an den Worten, die er ausgesprochen hat.

An Hingabe ist nichts Zahmes oder Laues. Für Feige ist sie nicht geeignet. Sie ist heiß. Hingabe brennt.

Akka Mahadevi

Vor etwa neunhundert Jahren lebte in Südindien eine Mystikerin namens Akka Mahadevi. Akka war eine Verehrerin von Shiva. Seit ihrer Kindheit betrachtete sie ihn als ihren Geliebten, ihren Ehemann. Das war nicht nur etwas, was sie glaubte; für sie war es eine lebendige Realität.

Eines Tages sah der König diese wunderschöne junge Frau und beschloss, sie zur Gattin zu nehmen. Sie weigerte sich. Doch da der König hart blieb und ihre Eltern bedrohte, gab sie schließlich nach.

Sie heiratete den König, hielt ihn jedoch auf Abstand. Wenn er versuchte, sie zu umwerben, wiederholte sie nur immer: »Mein Ehemann ist Shiva.« Die Zeit verging,

und der König verlor allmählich die Geduld. Wütend versuchte er, sich an ihr zu vergreifen, doch sie wehrte ihn ab. »Ich habe einen anderen Ehemann«, sagte sie. »Er heißt Shiva. Er sucht mich auf, und ich vermähle mich mit ihm. Mit dir kann ich das daher nicht tun.«
Weil sie behauptete, einen anderen Mann zu haben, schleppte man sie vor Gericht. Es heißt, dort habe Akka vor allen Anwesenden verkündet: »Königin zu sein bedeutet mir nichts. Ich werde meinen Titel aufgeben.«
Als der König sah, mit welcher Leichtigkeit sie auf alles verzichtete, machte er einen letzten, vergeblichen Versuch, seine Würde zu retten. »Alles, was du am Leib trägst, deine Juwelen und deine Gewänder, gehört mir«, sagte er. »Lass alles hier und geh!«
Da ließ Akka vor der ganzen Versammlung einfach ihren Schmuck und all ihre Gewänder fallen und ging nackt davon. Von diesem Tag an weigerte sie sich, Kleider zu tragen, obwohl viele versuchten, sie von ihrem Verhalten abzubringen. Zu jener Zeit war es in Indien unvorstellbar, dass jemand nackt durch die Straßen ging – und hier tat das auch noch eine schöne junge Frau. Ihr restliches Leben zog sie umher und lebte von dem, was die Leute ihr schenkten. Sie verfasste einige erlesene Gedichte, die noch heute bekannt sind.
In einem dieser Gedichte sagt sie:

Die Menschen,
ob Mann oder Frau,
erröten, wenn ein Tuch sich löst,
das ihre Scham verhüllt.
Wenn der Herr der Leben
versunken in der Welt lebt ohne ein Gesicht,
wie kannst du wohl schamhaft sein?

Wenn die ganze Welt das Auge des Herrn ist,
das alles betrachtet, was kannst du dann
verhüllen und verbergen?

Solche hingebungsvollen Menschen können auf der Welt sein, ohne ihr anzugehören. Die Kraft und Leidenschaft, mit der sie ihr Leben führen, inspiriert Generationen. Bis heute lebt Akka im kollektiven Bewusstsein Indiens fort, und ihre gefühlvollen Gedichte gehören zu den am meisten geschätzten Werken der südindischen Literatur.

Das Geheimnis willkommen heißen

Ein Verstand, der analysiert und Schlüsse zieht, ist noch unreif. Wenn dein Verstand genügend entwickelt und gereift ist, erkennst du, dass du dich umso weiter von Schlussfolgerungen entfernst, je mehr du analysierst.

Wenn du tiefer in jeden beliebigen Aspekt des Lebens eindringst, wirst du dich immer weiter von allen Schlüssen wegbewegen. Das Leben wird dann geheimnisvoller als je zuvor. Je mehr du ins Leben eintauchst, desto besser siehst du, dass es ein endloser, unergründlicher Prozess ist. Du kannst es nicht begreifen, weil du es bist. Wenn du durch deine Erfahrung erkennst, dass jedes Atom, jedes Sandkorn, jeder Kieselstein, jedes Stück Leben vom Kleinsten bis zum Größten unergründlich ist, wirst du dich unwillkürlich mit tiefster Hingabe vor allem verneigen. Du brauchst einfach nur dazusitzen und zu atmen, dann erkennst du das Leben besser als durch jede tiefsinnige Analyse.

Wenn wir alles zergliedern, weil wir der physischen Natur die Wahrheit entlocken wollen, geraten wir in die winzigen Dimensionen der Teilchenphysik. Von den Protonen, Neutronen und Elektronen bis hin zu den Neutrinos, Bosonen und den supersymmetrischen Teilchen stoßen wir scheinbar in eine immer größere Tiefe vor. Dennoch bewegen wir uns immer noch ausschließlich im Bereich der physischen Natur. Im Universum, heißt es, gibt es mehr Dunkle Materie als Materie – und diese Dunkle Materie besteht nicht aus Atomen, sondern aus Partikeln eines noch unbekannten Typs.

Nimm einmal ein Glas Wasser in die Hand und sieh es dir an. Was weißt du wirklich darüber? Weshalb verbinden sich beispielsweise Wasserstoff und Sauerstoff, um zu Wasser zu werden? Hebe einen Kieselstein auf und betrachte ihn ganz genau. Weshalb hat er genau diese Form, Größe, Maserung, Struktur? Oder richte den Blick auf dich selbst – wieso bist du so, wie du bist? Viele würden erwidern: »Ach, da sind mein Vater und meine Mutter, und da bin ich.« Aber wieso bist du so? Was ist die Grundlage dieser Gestalt, dieses Körpers, dieser Individualität?

In der Tradition Indiens galt die Regel, sich vor allem, dem man begegnet, zu verneigen. Es kam nicht darauf an, ob es sich um einen Baum, eine Kuh, eine Schlange oder eine Wolke handelte – man verneigte sich einfach davor. Wenn du dich vor allem verneigst, könnte das daran liegen, dass du ein Narr bist, oder auch daran, dass du das Leben in seiner äußersten Tiefe betrachtet hast. Zwischen einem Idioten und einem erleuchteten Wesen besteht nur ein feiner Unterschied. Oft sehen die beiden ähnlich aus, doch tatsächlich sind sie Welten voneinander entfernt. Ein Idiot ist unfähig, Schlüsse zu ziehen; ein Mystiker ist nicht bereit dazu. Die übrige Welt hingegen glorifiziert ihre Schlüsse als Wissen. Ein Narr genießt einfach das wenige, das er weiß, während jemand, der das Leben in seiner ganzen Tiefe gesehen hat, es voll und ganz genießt. Die übrige Welt müht sich ständig ab und leidet.

Eines Morgens kam ein Mann ins Büro und verkündete seinem Vorgesetzten: »Chef, nur dass Sie's wissen, drei große

Unternehmen sind hinter mir her. Sie müssen mir unbedingt eine Gehaltserhöhung geben.«

»Was!«, sagte der Chef. »Was für Unternehmen? Wer hat Sie da im Blick?«

Darauf der Mann: »Das Elektrizitätswerk, die Telefongesellschaft und das Gaswerk.«

Hinter den vermeintlich klugen Leuten mit ihren festen Schlüssen über das Leben ist immer etwas her! Und wenn nicht, dann sind sie selbst damit beschäftigt, hinter etwas herzujagen. Ein Idiot kann ruhig dasitzen. Ein Mystiker kann das ebenfalls. Alle Übrigen können es nicht.

Hingabe ist eine simple Methode, um alle Hürden auf dem Weg aufzulösen. Folgt man ihr, wenn man Mühe hat, das Plappern des »Affengeistes« einzudämmen, dann wird dieses Plappern sich einfach verflüchtigen.

Wenn du lernst, dich zu verneigen und alles höher als dich selbst zu schätzen, scheint das auf den ersten Blick nicht gut für dein Selbstwertgefühl zu sein. Hingabe zu praktizieren bedeutet jedoch nicht, zu einem Waschlappen zu werden. Wer sich zu biegen weiß, der bricht nicht. (Deshalb rate ich dir übrigens, jeden Morgen dein Hatha-Yoga zu machen – damit dein Körper nicht bricht!) Das gilt für alles in und an dir.

Leider reden heutzutage selbst sogenannte spirituelle Führer von Selbstwertgefühl. Das »Selbst« und sein »Wert« sind problematische Angelegenheiten. Beides sind sehr begrenzte Gebilde, beides ist zerbrechlich; beides ist immer mit Unsicherheit verbunden. Wenn du kein Gefühl für deinen Wert hast, ist das sehr gut. Wenn du kein Selbst hast, ist es fantastisch!

Sadhana

Wenn du etwas als wesentlich größer wahrnimmst, als du selbst bist, kommt es dir ganz selbstverständlich in den Sinn, dich davor zu verneigen. Willst du mit Hingabe leben, dann lege mindestens einmal pro Stunde während der vielen wachen Stunden deines Alltags die Handflächen aneinander und verneige dich vor etwas. Es kommt nicht darauf an, vor wem oder vor was du das tust. Triff keine Wahl. Was immer du gerade siehst, neige den Kopf davor – ob es ein Baum ist, ein Berg, ein Hund, eine Katze oder etwas anderes. Das muss nicht einmal in Form einer äußeren Geste geschehen, es kann rein innerlich sein. Tu das einfach den Tag über einmal in jeder Stunde. Probiere dann, ob es auch einmal pro Minute geht. Wenn dir das gelingt, ist es nicht nötig, die Hände und den restlichen Körper einzusetzen; tu es einfach in deinem Innern. Sobald das deine Art des Seins wird, lebst du mit Hingabe.

Selbst wenn du dich ein Leben lang damit beschäftigst, wirst du doch das Blatt eines Baumes, einen Elefanten, eine Ameise oder ein Atom nicht begreifen. Du bist nicht einmal in der Lage, ein einziges DNA-Molekül zu entschlüsseln. Alles, was du nicht begreifen kannst, befindet sich in einem höheren Zustand der existenziellen Intelligenz, als du es bist. Wenn du das erkennst – wirklich erkennst –, dann lebst du mit Hingabe.

Wer mit Hingabe lebt, ist bereit, sich in dem Objekt seiner Zuwendung aufzulösen. Die Hingabe an das Leben selbst bedeutet, damit eins zu werden. Betrachte den Lebensprozess nicht von außen, gib dich ihm hin und löse dich darin auf!

Energie

Der Spur von Prana folgen

Gegenwärtig identifiziert sich die Menschheit auf verschiedene Weise mit dem Körper und dem Geist, aber eigentlich ist das, was du dein »Selbst« nennst, nur eine bestimmte Menge Energie. Die moderne Wissenschaft hat zweifelsfrei nachgewiesen, dass alles Existierende aus derselben Energie besteht, die sich millionenfach in verblüffend unterschiedlichen Formen manifestiert. Wenn Einstein uns die Formel $E = mc^2$ präsentiert, so sagt er damit – einfach ausgedrückt –, dass alles im Universum als eine einzige Energie betrachtet werden kann. Überall auf der Welt verkünden die Religionen mit einer etwas anderen Begrifflichkeit dasselbe, wenn sie erklären: »Gott ist überall.«

Zu ihren Schlussfolgerungen ist die moderne Wissenschaft durch mathematische Ableitungen gelangt. Die Religion gelangt zu ihren Schlüssen durch den Glauben. Ein Yogi ist jedoch ein harter Brocken, der sich weder mit Ableitungen noch mit Glauben zufriedengibt. Er strebt danach, das Höchste durch die Steigerung der individuellen Wahrnehmung zu *erfahren*. Daher wird Gott in der yogischen Überlieferung weder erwähnt noch geleugnet.

Die menschliche Sehnsucht danach, sich auszudehnen, ist eigentlich nur ein Ausdruck der höchsten, formlosen Intelligenz, die der Ursprung dessen ist, was wir sind. Statt zu versuchen, diesen Ursprung unserer Sehnsucht zu finden, wollen wir ihr Ausdruck in der Außenwelt verleihen. Weil unsere Sinne nach außen gerichtet sind, nehmen wir irrigerweise an, das würde uns irgendwie Erfüllung verschaffen. Wenn wir allerdings den Ausdruck mit der Ursache verwechseln, beschert uns das nur Verwicklungen statt Freiheit.

Das einzige Ziel, auf das die Lebensenergien jedes Individuums ausgerichtet sind, ist die Berührung mit dem Unendlichen, dem Kern dessen, woraus wir bestehen. Ein anderes Ziel haben diese Energien nicht. Auch wenn dein Geist an Geld oder ein neues Haus denkt und dein Körper nach Nahrung oder Schlaf verlangt, sehnen deine Lebensenergien sich immer danach, die von deinen physischen und mentalen Strukturen gesetzten Grenzen zu durchbrechen. Allerdings haben viele Menschen im Laufe ihres Lebens allmählich damit aufgehört, der Spur ihrer Lebensenergien zu folgen, weshalb sie auf die Idee kommen, sie wären getrennte oder autonome Wesen.

Dieses Getrenntsein ist jedoch ein Mythos. Der Inhalt deines physischen und geistigen Körpers stammt von außen. Sie gehören zu dir, sind aber nicht mit dir identisch. Wenn du dem Weg folgen willst, den dein physischer Körper gerade nimmt, solltest du dir bewusst sein, dass er geradezu aufs Grab zugeht. Auf ähnliche Weise ist das, was du als deinen Geist bezeichnest, ein komplexes Durcheinander aller Dinge, die von ihm angesammelt wurden. Die Ziele des Geistes sind ganz und gar von ihm selbst geschaffen. Auch wenn sie dir momentan stimmig vorkommen, entfernen sie dich normalerweise völlig vom Prozess des Lebens. Wenn du also dem Weg folgen willst, den dein Geist nimmt, sollte dir bewusst sein, dass du auf ein mentales Ersatzgebilde zusteuerst. Dieses kann für eine Weile zwar faszinierend, motivierend oder auch tröstlich sein, hat jedoch keinerlei Bezug zur existenziellen Wirklichkeit.

Der ganze yogische Prozess zielt darauf ab, sich mit der natürlichen Sehnsucht des Lebens nach grenzenloser Ausdehnung zu verbinden. Er verleiht diesem menschlichen Grundbedürfnis einen bewussten Ausdruck. Die verschiedenen spirituellen Praktiken in der Wissenschaft des Yoga sollen das auf drei Ebenen unterstützen – auf jener des physischen Körpers, jener des geistigen Körpers und jener der dritten Hülle oder Schicht des menschlichen Mechanismus, des Energiekörpers *(Pranamaya Kosha)*.

Yoga bedeutet, den geistigen und physischen Prozess eigenständig zu erfahren, nicht als deine eigene Grundlage, sondern als *das, was von dir verursacht wird*. Wenn du die beiden Instrumente Körper und Geist bewusst handhabst, erschaffst du deine Lebenserfahrung vollständig selbst. Dazu musst du lediglich einen Abstand zwischen dir und allem herstellen, was du von außen angehäuft hast.

Alles, was du in diesem Leben in dir angesammelt hast, begleitet dich überallhin. Es ist stark mit dir verhaftet, und auf einer unbewussten Ebene haftest du ebenfalls stark daran. Hinderlich wirkt es, weil du nicht weißt, wann du diese Last ablegen und wann du sie aufnehmen sollst. Sie ist wie ein Sack, den du ständig auf den Schultern trägst.

Glücklicherweise ist es tatsächlich möglich, diese Last abzulegen. Sie wird dich dann zwar weiterhin begleiten, ist aber nicht mehr so beschwerlich! Sobald du einen Abstand zu dem herstellst, was du angesammelt hast, kannst du es verwenden, wenn du willst, musst dich jedoch nicht damit identifizieren. Kannst du diesen Abstand nicht aufrechterhalten, ist dein ganzer Blick aufs Leben getrübt. Deine Erinnerungen und deine Vorstellungskraft – die alle deine Ideen, Überzeugungen und Emotionen einschließt – gehören zum psychischen Bereich. *Das Leben kann nur dann gekostet und transzendiert werden, wenn ein Unterschied zwischen dem Psychischen und dem Existenziellen besteht.*

Der spirituelle Prozess bedeutet eine Rückkehr zum Leben, so dass du der tiefen Intelligenz deiner Lebensenergien folgst. Es gibt viele Möglichkeiten zu erkennen, welche Richtung diese Lebensenergien einschlagen wollen. Wenn du deine

Identifikation mit den physiologischen und psychologischen Vorgängen aufgibst, wirst du das klar erkennen. Erst wenn du bewusst die Richtung deiner Lebensenergien einschlägst, findest du Gelassenheit und Harmonie. Nur in einem solchen stabilen Zustand wagst du, den höchsten Überschwang zu erforschen und zu den tiefsten Geheimnissen des Lebens vorzustoßen.

Schmerz ohne Leiden

In meiner Motorradzeit bin ich oft durchs ganze Land gefahren. Eines Tages kam es in einer abgelegenen Gegend zu einem unvorhersehbaren Unfall, bei dem mein Wadenmuskel bis zum Knochen aufgeschlitzt wurde. Ich suchte die örtliche Ambulanz auf und bat den Arzt, mein Bein zu versorgen. Nachdem er die Wunde untersucht hatte, erklärte er, da könne er nichts machen, weil er über keinerlei Narkosemöglichkeiten verfüge. Ich solle mich rasch in ein größeres Krankenhaus transportieren und dort behandeln lassen. Dafür hätte ich keine Zeit, sagte ich; ich müsse gleich weiterfahren, weil ich anderswo erwartet würde. Deshalb müsse er mich wohl oder übel behandeln. Er weigerte sich. Ich blutete stark. Nach langem Hin und Her gab er nach, weil sich da, wo ich stand, schon eine Blutlache gebildet hatte. Daraufhin nähte er ohne Betäubung meinen Muskel zusammen, wozu er zweiundfünfzig Stiche auf drei verschiedenen Ebenen brauchte. Während der ganzen Operation, die er schwitzend und schnaufend hinter sich brachte, unterhielt ich mich mit ihm. Als er fertig war, fragte er mich ungläubig: »Haben Sie denn gar keine Schmerzen?«

Ich hatte durchaus Schmerzen. Schreckliche, unerträgliche Schmerzen. Aber Schmerzen sind ein natürliches Phänomen, und sie sind gut. Ohne sie wüsste man nicht, ob man überhaupt noch ein Bein hat. Leiden hingegen ist etwas ganz anderes. Schmerzen sind schon schlimm genug, wieso sollte man sie noch schlimmer machen, indem man leidet? Leiden ist völlig selbstgemacht, und jeder Mensch hat die Wahl – zu leiden oder nicht zu leiden. Man braucht keine besondere Intelligenz, um sich für das Letztere zu entscheiden.

Das karmische Rätsel

Einst saß Shankaran Pillai mit seinen Freunden abends in der Kneipe, als die Uhr plötzlich acht schlug. Shankaran Pillai stellte sein Glas ab, erhob sich und ging zur Tür.

»He, was ist denn?«, riefen seine Freunde. »Wo willst du hin? Wieso trinkst du nicht wenigstens dein Glas leer?« Doch Shankaran Pillai marschierte wortlos wie ein Zombie auf die Tür zu.

Die Freunde lachten. »Aha, jetzt ist die Sache klar!«, sagten sie. »Es ist acht, und du musst nach Hause. Du hast Angst vor deiner Frau, stimmt's? Was bist du eigentlich – Mann oder Maus?«

Shankaran Pillai blieb stehen, drehte sich um und sagte: »Ich bin der Mann im Haus. Wenn ich eine Maus wäre, hätte meine Frau Angst vor mir!«

Langsam ging er nach Hause. Seine Frau hatte die Regel aufgestellt, dass er dort um acht eintreffen sollte, doch an diesem Abend hielten der Wortwechsel zum Thema Mann oder Maus und sein torkelnder Gang ihn auf. Seine Frau saß auf der Veranda vor dem Haus, das Nudelholz in der Hand. Sie starrte ihn finster an. »Na, du Trottel, hast du wieder einen über den Durst getrunken?«, sagte sie. »Komm nur her, dann zeig ich's dir!«

Shankaran Pillai war ein klappriger, aber flinker Mann. Kleinlaut ging er auf seine Frau zu, sprang dann jedoch plötzlich an ihr vorbei und rannte ins Haus. Sie stand auf und polterte hinter ihm her, während er sie durchs ganze Haus lockte, wohl wissend, dass sie ihn nie erwischen würde. Nach einer längeren Verfolgungsjagd flitzte er ins Schlafzimmer und krabbelte rasch unters Bett. Seine Frau kam hinterher, aber da sie ziemlich füllig war, gelang es ihr nicht, sich ebenfalls unter das Bett zu zwängen. Vor ihrem Zugriff sicher, hörte er sich ihr Gebrüll an: »Du Feigling! Was machst du da unter dem Bett? Komm sofort raus! Bist du ein Mann oder eine Maus?«

»Ich bin hier der Mann im Haus«, erwiderte Shankaran Pillai. »Da habe ich wohl die Freiheit, mich hinzulegen, wo ich will.«

Er befand sich an dem einzigen Ort, an dem er sich in diesem Moment aufhalten konnte, behauptete jedoch steif und fest, das wäre seine freie Entscheidung! Leider verhalten sich die meisten Menschen mehr oder weniger genauso – sie behaupten, sie hätten sich frei für ihre Zwänge und Einschränkungen entschieden. Wenn du mit Freude tun kannst, was die jeweilige Situation erfordert, dann ist das Freiheit. Sich jedoch darauf zu beschränken, nur das zu tun, was man mag, ist eine furchtbar zwanghafte Lebensweise. Diese Zwanghaftigkeit ist ein Streich, den uns das *Karma* spielt.

Karma ist ein uralter Begriff, der durch die inflationäre Verwendung überall auf der Welt sehr gelitten hat. Aber worum handelt es sich eigentlich?

Wörtlich bedeutet Karma »Handlung« oder »Tat«. Eine Handlung kann sich auf drei Ebenen abspielen, auf der Ebene des Körpers, des Geistes und der Energie. Alles, was du mit deinem Körper, deinem Geist oder deiner Energie tust, hinterlässt einen gewissen Rückstand. Dieser Rückstand bildet ein eigenes Muster, das in dir erhalten bleibt. Indem du eine gewaltige Menge Eindrücke sammelst, entwickeln diese sich allmählich zu Tendenzen, und du wirst gleichsam zu einem automatischen Spielzeug, einem Sklaven deiner Muster, einer Marionette deiner Vergangenheit.

Karma ist wie ein altes Computerprogramm, das du unwissentlich für dich geschrieben hast. Mit der Art deiner Handlungen schreibst du dein besonderes Programm, und sobald es installiert ist, funktioniert dein System entsprechend. Auf der Basis von Informationen aus der Vergangenheit bilden sich bestimmte Erinnerungsmuster, die immer wiederkehren. Dadurch nimmt das Leben eine zyklische Form an.

Das ist der Grund, weshalb dieselben Muster in deinem Leben ständig wieder auftauchen. Sie weisen einige Variationen auf, bleiben aber prinzipiell gleich und setzen sich sogar über Generationen hinweg fort. Auf die Dauer kann diese Routine tödlich sein. Es ist wichtig zu erkennen, dass solche Muster dich von innen lenken, nicht von außen. Niemand muss irgendeine äußere Kontrolle über dich ausüben, das tut schon dein innerer Despot. Du glaubst, ein neuer Tag wäre angebrochen, und die Umstände mögen andere sein, aber innerlich erlebst du immer wieder dasselbe. Je mehr sich die Dinge verändern, desto mehr bleiben sie daher gleich – nicht physisch, sondern in deiner Erfahrung! Das heißt, du steckst hilflos im karmischen Trott fest.

Freiheit ist dann ein leeres Wort, denn die Art und Weise, wie du denkst, fühlst und das Leben begreifst – ja selbst, wie du sitzt, stehst und dich bewegst –, wird von deinen bisherigen Eindrücken geprägt. Seit dem Augenblick, in dem du geboren wurdest, haben deine Eltern, deine Familie, deine Schulbildung, deine Freunde, dein Wohnort und deine Reisen alles an dir bestimmt. Karma ist in jeden Aspekt des Lebens eingeschrieben. Es ist in dein mentales Gedächtnis, die Grundlagen deines Körpers, deine Chemie und deine Energie eingeprägt. Das sind alles Speichersysteme. Selbst wenn du deinen Körper oder deinen Geist verlierst, dein Karma verlierst du trotzdem nicht! So effizient sind diese Speichersysteme.

Was du für deine Persönlichkeit hältst – das Bündel aus Eigenschaften und Tendenzen, das du bist – existiert aufgrund von Informationen, die du unbewusst gesammelt hast. In der indischen Philosophie werden unsere Tendenzen als *Vasanas* bezeichnet. »Vasana« bedeutet wörtlich »Geruch«. Je nachdem, was für ein Abfall heute im Eimer ist, steigt ein bestimmter Geruch davon auf. Und je nachdem, welche Art Geruch du verströmst, ziehst du bestimmte Lebenssituationen an.

Angenommen, heute befindet sich verfaulender Fisch im Abfalleimer. Für deine Nase stinkt er, aber viele andere Geschöpfe werden davon angezogen. Wenn morgen Blumen im Eimer sind, riecht es anders und wirkt auf andere Geschöpfe anziehend.

Als ich vor beinahe dreißig Jahren zum ersten Mal in die südindische Stadt Coimbatore kam, war ich zu Gast im Haus eines Arztes. Er war ein geselliger Mensch und erzählte mir eine Geschichte, die sich in seiner Familie zugetragen hatte. Da diese aus einer Stadt am Meer stammte, war die ältere Tochter ganz vernarrt in Fischgerichte. Sie studierte im Norden in den Hügeln von Dehradun, wo sie so etwas nicht bekam, und wenn sie in den Ferien nach Hause kam, wollte sie am liebsten jeden Tag Fisch essen. Ihre Mutter war Vegetarierin, die Fisch zwar kochte, aber nicht selbst aß.

In dieser Gegend gibt es eine besondere Sorte Trockenfisch, der einen unglaublichen Geruch hat. Wenn ein Lastwagen damit beladen ist, bleibt der nachfolgende Verkehr auf

Abstand, und wer am Straßenrand steht, hält den Atem an. Ihn zu Hause zu kochen ist eine gute Strategie, um die Nachbarn zum Auszug zu bewegen. Ausgerechnet diesen Fisch wollte die junge Dame essen.

Während der Trockenfisch also gebraten wurde, roch es, als sollte das ganze Haus geräuchert werden. Der Geruch hätte Tote aufwecken können! Als die Mutter in die Küche ging, um dem Koch zu sagen, wie das Essen zubereitet werden musste, stieg gerade ein derartiger Gestank aus der Bratpfanne auf, dass die Mutter gleich wieder aus der Tür rannte, weil sie es nicht aushielt. Die Tochter, die in ihrem Zimmer war, nahm denselben Geruch wahr und stürmte ihm entgegen. Dabei stießen die beiden im Flur frontal mit den Köpfen zusammen, sodass die Mutter sich die Nase brach!

Ich erzähle diese Geschichte nicht als Sinnbild für Belohnung und Bestrafung, sondern um die möglichen Folgen von starker Anhaftung und Abneigung zu illustrieren. Wenn so etwas dein Leben beherrscht, sind Kollisionen unvermeidlich. Deine Tendenzen oder Vasanas basieren auf einer riesigen Ansammlung von Eindrücken, die von deinen physischen, mentalen und energetischen Handlungen verursacht werden. Was du deine Persönlichkeit nennst, ist nur ein Ausdruck dieser Tendenzen.

Wenn du nun heute etwas auf eine bestimmte Weise tust und jemand dich fragt, wieso du das nicht anders tun kannst, erklärst du häufig: »Das liegt eben in meiner Natur. Kann ich nicht tun, was ich will?« Es liegt eben *nicht* in deiner Natur, und du tust *nicht,* was du willst. Deine Tendenzen sind zwanghaft geworden. Du bist geknechtet von einer Software, die du unbewusst für dich schreibst. Sobald sie festgelegt ist, hat es den Anschein, als gäbe es nur einen Weg, den du in deinem Leben gehen kannst. Es sieht so aus, als wäre dein Schicksal vorbestimmt. Wenn wir uns dagegen in einem spirituellen Prozess befinden, so bedeutet das, dass wir uns entschlossen haben, unsere Software umzuschreiben – und zwar *bewusst*.

In Indien ist Karma ein geläufiger Begriff. Wenn jemand irgendein zwanghaftes Verhalten an den Tag legt, sagen die anderen sofort: »Ach, das ist sein Karma.« Das bedeutet, dass er es *selbst geschaffen* hat. Ob eine Erfahrung bitter oder süß ist, liegt nicht an ihr selbst, sondern daran, wie du sie wahrnimmst und darauf reagierst. Was für den einen eine sehr bittere Erfahrung darstellt, kann für den anderen ein Segen sein.

Einst saß ein Mann gramerfüllt an einem Grab, weinte bitterlich und schlug seinen Kopf an den Grabstein. »Ach, mein Leben, wie sinnlos es doch ist! Nun, da du tot bist, ist mein Körper ein wertloser Kadaver. Wenn du doch noch am Leben wärst! Wenn das Schicksal nur nicht so grausam gewesen wäre! Wenn du nur nicht dahingegangen wärst, wie anders könnte dann mein Leben sein!«

Ein Pfarrer, der vorbeikam, hörte ihn und sagte: »In diesem Grab liegt wohl jemand, der eine große Bedeutung für Sie hatte, nicht wahr?«

»Eine große Bedeutung?«, jammerte der Mann und heulte auf. »Ja, das stimmt! Da liegt nämlich der erste Mann meiner Frau!«

Die Qualität deines Lebens entscheidet sich also immer dadurch, *wie* du das Leben erfährst, nicht dadurch, *was* es dir bietet.

Wichtig ist, Karma nicht als etwas Negatives zu verstehen, denn es verleiht deinem Leben Stabilität und Struktur. In jedem Augenblick ergießt sich durch deine fünf Sinne ein Sturzbach von Eindrücken in deinen Organismus. Jeder dieser Eindrücke wird aufgezeichnet, woran nichts verkehrt ist, schließlich sind diese gespeicherten Informationen ausgesprochen nützlich für dein Überleben. Wenn du sie alle löschen würdest, dann wärst du nicht einmal in der Lage, mit den simpelsten Aspekten des Lebens umzugehen. Der spirituelle Prozess hat daher nicht das Ziel, diesen Speicher von karmischen Eindrücken zu zertrümmern, sondern dir zu helfen, seiner stärker bewusst zu werden und ein bisschen Raum zu schaffen, damit du dich außerhalb davon postieren kannst.

Nicht deine Software selbst ist also das Problem. Dazu wird sie nur, wenn sie der beherrschende Faktor deines Lebens wird. Von gutem und schlechtem Karma zu sprechen ist so, als würde man meinen, es gäbe gute und schlechte Knechtschaft. Die gibt es aber nicht. Karma ist schlicht deine eigene Schöpfung; es ist weder gut noch schlecht. Es ist eine Software, die nützlich sein kann, wenn du eine gewisse Freiheit davon hast. Deshalb strebt der spirituelle Prozess nur danach, den Griff zu lockern, mit dem das Karma dich umklammert. Unabhängig davon, welcher Art dein früheres Karma ist, hat jeder Mensch genügend Gewahrsein, um das Karma des gegenwärtigen Moments voll und ganz in die Hand zu nehmen.

Wenn du nach irgendeiner Transformation, nach einer Vorwärtsbewegung in deinem Leben strebst, so kann das nur geschehen, indem du die zyklischen Muster des Karmas durchbrichst. Alles, was zyklisch ist, weckt die Vorstellung einer ständigen Bewegung, doch diese führt eigentlich nirgendwohin. Wenn du sensibel auf das Leben reagierst, erkennst du das früh; wenn du weniger sensibel bist, erkennst du es, sobald du älter wirst. Vielleicht läuft scheinbar alles in deinem Sinne – du hast beruflich Erfolg, dein Kapital vermehrt sich, deiner Familie geht es blendend –, aber mit *dir selbst* geht es irgendwie nicht so recht vorwärts. Je schneller du Erfolg hast, desto schneller erkennst du das. Solange du in einem Zustand des Mangels bist, denkst du, es würde schon alles in Ordnung kommen, sobald deine Träume verwirklicht wären. Aber wenn das, was du dir erträumst, sehr zügig eintritt, erkennst du plötzlich, dass dein Leben immer noch unerfüllt ist und deine Sehnsucht weiterbesteht, obwohl alles genau so läuft, wie du es dir vorgestellt hast.

Bis du diesen Kreislauf durchbrichst, hast du in deinem Leben keine echte Chance. Gelegentlich hattest du vielleicht schon das Gefühl, einen Durchbruch erlebt zu haben. Scheinbar hatte sich etwas geändert, und während der folgenden drei Tage war alles prächtig, aber am vierten Tag bist du wieder in den alten Trott zurückgefallen. Ist dir das nicht schon oft passiert? Das liegt daran, dass du nicht frei denken, fühlen und handeln kannst, solange du im Griff des Karmas bist. Vor allem hast du keine Freiheit der Erfahrung.

Dem Karma aus dem Weg zu gehen ist allerdings auch keine Lösung. Du erhältst dadurch eventuell etwas Balance und Stabilität im Alltag, aber es raubt dir allmählich Lebendigkeit und Freude. Das ist selbst sehr negatives Karma. Das Leben zu leugnen, zu unterdrücken oder zu vermeiden bringt mehr Knechtschaft als Freiheit. Der Wunsch »Ich will kein Karma« ist selbst ein großes Karma!

Der Prozess des Lebens hingegen führt zu einer Auflösung von Karma. Wenn du jeden Moment deines Lebens voll und ganz lebst, löst du gewaltige Mengen Karma auf. Wenn du alles, was dir begegnet, in seiner Totalität erfährst, wenn du jeden Atemzug mit äußerster Intensität tust, ohne dich von Gedanken, Emotionen oder irgendeinem psychischen Drama ablenken zu lassen, wirst du vom Prozess von Geburt und Tod befreit. Dann bist du nicht nur lebendiger, du bist das Leben selbst.

Yoga bietet eine Methode, nicht nur vom Karma Abstand zu gewinnen, sondern von dessen Ursprung selbst, dem unterscheidenden Verstand. Er bietet dir in jedem Augenblick deiner Existenz die Wahl, entweder ein Opfer, ein Zuschauer oder der Meister deines Lebens zu sein. Mit einem gewissen Aufwand an Mühe und Übung können wir alle eine Software der Freude und des Wohlbefindens für uns schreiben.

Sadhana

Alle deine materiellen Errungenschaften haben nur im Vergleich mit Leuten, die weniger besitzen, einen Wert. Die Freude darüber entsteht also aus dem Mangel anderer Menschen. Kann man so etwas wirklich Freude nennen? Ist das in Wirklichkeit nicht eine Art Krankheit? Es ist an der Zeit, dass wir uns alle damit beschäftigen. Wenn du alleine auf der Erde wärst, was würdest du dir dann wünschen? Stelle dir diese Frage und sieh, wohin sie dich führt.

Versuche einmal, fünf Minuten alleine dazusitzen und zu überlegen, wie dein Leben aussehen würde, wenn du ganz alleine auf der Welt wärst. Wenn es niemanden und nichts gäbe, mit dem du dich vergleichen kannst, wonach würdest du dich wirklich sehnen? Was wäre dir wirklich wichtig, wenn es keine von außen kommende Wertschätzung und Kritik gäbe? Wenn du das jeden Tag tust, wirst du in Einklang mit den Sehnsüchten des Lebens kommen, das du bist, statt dich mit dem angesammelten karmischen Durcheinander zu identifizieren, für das du dich hältst.

Die Mechanik des Lebens

Kriya bedeutet im Wesentlichen »innere Handlung«. Eine solche Handlung bezieht weder den Körper noch den Geist oder die physischen Dimensionen der Energie ein. Wie gesagt, gehören Körper und Geist zu dir, sind jedoch äußerlicher Natur. Du hast beides von außen angesammelt – der Körper ist eine Ansammlung von Nahrung, der Geist eine Ansammlung von Vorstellungen. Selbst die Prägungen des Energiekörpers sind das, was die fünf Sinne angesammelt haben. Wenn du die Fähigkeit hast, mit dem *nicht-physischen Aspekt deiner Energie* zu handeln, so bezeichnet man das als eine »Kriya«. Das hört sich jetzt vielleicht etwas esoterisch an, aber eine Kriya kannst du nur dann praktizieren, wenn du von jemandem darin eingeführt wirst, der den Bereich der Energie beherrscht.

Wenn dein Handeln einen äußeren Ausdruck findet, an dem Körper, Geist und die physischen Dimensionen der Energie beteiligt sind, dann ist das Karma. Wenn du dich jedoch nach innen wendest und eine Handlung ausführst, die über alle physischen Dimensionen hinausgeht, ist das Kriya. Karma ist der Prozess, dich zu binden; Kriya ist der Prozess, dich zu befreien. Der bedeutendste Aspekt von Yoga ist immer, jenseits der physischen Energiedimensionen zu handeln. Was die vier Dimensionen des Physischen angeht, bist du dir des körperlichen Handelns am stärksten bewusst. Des mentalen Handelns bist du dir weniger bewusst, des emotionalen Handelns wesentlich weniger und des energetischen Handelns nur geringfügig. Sobald du lernst, mit dem nicht-physischen Aspekt deiner Lebensenergie zu handeln, gelangst du plötzlich auf eine neue Ebene der Freiheit in dir und außerhalb deiner selbst.

Wie kannst du nun Zugang zum nicht-physischen Aspekt deiner Lebensenergie bekommen? Die yogischen Praktiken, bei denen es um Körperhaltungen, die Atmung, die Geisteshaltung und die Aktivierung von Energie geht, zielen alle prinzipiell darauf ab, die ersten drei Schichten des Körpers in Einklang zu bringen: den physischen, den mentalen und den energetischen Körper. Erst wenn das geschieht, findet man Zugang zu Dimensionen jenseits des Physischen – zu der fundamentalen Lebensenergie selbst.

Ich habe viele Leute gesehen, die mit einer einfachen Kriya beginnen und plötzlich so kreativ werden, dass sie Dinge zustande bringen, die sie in ihrem Leben nie für möglich gehalten hätten. Das liegt schlicht daran, dass sie ihre karmischen Fundamente ein bisschen gelockert haben. Sie haben zur Abwechslung einmal ihre Lebensenergien wachgerüttelt, statt in die physischen Vorgänge von Körper, Geist und Energie verstrickt zu sein. Das ist etwas, was jeder Mensch erlernen kann.

Kriya ist eine sehr wirkungsvolle Methode, den spirituellen Weg zu beschreiten, aber zugleich ist es auch ungemein anspruchsvoll. Viele moderne Stadtbewohner, die nicht daran gewöhnt sind, ihren Körper in seiner ganzen Vielseitigkeit zu verwenden, finden Kriya Yoga unter Umständen strapaziös und unmenschlich. Das liegt daran, dass Kriyas aufwendig sind und eine Menge Disziplin, Konzentration und Präzision erfordern. Die meisten Menschen haben weder den Körper noch die Einstellung und die emotionale Stabilität für diesen Yoga-Weg, vor allem da sie seit ihrer Kindheit daran gewöhnt sind, in ständigem Komfort zu leben. An ein gewisses Maß an physischem Komfort gewöhnt zu sein ist kein Problem, aber wenn man ständig nach Komfort strebt, ist das sehr problematisch. Eine solche emotionale Haltung ist für den Weg des Kriya Yoga ungeeignet.

Nicht geeignet ist Kriya Yoga auch für Leute, die permanent von »Freiheit« reden. Das sind Leute, die dauernd fragen: »Wieso darf ich jetzt eigentlich keine Eiskrem essen? Wieso darf ich nicht so lange schlafen, wie ich will? Wieso darf ich nicht essen und trinken, was ich will, und Sex haben, wann und mit wem ich will?« Wenn du den Weg des Kriya Yoga gehst, musst du in alle physischen, psychischen und emotionalen Prozesse eine gewisse grundlegende Disziplin bringen. Wenn du den Gipfel deines Bewusstseins erreichen willst, ist eine solche Disziplin unerlässlich. Du kannst nicht bis zum frühen Morgen Party machen und anschließend am selben Tag den Mount Everest besteigen! Dieselbe Logik gilt auch hier.

Wenn dir eine bestimmte Kriya-Yoga-Praxis aufgetragen wird, musst du ihr folgen. Womöglich begreifst du dabei nicht, wie notwendig Disziplin ist, doch das kann ohnehin nie vollständig erklärt werden. Und wenn es erklärt werden muss, geht die Essenz der Kriya verloren, denn Kriya ist ein Werkzeug, mit dem man den Rahmen von Logik und Erfahrung transzendiert, um Zugang zu jenen nicht-physischen Dimensionen zu finden, die als spirituell oder mystisch gelten.

Wenn ich dir Kriyas nur als Übungen beibringen wollte, könnte ich sie einfach in einem Buch zusammenfassen, aus dem du sie lernen und dir einprägen kannst. Damit Kriya jedoch ein lebendiger Prozess wird, der sich auf bestimmte Weise in deinen Organismus einprägt, ist ein gewisses Maß an Disziplin, Hingabe und Aufnahmebereitschaft erforderlich. Wenn du ein völlig neues Gelände betrittst und dem, der dich dabei anleitet, kein Vertrauen schenkst, wird die Reise unnötig lang und schwierig.

Auf dem Weg des Kriya Yoga lassen die meisten Gurus ihre Schüler warten. Wenn ein Schüler früher einen Guru aufsuchte, um Kriya Yoga zu erlernen, wies man ihn womöglich erst einmal an, ein Jahr lang den Boden zu fegen und ein weiteres Jahr das Geschirr abzuspülen! Falls sein Vertrauen dennoch nicht schwankte, zog der Guru in Betracht, ihn in die Kriyas einzuweihen. Dafür gibt es einen Grund. Sobald man jemanden mit einer bestimmten Kraft ausstattet, die seinem Organismus eine außergewöhnliche Dynamik verleiht, kann er sich großen Schaden zufügen, wenn Einstellung und Emotionen nicht so sind, wie sie sein sollten. In der heutigen Welt ist es allerdings schwierig, genügend Zeit mit jemandem zu verbringen, um das entsprechende Vertrauen aufzubauen und ihm dann die Kriyas zu vermitteln. Unmöglich ist es nicht, doch die Chancen sind gering.

Ich habe daher einundzwanzig Jahre meines Lebens damit verbracht, eine kraftvolle Kriya, *Shambhavi Mahamudra*, so umzuformen, dass sie einer großen Zahl von Menschen in der heutigen Welt vermittelt werden kann. Bestimmte Aspekte, durch die man in die Lage kommen könnte, sich selbst oder anderen zu schaden oder die Elemente der Umgebung zu beeinflussen, sind dabei abgeblockt, sodass nur der physische, psychische und spirituelle Nutzen erhalten bleibt. In diesen zwei Jahrzehnten habe ich bewusst auf jeden Kontakt mit der Öffentlichkeit verzichtet, weil ich mich darauf konzentriert habe, die Kriya so umzugestalten, dass ihre Verbreitung keine nachteiligen Wirkungen hat.

Den Weg des Kriya Yoga vollständig zu gehen ist nur für jene von Bedeutung, die mystische Dimensionen erkunden wollen. Wenn du nur an Wohlbefinden oder Erkenntnis interessiert bist, können Kriyas in geringerem Umfang verwendet werden. Kriya Yoga als ausschließlicher Weg ist dann nicht nötig, weil er zu viel Einsatz erfordert.

Wenn du dem Weg des Kriya Yoga ohne Anleitung intensiv folgst, brauchst du womöglich mehrere Leben, bis er Früchte trägt. Hast du jemanden, der dich aktiv durch den Prozess führt, kann Kriya durchaus die wirksamste und glanzvollste Methode sein, die innere Natur und mystische Phänomene zu erforschen. Ist das jedoch nicht der Fall, stellt Kriya einen gewissen Umweg dar. Was man auf diesem Weg sucht, ist schließlich nicht nur Wohlbefinden, Glückseligkeit und Erkenntnis; vielmehr will man die Mechanik erkennen, wie das Leben erschaffen wird. Deshalb handelt es sich um einen wesentlich längeren Prozess.

Wer den Weg der Kriya geht, hat eine ganz eigene Ausstrahlung, weil er seine Energien gemeistert hat. Er kann das Leben zerlegen und wieder zusammensetzen. Wenn du dem Weg des Wissens (Jnana) folgst, kann dein Verstand messerscharf werden, aber mit deinen Energien kannst du nur sehr wenig anfangen. Auch auf dem Weg der Hingabe (Bhakti) kannst du nicht viel mit deinen Energien tun. (Das willst du auch gar nicht, denn es kommt dir nur auf das Gefühl tiefer Seligkeit an; du willst nichts anderes als dich im Objekt deiner Hingabe auflösen.) Auf dem Weg des Karmas wiederum kannst du vieles in der äußeren Welt bewirken, aber nichts mit dir selbst anfangen. Kriya Yogis hingegen können mit ihrer inneren Welt tun, was sie wollen, und dabei in der äußeren Welt ebenfalls viel erreichen.

Sadhana

Die karmische Struktur, die in jedem Menschen wirkt, ist prinzipiell zyklisch. Wenn du dich genau beobachtest, wirst du bemerken, dass sich innerhalb eines Tages mehrfach dieselben Zyklen wiederholen. Bist du sehr aufmerksam, so wirst du erkennen, dass du alle vierzig Minuten einen physiologischen Zyklus durchläufst. Sobald dir das klar ist, kannst du mit der erforderlichen Aufmerksamkeit und Bewusstheit gewissermaßen auf dem Zyklus reiten und die von ihm gesetzten Grenzen transzendieren. Das heißt, alle vierzig Minuten bietet das Leben dir eine Gelegenheit – die Gelegenheit, bewusst zu werden.

Alle vierzig bis achtundvierzig Minuten verändert sich auch die Intensität, mit der die Atemluft durch das rechte und linke Nasenloch in den Körper eintritt. Abwechselnd ist der Strom rechts oder links stärker. Wenn du dessen gewahr wirst, weißt du zumindest, dass etwas an dir sich ständig verändert. Daraus kann sich ein Gewahrsein der solaren und lunaren Einflüsse auf den Körper entwickeln. Wenn du deinen physischen Organismus in Einklang mit dem lunaren und dem solaren Zyklus bringst, ist für deine physische und psychische Gesundheit gesorgt.

Das Energielabyrinth

Das System des Yoga bietet uns einen ebenso umfassenden wie präzisen Überblick über die Anatomie des menschlichen Energiekörpers. Es beschreibt ein Energiesystem von zweiundsiebzigtausend Kanälen, *Nadis* genannt. *Prana,* die Energie, bewegt sich in diesen Leitbahnen, die wiederum drei elementaren Kanälen entspringen. Der rechte dieser drei Kanäle wird als *Pingala* bezeichnet, der linke als *Ida,* der Zentralkanal als *Sushumna.*

Diese drei Kanäle bilden die Basis des Energiesystems, wobei Pingala den männlichen und Ida den weiblichen Aspekt symbolisiert. »Männlich« und »weiblich« bezieht sich dabei nicht auf biologische Unterschiede, sondern auf bestimmte Eigenschaften der Natur, die man entsprechend identifiziert hat. Diese Eigenschaften werden durch die beiden Kanäle repräsentiert.

Wenn die Pingala sehr ausgeprägt ist, so hat man einen eher nach außen gewandten Entdeckergeist; ist die Ida ausgeprägter, dominieren rezeptive und reflexive Eigenschaften. Ob man männlich oder weiblich ist, hat damit nichts zu tun. Auch bei einem Mann kann die Ida dominanter sein; die Pingala wiederum kann auch bei einer Frau dominieren.

Pingala und Ida werden zudem als Sonne und Mond symbolisiert, weil die Sonne das Männliche und der Mond das Weibliche repräsentiert. Die Sonne ist aggressiv und nach außen gewandt, der Mond empfängt und reflektiert. Die Zyklen des Mondes sind zutiefst mit dem weiblichen Körper verbunden. Auf der Ebene des Geistes entspricht die Pingala der logischen Dimension, die Ida der intuitiven Dimension. Diese Dualitäten sind die Grundlagen der physischen Lebenssphäre. Ein Mensch ist nur vollständig, wenn sowohl das Männliche als auch das Weibliche mit ganzer Kraft in ihm wirken und sich im richtigen Gleichgewicht befinden.

Sushumna, die zentrale Nadi, ist der bedeutsamste Aspekt deiner Physiologie, bleibt jedoch im Allgemeinen unerforscht. Sie ist unabhängig von den zweiundsiebzigtausend kleineren Leitbahnen, aber der Dreh- und Angelpunkt des gesamten Organismus. Sobald die Energien in deine Sushumna eintreten, verfügst du über ein gewisses Gleichgewicht, unabhängig davon, was um dich herum geschieht. Auch wenn du momentan einigermaßen ausgeglichen bist, wirkt es störend auf dich, wenn die äußere Situation eine Herausforderung darstellt. Treten die Energien jedoch in die Sushumna ein, so wird dein innerer Zustand unabhängig von der Außenwelt, weil er dann nicht mehr von den zweiundsiebzigtausend Nadis abhängt.

Der Begriff *Chakra* ist in neuerer Zeit sehr populär geworden. »Chakra« heißt »Rad« und hat im System des Yoga eine ganz spezifische Bedeutung. Heute werden jedoch in irgendwelchen Gesundheitszentren Behandlungen angeboten, mit denen angeblich die Chakren ins Gleichgewicht gebracht, alle Blockaden beseitigt und alle Erkrankungen geheilt werden – in Vergangenheit, Gegenwart und Zukunft. Massenhaft Leute »arbeiten« mit Chakren. Das ist zur Mode geworden, kann jedoch gefährlich sein. Daher ist es an der Zeit, dieses ausgesprochen subtile Thema mit Sorgfalt und Präzision zu behandeln.

Die Nadis manifestieren sich nicht auf physische Weise. Wenn du den Körper aufschneidest und hineinschaust, wirst du sie nicht finden. Aber wenn du bewusster wirst, dann wirst du merken, dass die Energie in dir sich nicht nach dem Zufallsprinzip bewegt, sondern in festgelegten Bahnen.

Wo Nadis so zusammentreffen, dass ein Energiewirbel entsteht, befinden sich die Chakren als kraftvolle Körperzentren. Wie die Nadis sind die Chakren subtiler Natur und haben keine physische Existenz. Sie treffen immer in Form eines Dreiecks aufeinander, nicht in der eines Kreises, wie das Wort »Chakra« suggeriert. Die beweglichen Teile einer Maschine sind immer kreisförmig, weil die Bewegung eines Kreises den geringsten Widerstand hat. Ihren Namen haben diese Energiezentren also, weil das Rad ein Symbol für Bewegung und Dynamik ist.

Es gibt 114 Chakren, wovon sich zwei außerhalb und 112 innerhalb des Körpers befinden. Sieben von diesen 112 sind Hauptchakren. Bei den meisten Menschen sind drei davon aktiv, die übrigen sind entweder gar nicht oder nur leicht aktiv. Man muss nicht alle 114 Chakren aktivieren, um physisch zu leben; auch wenn nur einige aktiv sind, kann man ein ziemlich vollständiges Leben führen. Wenn du alle 114 Chakren aktivieren würdest, hättest du überhaupt kein Gefühl für deinen Körper mehr. Yoga zielt darauf ab, das Energiesystem so zu aktivieren, dass das Körperbewusstsein konstant reduziert wird, damit du dich *im* Körper befinden kannst, statt der Körper zu *sein*.

In Südindien lebte einst ein legendärer Yogi namens Sadashiva Brahmendra. Er war ein *Nirkaya,* was wörtlich »körperloser Yogi« bedeutet. Das heißt, er hatte keine Empfindung seines Körpers. Wenn man sich in einem solchen Zustand befindet, kommt es einem gar nicht in den Sinn, Kleider zu tragen, weshalb Sadashiva Brahmendra nackt durch die Gegend ging. Außerdem hat man in diesem Zustand kein Gefühl für ein festes Dach über dem Kopf, für Eigentum und für physische Grenzen.

Eines Tages traf es sich, dass Sadashiva Brahmendra den Garten des Königs am Ufer des Flusses Kaveri betrat. Dort saß der König und genoss mit seinen Gemahlinnen die Stille, als der Yogi hereinspazierte, ohne sich seiner Nacktheit bewusst zu sein. Der König geriet in Zorn. »Wer ist dieser Narr, der es wagt, sich nackt vor meinen Frauen zu zeigen?«, brüllte er und sandte seine Soldaten hinterher.

Während die Soldaten Sadashiva Brahmendra verfolgten, riefen sie ihm zu, er solle stehen bleiben, doch er wandte sich nicht um, sondern ging einfach weiter. Wütend zog einer der Soldaten sein Schwert und hieb ihm den rechten Arm ab. Sadashiva Brahmendra verlangsamte nicht einmal seinen Schritt. Er verließ ungerührt den Garten.

Als die Soldaten das sahen, waren sie wie vom Blitz getroffen und erkannten, dass sie keinen gewöhnlichen Menschen vor sich hatten. Gemeinsam mit dem König liefen sie hinter ihm her, warfen sich vor ihm nieder, baten ihn um Vergebung und holten ihn in den Garten zurück. Dort verbrachte er sein restliches Leben, bevor er schließlich seinen Körper ablegte.

Die Überlieferung des Yoga kennt unzählige solche Geschichten. Wenn die Energien sich in einem gesteigerten Zustand befinden, ist das Gefühl für das Physische so vermindert, dass es möglich ist, tagelang ohne äußere Nahrung auszukommen.

Was ist nun die Rolle der Chakren im Organismus?

Wie gesagt, gibt es sieben Hauptchakren: das *Muladhara* am Damm, der Region zwischen After und Geschlechtsorgan, das *Swadhishthana* direkt über dem Geschlechtsorgan, das *Manipuraka* knapp zwei Zentimeter unterhalb des Nabels, das *Anahata* an dem Punkt, wo Brustbein und Zwerchfell aufeinandertreffen, das *Vishuddha* am Kehlkopf, das *Ajna* zwischen den Augenbrauen und das *Sahasrara* oder *Brahmarandra* am Scheitel, genauer gesagt am Ort der großen Fontanelle, die beim Säugling noch weich ist.

Die Chakren entsprechen den sieben Dimensionen, in denen deine Energien ihren Ausdruck finden. Erfahrungen, die sich in deinem Innern abspielen – Zorn, Kummer, Friede, Freude und Ekstase –, sind unterschiedliche Ebenen, auf denen sich deine Lebensenergien ausdrücken. Wenn deine Energien im Muladhara dominieren, sind Essen und Schlaf die bestimmenden Faktoren deines Lebens. Dominieren die Energien im Swadhishthana, beherrschen Vergnügungen dein Leben, was bedeutet, dass du deine physische Realität auf viele Weisen genießt. Wenn die Energien im Manipuraka dominieren, bist du ein Macher, der viel auf der Welt erreichen kann. Dominieren sie im Anahata, so hast du eine besonders kreative Persönlichkeit, und wenn sie im Vishuddha dominieren, wirst du eine kraftvolle Ausstrahlung entwickeln. Sind deine Energien im Ajna dominant, verfügst du über intellektuelle Erkenntnis. Eine solche Erkenntnis kann dir ein gewisses Maß an innerem Frieden und an Stabilität verleihen, unabhängig davon, was außerhalb von dir geschieht.

Dies alles sind nur verschiedene Ebenen der Intensität. Wer nach Vergnügen strebt, führt ein intensiveres Leben als jemand, der sich nur um Essen und Schlafen kümmert. Wer etwas auf der Welt bewegen will, strahlt mehr Intensität aus als jemand, der sich vergnügen will. Ein kreativer, künstlerischer Mensch lebt ein wiederum intensiveres Leben als die drei obigen Typen. Beim Vishuddha handelt es sich um eine völlig andere Dimension der Intensität, Ajna ist eine noch höhere Ebene, und wenn du ins Sahasrara gelangst, entfaltet sich eine unerklärliche Ekstase. Ohne jeden äußeren Reiz und ohne jeden Grund bist du dann ekstatisch, weil deine Energien einen bestimmten Höhepunkt erreicht haben.

Es führt allerdings in die Irre, von niederen und höheren Chakren zu sprechen. Das wäre so, wie wenn man das Fundament eines Gebäudes mit dem Dach vergleicht. Das Dach hat genauso wenig eine übergeordnete Bedeutung, wie das Fundament eine untergeordnete Bedeutung hat. Schließlich hängen Qualität, Lebensdauer, Stabilität und Sicherheit eines Gebäudes weitgehend eher vom Fundament ab als vom Dach. Im physischen Körper müssen die Energien sich daher bis zu einem gewissen Grade im Muladhara Chakra befinden. »Mula« bedeutet »Wurzel« oder »Ursprung«, »Adhara« bedeutet »Fundament«. Was die Struktur des Körpers angeht, stellt dieses Chakra die Basis dar, und wenn du dich entwickeln willst, musst du es kultivieren.

Zugleich haben die Chakren auch eine spirituelle Dimension. Mit dem richtigen Gewahrsein behandelt, kann das Muladhara so transformiert werden, dass du völlig frei von dem zwanghaften Bedürfnis nach Nahrung und Schlaf wirst.

Abgesehen davon fallen die Chakren unter zwei unterschiedliche Kategorien. Muladhara, Swadhishthana, Manipuraka und verwandte Chakren haben eher damit zu tun, den Körper stabil und verwurzelt zu halten. Das sind mit der Erde und der Selbsterhaltung verbundene Eigenschaften. Wenn deine Energien in diesen Chakren dominieren, bist du besonders erdnah. Die oberen Chakren – Vishuddha, Ajna, Sahasrara und verwandte Zentren – entfernen dich von der Anziehungskraft der Erde. Sie sind mit der Sehnsucht nach dem Unendlichen verbunden und machen dich empfänglich für eine Kraft, die wir üblicherweise als Gnade bezeichnen.

Das mittlere Chakra – Anahata – befindet sich im Gleichgewicht zwischen den beiden Kategorien. Es ist wie ein Übergang zwischen den unteren und oberen Chakren, zwischen den Überlebensinstinkten und dem nach Befreiung strebenden Instinkt. Symbolisiert wird es durch zwei ineinander verschränkte Dreiecke, von denen das eine nach oben und das andere nach unten weist, sodass ein sechszackiger Stern entsteht. In vielen religiösen Traditionen wird der Stern als heiliges Symbol verwendet, weil manche erleuchteten Wesen in diesen Traditionen durch das Anahata ihre ursprüngliche Natur erkannt und die ineinander verschränkten Dreiecke dieses Chakras in sich entdeckt haben.

Vishuddha bedeutet wörtlich »Filter«. Wenn dein Vishuddha-Chakra, das sich in der Kehle befindet, kraftvoll wird, besitzt du die Fähigkeit, alles zu filtern, was in dich eintritt. Sobald es also sehr aktiv ist, wirst du so stark, dass die äußere Natur keinen Einfluss mehr auf dich hat. In der indischen Ikonografie wird Adiyogi – oder Shiva – mit einer blauen Kehle dargestellt, weil er in der Lage ist, alle Gifte der Außenwelt zu filtern und sie daran zu hindern, in seinen Organismus einzudringen, indem er sie in seiner Kehle aufhält.

Wenn deine Energien sich in das zwischen den Augenbrauen liegende Ajna-Chakra bewegen, bist du intellektuell erleuchtet, hast jedoch noch keine eigentliche Erfahrung der Befreiung gemacht. Im achtzehnten Jahrhundert zog der große Mystiker und Philosoph Adi Shankara durch ganz Indien und besiegte im metaphysischen Disput zahllose Gelehrte. Seine Logik war unschlagbar, denn durch die im Ajna erfahrene Einheit gewinnt man ein außerordentliches Maß an intellektueller Erkenntnis und Wahrnehmung.

Sahasrara, das siebte Chakra, befindet sich minimal außerhalb des Körpers. Bei den meisten Menschen ist es inaktiv, kann jedoch durch spirituelle Praxis oder eine sehr intensive Lebensweise aktiviert werden. Wenn du dein Sahasrara öffnest, ist dein Erleben nicht mehr intellektuell, sondern empirisch. Dadurch entsteht eine ungeahnte Ekstase, in der sich die tiefsten mystischen Bereiche auftun. Falls keine ausreichende spirituelle Praxis dafür sorgt, das nötige physiologische und psychische Gleichgewicht herzustellen, können solche Ekstasen unkontrollierbar werden. In der indischen Tradition wurden ekstatische Mystiker als *Avadhutas* bezeichnet. Sie befanden sich in so stark veränderten Bewusstseinszuständen, dass sie oft gefüttert und anderweitig versorgt werden mussten, weil sie nicht in der Lage waren, alleine mit den weltlichen Aspekten des Lebens umzugehen.

Prinzipiell kann jeder spirituelle Weg als Reise vom Muladhara zum Sahasrara bezeichnet werden, als Evolution von einer Dimension zu einer anderen. Das System des Yoga bietet zahlreiche Praktiken, die es uns ermöglichen, unsere Energien von einem Chakra zu einem anderen zu lenken. Vom Ajna zum Sahasrara gibt es allerdings keinen solchen Weg. Du musst entweder hineinspringen oder hineinfallen.

Das ist einer der Gründe, weshalb in der spirituellen Tradition Indiens so viel Wert auf die Begleitung durch einen Guru gelegt wird. Der Sprung vom Ajna zum Sahasrara erfordert ein gewaltiges Vertrauen. Wenn du vor einer bodenlosen Schlucht stehst und jemand dich auffordert hineinzuspringen, musst du entweder völlig verrückt, außergewöhnlich mutig oder absolut vertrauensvoll sein, um das zu tun. Den erforderlichen Mut besitzt beinahe niemand. Nur wenige sind verrückt genug, ihr Leben mit völliger Selbstvergessenheit zu leben; die meisten Leute leben vorsichtig und mit dem vorrangigen Bedürfnis, ihre Grenzen zu bewahren. Das heißt, 99,9 Prozent aller Menschen brauchen Vertrauen, sonst werden sie den Sprung nie wagen.

Bei einer Schlucht muss man allerdings nicht an das düstere Bild eines fürchterlichen Abgrunds denken. Sie kann auch einen Raum bedeuten, der frei von jeder Möglichkeit der Verletzung und des Leidens ist, eine ganz neue Dimension, in der sich nie etwas wiederholt, eine Dimension jenseits von Vergleich und Bezugnahme, in der du kein Individuum mehr bist, sondern eine allumfassende, grenzenlose Natur hast – eine Stille jenseits allen Glücks.

Daher lohnt sich dieser Sprung. Er ist alles und jedes. Durch den Sprung wird die bodenlose Schlucht zu grenzenloser Freiheit.

Sadhana

Indem du dich mit geöffneten Augen zwölf bis achtundvierzig Minuten lang auf einen Punkt konzentrierst, der sich fünfzehn bis dreiundzwanzig Zentimeter vor dem Bereich zwischen deinen Augenbrauen befindet, kannst du die Natur und Struktur deiner einzelnen Chakren erkennen (je nach Dauer und Konzentrationsniveau). Diese Wahrnehmung kann dazu beitragen, die zufällige Bewegung der Chakren im menschlichen Organismus zu stabilisieren, die durch anstrengende und belastende äußere Situationen entsteht. Das ist nur ein Aspekt einer sehr hochentwickelten Form von Kriya Yoga, mit der du Zugang zu Akasha, der ätherischen Dimension in deinem Innern, bekommst.

Ein Pfad ohne Wegweiser

Bei dem siebten Glied des Yogaweges, *Dhyana* oder *Dhyan*, geht es im Grunde darum, die Grenzen der körperlichen und geistigen Struktur zu überschreiten. Durch buddhistische Mönche gelangte Dhyan von Indien nach China, wo es als *Ch'an* bezeichnet wurde. Von dort breitete es sich im Osten Asiens bis nach Japan aus. Hier fand es als *Zen* einen Ausdruck als vollständiges System direkter Erkenntnis, ohne Betonung irgendwelcher Doktrinen. Zen ist ein spiritueller Weg, auf dem es eigentlich keine Schriften, Bücher, Regeln und starre Praktiken gibt; er ist ein Pfad ohne konkrete Wegweiser.

Die erste überlieferte Verwendung der Methode, die wir heute als Zen bezeichnen, liegt beinahe achttausend Jahre zurück. Lange vor der Zeit von Gautama Buddha lebte König Janaka, ein brillanter Denker mit der glühenden Sehnsucht, Erkenntnis zu erlangen. Er hatte sich vergeblich an alle spirituellen Lehrer seines Königreichs gewandt, aber keiner konnte ihm helfen, weil sie alle nichts als Bücherweisheit zu bieten hatten. Auf jemanden, der von der inneren Erfahrung her lehrte, war er noch nicht getroffen.

Eines Tages ging der König auf die Jagd. Als er tief in den Dschungel hineinritt, erblickte er einen Yogi und zügelte sein Pferd. Vor einer kleinen Einsiedelei saß Ashtavakra, einer der größten Yogis und spirituellen Meister aller Zeiten. Janaka wollte vom Pferd steigen, um ihm seinen Gruß zu entbieten. Er hatte schon das Bein über den Sattel geschwungen, als Ashtavakra sagte: »Halt!«

Also hielt Janaka sofort inne, ein Bein noch im Steigbügel, das andere in der Luft. Obwohl das eine äußerst schmerzhafte Position war, harrte Janaka in ihr aus und starrte Ashtavakra an. Es ist nicht überliefert, wie lange der Guru den König so verharren ließ, aber plötzlich erlangte Janaka in diesem unangenehmen Zustand die vollständige Erleuchtung. Die von Ashtavakra angewendete Methode war verwandt mit dem, was heute als Zen bekannt ist.

Einst lebte ein Zen-Meister, der von jedermann geachtet wurde, aber keine Lehren zu verkünden hatte. Auf den Schultern trug er immer einen riesigen Sack, der allerhand Dinge enthielt, darunter Süßigkeiten. In jedem Dorf, das er aufsuchte, versammelten sich die Kinder um ihn. Dann verteilte er Süßigkeiten, bevor er weiterzog. Wenn die Leute ihn baten, ihnen seine Lehren zu vermitteln, lachte er nur und ging seines Weges.

Eines Tages suchte ihn ein Mann auf, der selbst ein angesehener Zen-Meister war. Er wollte sich vergewissern, ob sein Kollege mit dem Sack tatsächlich von Zen erfüllt war oder nicht. Daher stellte er ihm die Frage: »Was ist Zen?« Sogleich ließ der Mann den Sack fallen und richtete sich auf.

Die nächste Frage lautete: »Was ist das Ziel von Zen?« Worauf der andere den Sack wieder aufhob, ihn sich auf die Schultern legte und davonging.

Darum geht es auch beim Yoga, ja bei jeder spirituellen Praxis. Wenn du Yoga oder Zen erreichen willst, musst du deine Last fallen lassen, unterwegs alles wegwerfen, frei bleiben und aufrecht dastehen. Das ist wichtig, denn mit deiner Last schaffst du es womöglich nie. Und was ist das Ziel von Yoga? Bewusst die ganze Last wieder aufzunehmen – die sich nun nicht mehr wie eine Last anfühlt!

Eine heilige Wissenschaft

Was bedeutet es, einen Raum zu heiligen oder zu weihen?

Das Wort »weihen« wird oft ein bisschen ungenau verwendet. Für die meisten Menschen bezeichnet es eine Reihe von Ritualen, die bestenfalls Schönheit und Poesie in unser Leben bringen, aber keine wirklich nützliche Funktion haben. Man hält es für reinen Hokuspokus, der den spirituellen Prozess verschleiert und dazu dient, eine ängstliche und leichtgläubige Mehrheit hinters Licht zu führen. Es ist an der Zeit, dieses oberflächliche Verständnis abzulegen und tiefer zu blicken.

Wenn man Erde in Nahrung verwandelt, nennt man das Landwirtschaft. Wenn man Nahrung in Fleisch und Knochen verwandelt, nennt man das Verdauung. Wenn man Fleisch zu Erde macht, nennt man das Einäscherung. Und wenn du dein Fleisch – oder auch einen Stein oder leeren Raum – in eine höhere Möglichkeit verwandelst, so ist das Weihe.

Etwas zu weihen ist ein lebendiger Vorgang. Im Sanskrit spricht man von *Pratishtha*. Wie erwähnt, sagt uns die moderne Wissenschaft, dass alles dieselbe Energie ist, die sich auf millionenfach unterschiedliche Weise manifestiert. Wenn dem so ist, dann ist das, was wir als das Göttliche, als einen Stein, als Mann oder Frau oder als Dämon bezeichnen, alles dieselbe Energie, die auf verschiedene Weise wirkt. Mit der nötigen Technik kannst du daher den schlichten Raum, der dich umgibt, in göttlichen Überschwang verwandeln. Du kannst einfach einen Felsbrocken nehmen und daraus einen Gott oder eine Göttin machen. Das ist das Phänomen der Weihe.

Von alters her ist über die Generationen hinweg eine gewaltige Menge Wissen über den Prozess der Weihe überliefert worden, vor allem in Indien. Weshalb? Egal, wie gut dein

Leben ist und wie lange es dauert, an irgendeinem Punkt wird sich in dir unweigerlich die fundamentale menschliche Sehnsucht regen, in Kontakt mit dem Ursprung der Schöpfung zu treten. Wenn die Möglichkeit, Zugang zu diesen tieferen Dimensionen zu finden, nicht jedem suchenden Menschen verfügbar gemacht wird, dann hat die Gesellschaft darin versagt, ihren Bürgern authentisches Wohlbefinden zu bieten.

In diesem Bewusstsein hat man in der indischen Kultur überall zahlreiche Tempel erbaut. Dabei ging es nicht darum, miteinander konkurrierende Heiligtümer zu erschaffen; man hatte einfach die Vorstellung, dass niemand in einem Raum leben sollte, der nicht geweiht war.

In einem geweihten Raum zu leben ist ein gewaltiges Glück. Wenn du das tust, ändert sich die Art und Weise, wie du lebst, erheblich. Vielleicht fragst du jetzt: »Kann ich nicht ohne so etwas leben?« Doch, das kannst du. Wenn du weißt, wie du deinen Körper zu einem Tempel machen kannst, ist es nicht so wichtig, einen anderen Tempel aufzusuchen. Ja, du kannst deinen eigenen Körper weihen – die Frage ist nur, ob du in der Lage bist, das aufrechtzuerhalten!

Alle spirituellen Einweihungen haben das Ziel, den Körper in einen tempelähnlichen Raum zu verwandeln. Anschließend muss man diesen Zustand nur aufrechterhalten. Eine Möglichkeit, die hohe Resonanz des menschlichen Organismus nach einer Einweihung zu bewahren, ist eine tägliche spirituelle Praxis. Ich habe verschiedentlich kraftvolle Weihen durchgeführt, teils formell und teils informell. Einen unbelebten Gegenstand – zum Beispiel ein Gebäude aus Stein – zu weihen kostet eine Menge Leben. Aus menschlichen Wesen lebendige Tempel zu machen ist wesentlich preiswerter und umweltfreundlicher – und außerdem sind sie beweglich! Es gibt also viele Vorteile, doch das Problem besteht darin, dass der Mensch ein gewisses Maß an Zeit, Energie und Konzentration aufwenden muss, um einen solchen Zustand aufrechtzuerhalten, sonst funktioniert es nicht.

Wenn die Menschen auf der Welt zu zerstreut und zu wenig bereit sind, lebendige Tempel aus sich zu machen, wird es zur Notwendigkeit, Tempel aus Stein zu errichten. Der wesentliche Zweck eines solchen Baus ist sein Nutzen für jene Mehrheit, die keine spirituelle Praxis in ihrem Leben hat. Geht man in einem solchen geweihten Raum einer spirituellen Praxis nach, verdoppelt sich der Nutzen. Vor allem für jene, die nicht wissen, wie sie aus ihrem eigenen Körper einen Tempel machen können, ist ein äußerer Tempel von unschätzbarem Wert.

Eine Weihe – oder Pratishtha – kann auf verschiedene Weise vorgenommen werden. Im Allgemeinen geschieht sie jedoch durch Rituale, Mantras, Töne und allerhand andere Bestandteile. Außerdem bedarf der erreichte Zustand ständig der Pflege. Die Rituale in den Tempeln geschehen nicht um deinetwillen, sondern um die Gottheit als Energieform am Leben zu erhalten. Was ist eine Gottheit überhaupt? Sie ist ein Mittel zu einem bestimmten Zweck, nämlich Erfüllung in verschiedenen Aspekten des Lebens zu erreichen. Das klassische indische Wort für Gottheit ist *Yantra,* was wörtlich übersetzt »Maschine« oder »wirkende Energieform« bedeutet. Eine alte Weisheit besagt, man solle keine steinernen Götterbilder zu Hause aufstellen, denn sonst müsse man sie jeden Tag mit den richtigen Ritualen versorgen. Wenn eine Gottheit mit Mantras geweiht, anschließend jedoch nicht täglich entsprechend versorgt wird, entzieht sie der Umgebung Energie und kann den in der Nähe lebenden Menschen immensen Schaden zufügen. Leider ist das inzwischen bei vielen Tempeln der Fall, weil die Verantwortlichen nicht wissen, wie sie den Ort am Leben erhalten müssen.

Prana Pratishtha unterscheidet sich davon insofern, als du für die Weihe deine eigenen Lebensenergien verwendest.

Wenn du etwas auf diese Weise weihst, muss es überhaupt nicht gepflegt werden; es gilt buchstäblich für immer. Als ich 1999 im Isha Yoga Center im südindischen Coimbatore meine Lebensmission erfüllt habe, die Weihe des Dhyanalinga-Tempels – einer subtilen Energieform, bei der alle Chakren ihre optimale Kapazität haben –, geschah dies durch Prana Pratishtha. Deshalb finden in diesem Heiligtum keinerlei Rituale statt, weil keine erforderlich sind. Das Dhyanalinga braucht keine Pflege, weil seine Energie nie schwankt. Selbst wenn man die Steine des Tempels abtrüge, würde sich nichts ändern. Ungeachtet aller physischen Veränderungen, die im Lauf der Zeit stattfinden, wird die Energieform nicht zugrunde gehen! Das liegt daran, dass die eigentliche Form aus einer nicht-physischen Dimension besteht. Sie ist unzerstörbar.

Die indischen Tempel waren nie Orte des Gebets. Traditionell wusch man sich morgens als Erstes, ging dann direkt in den Tempel, setzte sich dort eine Weile hin und begann erst dann den Tag. Der Tempel war wie eine öffentliche Batterieaufladestation. Heute haben die meisten Leute das vergessen; sie gehen einfach in den Tempel, bitten um irgendetwas, hocken sich kurz auf den Boden und machen sich dann wieder auf den Weg. So etwas ist völlig sinnlos. Es geht darum, sich hinzusetzen, um die Energien des Ortes in sich aufzusaugen.

Im Yogatempel Dhyanalinga in Coimbatore brauchst du an überhaupt nichts zu »glauben«, um von dem Ort, an dem du dich befindest, zu profitieren. Du brauchst weder zu beten noch irgendwelche rituellen Opfer darzubringen. Der einzige Rat lautet, einfach die Augen zu schließen und eine Zeitlang in diesem Raum zu sein. Wenn du das selbst ausprobierst, wirst du feststellen, dass es eine fantastische Erfahrung ist. Das Dhyanalinga befindet sich auf der höchsten Intensitätsstufe, in der etwas sein kann. Selbst wenn Leute, die keine Ahnung von Meditation haben, kommen und sich dort hinsetzen, werden sie durch ihr eigenes Wesen meditativ. So ein bemerkenswertes Werkzeug ist es.

Wenn ich die nötige Unterstützung und Gelegenheit bekäme, würde ich gern unseren ganzen Planeten weihen! Das kann ich nämlich gut – dünne Luft in einen kraftvollen, dynamischen Ort verwandeln, ein Stück Metall oder Stein in eine göttliche Schwingung versetzen. Es ist mein Traum, dass eines Tages die gesamte Menschheit in einer geweihten Umgebung lebt. Dein Heim sollte geweiht sein, deine Straße sollte geweiht sein, deine Arbeitsstätte sollte geweiht sein. Alle Orte, an denen du deine Zeit verbringst, sollten geweiht sein. Wenn du in einem solchen Raum lebst, muss deine Evolution sich nicht an die Darwinschen Maßstäbe halten; du könntest dann einfach einen großen Sprung in einen Zustand höchsten Wohlbefindens und ebensolcher Freiheit machen.

In Indien wurden die meisten alten Tempel für Shiva erbaut, für »das, was nicht ist«. Es gibt Tausende Shiva-Tempel im Land, und die meisten enthalten kein eigentliches Götterbild. Im Allgemeinen befindet sich in ihnen eine symbolische Form, ein *Linga*.

Das Wort »Linga« bedeutet »Form«. Als sich die Schöpfung ereignete, als also das Nicht-Manifeste sich manifestierte, war die erste Gestalt, die es annahm, die eines Ellipsoids. Das ist eine dreidimensionale Ellipse, die wir als Linga bezeichnen. Nach diesem Anfang als Ellipsoid nahm es viele andere Gestalten und Formen an. Wenn du in einer tiefen Meditation versinkst, wirst du feststellen, dass die Energie vor der völligen Auflösung erneut die Form eines Lingas annimmt. Wie die moderne Kosmologie erforscht hat, besteht der Kern jeder Galaxie immer aus einem Ellipsoid.

Im Yoga gilt das Linga daher im Allgemeinen als die vollkommenste und fundamentalste Form, die existiert. Es ist die erste und die letzte Form; im Raum dazwischen findet die Schöpfung statt. Was sich jenseits davon befindet, ist »das, was nicht ist« oder Shi-va. Die Form des Lingas ist also eigentlich eine Öffnung im Gewebe der Schöpfung. Was die physische Schöpfung angeht, ist ein Linga die Vordertür und die Hintertür! Dadurch wird auch der Tempel zu einer Öffnung im Gewebe des Physischen, durch die du geradewegs hindurchfallen könntest, um über das Physische hinauszugelangen. Das macht ihn zu solch einer fantastischen Möglichkeit.

Interessanterweise finden sich Lingas auf der ganzen Welt. In Afrika gibt es welche aus Terrakotta, die hauptsächlich zu okkulten Zwecken verwendet werden. Im griechischen Delphi war einst ein Linga aufgestellt, der als »Nabel der Welt« bezeichnet wurde. Es handelt sich um einen Manipura-Linga, der Wohlstand und materielles Wohlbefinden fördern sollte. Als jemand mir ein Bild davon gezeigt hat, wusste ich sofort, wer ihn vor Jahrtausenden geweiht hat. Das war eindeutig ein indischer Yogi, daran besteht kein Zweifel.

Als ich 2015 in Tennessee einen Ort namens »Adiyogi: The Abode of Yoga« geweiht habe, war das ein Ereignis von beträchtlicher spiritueller Bedeutung, ja ein Meilenstein für den klassischen Yoga in der westlichen Welt. Nachdem ich verschiedene interessante alte Stätten gesehen habe, bin ich ziemlich sicher, dass in Nordamerika beziehungsweise der gesamten westlichen Hemisphäre in den vergangenen dreitausend Jahren nichts von einer solchen energetischen Bedeutung geschehen ist. Durch den Prozess von Prana Pratishtha geweiht, ist dieser Raum ein Tribut an Adiyogi, den ersten Yogi der Welt. Er dient ausschließlich der Praxis von Yoga, stellt eine lebendige Quelle von höchster energetischer Schwingung und Fülle dar und bietet Menschen aus dem Westen, die auf der spirituellen Suche sind, eine einzigartige Möglichkeit.

Die meisten Lingas in Indien repräsentieren heute ein oder höchstens zwei Chakren und sind beinahe immer dem materiellen Wohlergehen geweiht. Manche Anahata-Lingas sollen zudem Frieden und Freude fördern. Einzigartig am Dhyanalinga ist, dass darin sämtliche sieben Chakren ihren höchsten energetischen Zustand haben. Es wäre wesentlich einfacher gewesen, sieben einzelne Lingas für die sieben Chakren zu erschaffen, aber das hätte nicht dieselbe Wirkung erzielt. Das Dhyanalinga ist daher der Energiekörper des am höchsten entwickelten Wesens, das in der Kultur des Yoga als »Shiva« bezeichnet wird und auf ewig für alle zugänglich ist. Es ist die höchstmögliche Manifestation.

Wenn man die Energie auf eine sehr hohe Intensitätsstufe bringt, kann sie nur bis zu einem bestimmten Punkt ihre Form behalten. Jenseits davon wird sie formlos, so dass man kaum noch in der Lage ist, sie zu erfahren. Das Dhyanalinga ist so geweiht, dass sich die Energie am höchsten Punkt kristallisiert hat, jenseits dessen es keine Form geben kann. Es wurde geschaffen, damit jeder Suchende, der sich danach sehnt, die innige Erfahrung machen kann, bei einem lebendigen Guru zu sitzen.

Zu einer gewaltigen und beispiellosen Möglichkeit wird das Dhyanalinga jedoch vor allem, weil es Gelegenheit bietet, das Leben in seiner vollständigen Tiefe und Totalität zu erfahren. Wer in seinen Raum tritt, wird auf der Ebene des Ätherkörpers, des Vijnanamaya Kosha, beeinflusst. Wenn du durch den physischen, den geistigen oder den energetischen Körper eine gewisse Transformation zustande bringst, kann diese im Lauf des Lebens verloren gehen. Sobald du jedoch auf der Ebene des Ätherkörpers berührt wirst, bleibt das für immer bestehen. Selbst wenn du anschließend viele Leben durchläufst, wird dieser Samen der Befreiung auf die passende Gelegenheit warten, um zu keimen und zu erblühen.

Für den ausgesprochen intensiven Weiheprozess, der zur Vollendung des Dhyanalinga nötig war, habe ich dreieinhalb Jahre gebraucht. Viele Yogis und ihre Schüler haben versucht, ein solches Linga zu erschaffen, aber aus verschiedenen Gründen sind nie alle erforderlichen Bestandteile zusammengekommen. Dass es gelang, war nicht mein Wille, sondern der meines Gurus. Obgleich mein Kontakt mit meinem Meister nur kurz war, hatte er in jeder Hinsicht große Bedeutung. Er hat jeden Schritt meines Lebens geleitet, selbst meine Geburt. Durch seine Gnade und mit der Liebe, der Unterstützung und dem Verständnis vieler Menschen, die sich wissentlich oder unwissentlich, bereitwillig oder widerstrebend, bewusst oder unbewusst eingebracht haben, ist das Dhyanalinga schließlich vollendet worden. Ich bin ihnen allen dankbar.

Sadhana

Wenn du lernst, die fünf Elemente in einer bestimmten geometrischen Anordnung einzusetzen, kannst du einen äußerst wohltuenden Energieraum für dich schaffen. Hier ist eine einfache Übung, die du ausprobieren kannst.

Zeichne mit Reismehl oder einem anderen Getreide die auf der nächsten Seite abgebildete Figur auf den Boden. In die Mitte stellst du einen Teller mit Wasser und einer kleinen Lampe mit Ghee (geklärter Butter). Lege dann noch eine Blüte ins Wasser. Nun hast du eine geometrische Form mit Wasser, Feuer und Luft erschaffen. Die Blume im Wasser steht für die Erde. Akasha (der Äther) ist natürlich ohnehin immer vorhanden.

Probiere diesen einfachen Vorgang jeden Abend aus, dann wirst du feststellen, dass sich die Energie in deinem Zimmer auf subtile, aber kraftvolle Weise verändert. Dadurch kannst du deinem Heim oder deinem Büro täglich eine einzigartige Kraft verleihen.

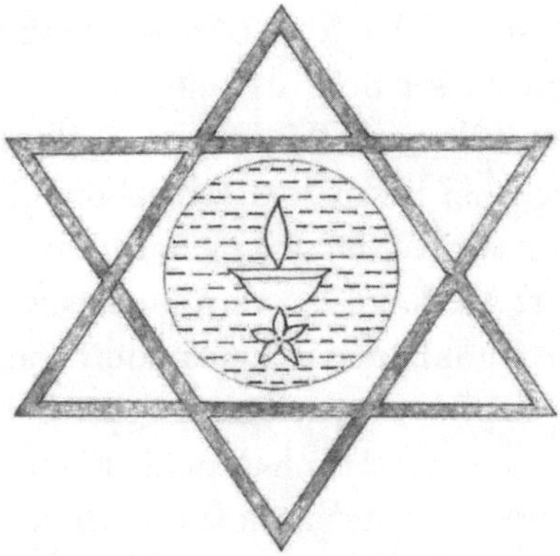

Berge der Gnade

Die meisten Yogis und Mystiker hatten das Problem, dass sie die Früchte ihrer Verwirklichung nie mit ihrem Umfeld teilen konnten. Einen anderen Menschen zu finden, der fähig ist zu empfangen, was man weiß, ist nicht leicht. Man hat Glück, wenn man auch nur einen einzigen findet.

Die meisten spirituellen Meister haben ihr Wissen daher an abgelegenen, wenngleich nicht völlig unzugänglichen Orten deponiert. Oft haben sie dazu Berggipfel ausgewählt, weil an solchen Orten weniger Trubel herrscht. In Indien gibt es viele solche wunderbare Orte. Der Kailash in Westtibet gilt als uralter heiliger Ort mit einer unermesslichen Kraft. Hier ist seit sehr langer Zeit die größte Menge an Wissen in Form von Energie gespeichert.

Der Kailash ist die größte mystische Bibliothek auf der Erde. In fast allen Religionen des Ostens wird er als in hohem Maße heilig angesehen. Unter den Hindus gilt er traditionell als Aufenthaltsort des großen Gottes Shiva und seiner Gefährtin Parvati. Für die Buddhisten ist er heilig, weil es heißt, dort lebten drei ihrer großen Buddhas. Die Jainas glauben, dass ihr erster großer Meister, der erste *Tirthankara*, dort die

Befreiung erlangt hat. Auch im Bön, der ursprünglichen Religion Tibets, gilt dieser Berg als heilig.

Seit elf Jahren führe ich Pilger zum Kailash. Als ich 2007 hinkam, war ich bei besonders schlechter Gesundheit. Ich war wochenlang auf Reisen gewesen, und in dieser Zeit hatten konsternierte Mediziner in verschiedenen Teilen der Welt bei mir diverse Krankheiten diagnostiziert, darunter Malaria, Denguefieber, Typhus und sogar Krebs. Sie bezeichneten mein Blutbild als »esoterisch«! Schließlich beschloss ich, nach innen zu blicken und an mir zu arbeiten. Einige Tage später kam ich zum Kailash. Inzwischen ging es mir besser, doch ich war immer noch sehr schwach. Als ich den Berg betrachtete, sah ich, dass dort unglaublich viel mystisches Wissen darauf wartete, entdeckt zu werden. Daher nahm ich einen Energiestrang des Berges und verknüpfte ihn auf bestimmte Weise mit meinem eigenen Energiesystem. Sobald ich das tat, flammte meine Vitalität plötzlich wieder auf, und mein ausgelaugter, von beinahe acht Wochen Fieber verwüsteter Energiekörper nahm seinen Normalzustand ein. Ich sah jünger aus, fühlte mich jünger, ja selbst meine Stimme hatte sich verändert – und das alles innerhalb etwa einer Stunde! Die Ergebnisse waren deutlich sichtbar. Bei mir waren fast zweihundert Menschen, die das miterlebt haben.

Es gibt weitere Orte mit einer gewaltigen pulsierenden Energie, an denen Mystiker die Früchte ihrer spirituellen Praxis hinterlassen haben. Im Himalaja findet man sie in besonders großer Zahl, weil viele Mystiker und Yogis seine Bergzüge als Aufenthaltsort gewählt haben. Weil sie dort lebten, ist ihre Energie zurückgeblieben, und daher hat der Himalaja eine Art Aura angenommen.

Ein Beispiel ist der kleine Tempel von Kedarnath. Er ist nichts Besonderes, nur ein Steinbau in einem öden Felstal. Dennoch ist er einer der kraftvollsten Orte auf der Welt! Wenn du einen solchen Ort aufsuchst, um deine Empfänglichkeit zu verbessern, wirst du tief beeindruckt sein. Im Osten findet man viele solche Orte, doch der Himalaja hat die größte Anziehungskraft.

Eine andere solche Stätte ist Kumara Parvatha in dem südindischen Bundesstaat Karnataka. *Parvatha* bedeutet »Berg«, *Kumara* bezieht sich auf den Sohn Shivas, dessen Name Kartikeya lautet. Um die Welt zu verändern, hat er viele Schlachten geschlagen, doch als er die Vergeblichkeit seines Tuns erkannte, kam er in diese Region. Hier wusch er zum letzten Mal das Blut von seinem Schwert. Er wusste nun, selbst wenn er tausend Jahre kämpfte, würde er die Welt nie verändern, weil eine gewaltsame Lösung nur zehn weitere Probleme hervorrufen würde. Daher erklomm er den Berg und stellte sich auf den Gipfel. Wenn ein Yogi seinen Körper ablegen will, dann setzt oder legt er sich normalerweise hin, aber weil Kartikeya ein so großer Krieger war, verließ er stehend seinen Körper.

Wenn jemand seine physische Gestalt freiwillig verlassen kann, ohne sie zu beschädigen, deutet das auf eine absolute Beherrschung des Lebensprozesses hin. In der indischen Tradition spricht man dann von *Mahasamadhi*, der »glorreichen Gelassenheit«.

Als ich vor vielen Jahren den Kumara Parvatha aufsuchte, stellte man für mich ein kleines Zelt auf. Ich wollte darin schlafen, aber als ich hineinschlüpfte und versuchte, mich niederzulegen, nahm mein Körper unwillkürlich eine stehende Haltung ein, sodass das Zelt umstürzte. Die ganze Nacht über war ich nicht in der Lage, mich hinzusetzen; mein Körper war nur bereit zu stehen. Da erkannte ich allmählich, worum es im Leben Kartikeyas gegangen war. Obwohl er vor mehreren Jahrtausenden gelebt hat, ist das, was er hinterlassen hat, immer noch dynamisch und lebendig.

Ein solches Wirken kann niemals ausgelöscht werden. Wenn jemand etwas mit seinen Lebensenergien tut, erschafft er eine bestimmte Möglichkeit, die durch keinerlei Ereignis getilgt werden kann. Das Werk und die Präsenz eines Menschen, der auch nur ein kleines bisschen mit seinen inneren Dimensionen experimentiert hat, sind unzerstörbar.

Gautama Buddha zum Beispiel hat vor etwa zweieinhalbtausend Jahren gelebt, Jesus vor zweitausend Jahren, aber für mich stellen beide eine lebendige Realität dar. Sobald man mit den eigenen Lebensenergien ein bestimmtes Werk erschafft, bleibt sein praktischer Nutzen erhalten, ohne mit der Zeit zu vergehen. Was du mit dem physischen Körper aus Fleisch und Blut tust, hat eine begrenzte Lebensdauer. Wenn du deinen Geist verwendest, ist die Lebensdauer des Geschaffenen wesentlich länger. Aber wenn du deine fundamentalen Lebensenergien einsetzt, ist das Ergebnis von zeitloser Natur.

Die silbernen Gipfel

Seit meiner Kindheit hatte sich immer ein bestimmter Berggipfel in meinem Blickfeld befunden. Erst als ich sechzehn wurde und mit meinen Freunden darüber sprach (die meinten: »Spinnst du? Wo sollen da irgendwelche Berge sein?«), wurde mir klar, dass sonst niemand Berge sah! Eine Weile dachte ich, ich sollte den Ort dieses Berges ausfindig machen, schob die Idee dann jedoch beiseite.

Stell dir einmal vor, auf deiner Brille wäre ein Fleck. Nach einer Weile würdest du dich daran gewöhnen. So ging es mir auch mit meinem Berggipfel. Erst wesentlich später, als mich eine Flut von Erinnerungen überkam und ich nach einem Ort suchte, um das Dhyanalinga zu

errichten, begab ich mich auf die Suche nach dem Gipfel, der meinen Blick beherrscht hatte.
Ich reiste überallhin. Ungefähr elf Mal fuhr ich von Goa nach Kanyakumari an der Südspitze Indiens. Etliche Tausend Meilen habe ich auf Straßen und staubigen Pisten zurückgelegt.
Viele Jahre später stieß ich dann durch Zufall auf ein Dorf in der Nähe von Coimbatore. Als ich um eine Kurve fuhr, sah ich den siebten Hügel des Velliangiri-Gebirges. Da war er, der Berg, den ich seit meiner Kindheit gesehen hatte. In dem Moment, in dem mein Blick auf diesen Gipfel fiel, der mein ganzes Leben in mir gewesen war, verschwand er aus meinem inneren Blick und wurde zur lebendigen Wirklichkeit. Mit einem Mal wusste ich, dass dies der geeignetste Ort für mein Lebenswerk war.
Wenn du mich fragst: »Was ist das größte Gebirge auf der Welt?«, dann werde ich immer antworten: »Velliangiri.« Ich wurde mit der Gestalt dieser Berge in den Augen geboren, und seither haben sie mich verfolgt. Sie haben in mir gelebt und waren mein ureigenes Navigationssystem, mein inneres Radar. Für mich sind diese Berge nicht nur eine geografische Erscheinung; sie sind ein Reservoir für alles, was ich wissen musste, um das Dhyanalinga zu erschaffen.
»Velliangiri« bedeutet wörtlich »Silberberg«. Diesen Namen trägt das Gebirge, weil es einen großen Teil des Jahres von Wolken verhüllt ist. Man spricht jedoch auch vom »Kailash des Südens«, weil Adiyoga – Shiva selbst – gut drei Monate auf diesen Gipfeln verbracht hat. Als er dorthin kam, war er nicht in seiner üblichen glückseligen Stimmung, sondern zürnte sich laut der Legende selbst, weil er gegenüber einer seiner glühendsten An-

hängerinnen nicht sein Wort gehalten hatte. Er war ernst und bedrückt, und diese Energie ist noch heute spürbar; sie hat im Lauf der Zeit eine Reihe von Yogis hervorgebracht, die auch diesen Zorn in sich trugen. Weil sie dort ihre spirituelle Praxis ausübten, haben sie diese Eigenschaft erworben. Sie waren nicht auf etwas Bestimmtes zornig, sondern befanden sich einfach in einem bestimmten Zustand der Intensität.

Vor allem aber ist dieses Gebirge für mich so bedeutsam, weil dort mein Guru seinen Körper verlassen hat. Es ist für uns in dieser yogischen Tradition wie ein Tempel, ein lebendiger Schrein – ein gewaltiger Strom des Göttlichen und der Gnade.

Der Weg der Mystik

In bestimmten Kreisen herrscht eine große Neugier, was mystische Erfahrungen angeht. Viele behaupten, sie hätten außergewöhnliche paranormale Erfahrungen gehabt, die sie als Beweis für ihre spirituelle Entwicklung anführen.

Ein geläufiger Ausdruck im heutigen spirituellen Wortschatz ist *Samadhi*. Es wird als eine Art Zertifikat der mystischen Verwirklichung betrachtet.

Was ist Samadhi?

Es ist ein Zustand der Gelassenheit und des Gleichmuts, in dem der Verstand über seine übliche Funktion der Unterscheidung hinausgeht. Das wiederum lockert die Bande zum physischen Körper, so dass ein Raum zwischen dir und deinem Körper entsteht.

Es gibt verschiedene Arten von Samadhi, die man zum besseren Verständnis in acht Kategorien eingeteilt hat. Zwei davon sind allgemeinerer Art – *Savikalpa* (ein Zustand mit

Merkmalen oder Eigenschaften, die sehr angenehm, glückselig und ekstatisch sind) und *Nirvikalpa* (ein Zustand jenseits von angenehm und unangenehm, ohne Merkmale oder Eigenschaften). Beim Nirvikalpa-Samadhi besteht nur ein einspitziger Kontakt mit dem Körper, die übrige Energie ist frei und nicht mit dem Physischen verbunden. Solche Zustände werden über einen gewissen Zeitraum hinweg aufrechterhalten, damit der Übende eine Unterscheidung zwischen sich und seinem Körper machen kann.

Samadhi ist ein wesentlicher Schritt innerhalb der spirituellen Entwicklung, aber nicht der letzte. Eine bestimmte Art von Samadhi zu erfahren bedeutet nicht, dass man von den Zyklen der Existenz befreit wäre. Es handelt sich lediglich um eine neue Erfahrungsstufe. In deiner Kindheit hast du das Leben auf eine bestimmte Weise erlebt, und als du erwachsen wurdest, hast du eine andere Stufe erreicht. An verschiedenen Punkten deines Lebens erfährst du dieselben Dinge also auf völlig unterschiedliche Weise. Bei den Arten von Samadhi verhält es sich ebenso.

Manche Menschen erreichen eine bestimmte Stufe von Samadhi und bleiben jahrelang darin, weil es so angenehm ist. In diesem Zustand gibt es weder Raum noch Zeit oder körperliche Probleme, weil die physischen und psychischen Grenzen teilweise durchbrochen wurden. Das ist jedoch nur ein vorübergehender Zustand. Sobald man ihn verlässt, kehren alle körperlichen Bedürfnisse und geistigen Gewohnheiten sofort wieder.

Verglichen mit jemandem, der nüchtern ist, befindet man sich in beschwipstem Zustand im Allgemeinen auf einer anderen Ebene der Erfahrung und Ausgelassenheit. Irgendwann muss man jedoch wieder herunterkommen. Jedes Samadhi ist eine Methode, sich ohne die Zufuhr chemischer Stoffe zu berauschen. Wenn du in einen solchen Zustand kommst, öffnet sich eine neue Dimension. Entscheidend daran ist aber, dass du dadurch nicht permanent verwandelt wirst. Du bist nicht in eine andere Realität gelangt. Deine Erfahrungsstufe hat sich vertieft, doch in einem höheren Sinne bist du nicht frei geworden.

Die meisten erleuchteten Wesen sind nie in einem Samadhi-Zustand geblieben. Gautama Buddha zum Beispiel hat nach seiner Erleuchtung nicht jahrelang dagesessen und meditiert. Viele seiner Schüler sind in sehr langen, mehrere Jahre dauernden Meditationen versunken, aber Gautama selbst hat das nie getan, weil er offenbar erkannte, dass es für ihn nicht nötig war. Er hatte bereits vor seiner Erleuchtung alle acht Arten von Samadhi praktiziert, erfahren und dann abgelegt. »Das ist es nicht«, hat er gesagt. Er wusste, dass es ihn nicht zur Verwirklichung führen würde. Samadhi ist nur eine höhere Stufe der Erfahrung, eine Art inneres LSD ohne äußere Einwirkung, die ein verändertes Wahrnehmungsniveau bewirkt. Riskant daran ist, dass man darin hängen bleibt, weil es viel schöner ist als die normale Wirklichkeit. Aber bekanntlich können selbst die schönsten Erfahrungen mit der Zeit langweilig werden.

Wenn du die Verwirklichung zur obersten Priorität in deinem Leben gemacht hast, ist alles, was dich der höchsten Freiheit keinen Schritt näher bringt, bedeutungslos. Angenommen, du willst den Mount Everest besteigen – dann wirst du keinen einzigen Schritt seitwärts tun, weil du jedes Fünkchen Energie brauchst, um den Gipfel zu erreichen. Auch wenn du den Gipfel deines Bewusstseins erreichen willst, brauchst du alle Energie, die du aufbringen kannst. Und das reicht immer noch nicht aus! Wieso solltest du dann etwas tun wollen, was dich von deinem Hauptziel ablenkt?

Was ist diese Selbstverwirklichung eigentlich?, fragst du dich vielleicht. Schließlich streben die meisten Leute nach Gesundheit, Wohlbefinden, Reichtum, Liebe und Erfolg. Braucht man da wirklich Selbstverwirklichung?

Betrachten wir das auf eine möglichst einfache Weise. Ist es nicht so, dass du deinen Computer umso besser verwenden kannst, je mehr du über ihn weißt? Ist es nicht so, dass deine Fähigkeit, ein Gerät oder Instrument einzusetzen, in einem direkten Verhältnis zu deinem Wissen darüber steht? Ist es nicht so, dass man mit einem hohen Grad an Geschick und Sachkenntnis selbst ein simples Instrument auf scheinbar magische Weise handhaben kann? Hast du nicht schon einmal Leute gesehen, die auf einem Stück Kunststoff, das sie als Surfbrett bezeichnen, unglaubliche Dinge tun? Das ist tatsächlich nur ein Stück Kunststoff, aber was für anmutige Kunststücke sind darauf möglich!

Entsprechend gilt auch für dein Verständnis des menschlichen Mechanismus: Je tiefer es ist, desto magischer wird dein Leben sein. In jeder Kultur haben einige Menschen bestimmte Dinge getan, die andere dazu gebracht haben, an Wunder zu glauben. Alles, was als Wunder bezeichnet wird, entsteht jedoch nur aus einem tieferen Zugang zum Leben, den manche gefunden haben. Wie ich nun schon mehrfach gesagt habe, ist dieser Zugang für jeden verfügbar, der daran interessiert ist, tiefer zu blicken.

Tantra: Eine Technik zur Transformation

Heute gibt es viele Praktiken aus den okkulten Wissenschaften, die sich als spiritueller Fortschritt ausgeben.

Angenommen, ich bin in Indien, und du bist in Amerika. Ich will dir eine Blume schicken, bin jedoch nicht bereit, dieselbe Reise wie Kolumbus zu unternehmen. Wenn ich diese Blume plötzlich in deinem Schoß landen lasse, ist das etwas Okkultes. Es hat *absolut nichts* Spirituelles an sich, sondern ist nur eine bestimmte Methode, mit den physischen Dimensionen des Lebens umzugehen.

In Indien haben wir viele raffinierte okkulte Verfahren. Es gibt Leute, die das Leben eines anderen Menschen zerstören können, nur indem sie ein Foto von ihm betrachten. Sie können dafür sorgen, dass er an etwas erkrankt, was sein Körper sich in so kurzer Zeit normalerweise nicht hätte zuziehen können. Auch für Gesundheit können diese Anhänger des Okkulten sorgen, aber leider verwenden viele von ihnen ihre Fähigkeit auf andere Weise, da für die negative Anwendung solcher Talente ein größerer Markt zu bestehen scheint. Abgesehen davon ist es jedoch ohne Belang, ob mit so etwas Krankheit oder Gesundheit hervorgerufen wird. Das Okkulte zu einem selbstsüchtigen Ziel zu verwenden ist schlicht nicht ratsam.

Es sind viele Geschichten über den großen Yogi Gorakhnath überliefert. Teilweise wird behauptet, er habe im elften Jahrhundert gelebt, aber viele Berichte verlegen ihn in eine wesentlich frühere Zeit. Er war ein Schüler von Matsyendranath, selbst ein berühmter Yogi, der eine solche Verwirklichung erreicht hatte, dass er oft als Reinkarnation von Shiva beziehungsweise Adiyogi verehrt wurde. Der Überlieferung gemäß wurde Matsyendranath ungefähr sechshundert Jahre alt. Das muss weder wörtlich genommen noch als Heiligenlegende abgetan werden; es verweist lediglich auf eine außergewöhnlich lange Lebensdauer und die gewaltige Ehrfurcht, der man dieser bedeutenden Gestalt entgegenbrachte.

Gorakhnath wurde also der Schüler von Matsyendranath, und er bewunderte und verehrte seinen Meister. Er war voller Intensität. Matsyendranath wiederum sah in ihm zu viel Feuer und nicht genügend Zurückhaltung. Feuer brennt durch vieles hindurch, weshalb Gorakhnath sich allmählich durch die Mauern der Unwissenheit hindurchbrannte und mit einem Mal eine gewaltige Kraft besaß. Matsyendranath sah, dass sein Schüler ein wenig vorschnell vorging, weshalb er zu ihm sagte: »Geh vierzehn Jahre von hier fort. Halte dich nicht in meiner Nähe auf. Du saugst zu viel von mir auf.«

Das war das Schwerste, was man Gorakhnath auftragen konnte. Hätte Matsyendranath gesagt: »Gib dein Leben auf!«, dann hätte er es sofort getan. Fortzugehen war etwas, was er nicht ertragen konnte. Doch da sein geliebter Meister es von ihm verlangte, ging er fort.

Vierzehn Jahre lang zählte er die Tage und Stunden, während er darauf wartete, zurückkehren zu können. Sobald die angegebene Zeit vorüber war, begab er sich eilends auf den Weg. Als er ankam, stand vor der Höhle, in der Matsyendranath lebte, ein Schüler. »Ich will zu meinem Meister!«, sagte Gorakhnath.

»Da habe ich keine Anweisungen«, sagte der Schüler, der die Höhle bewachte. »Warte also einen Moment.«

Gorakhnath geriet in Zorn. »Ich habe vierzehn Jahre gewartet, du Trottel!«, sagte er. »Wer weiß, wann *du* hier angekommen bist – womöglich erst vorgestern. Wie kannst du es da wagen, mich aufzuhalten!«

Er schob den Schüler beiseite und betrat die Höhle. Da war kein Matsyendranath. Gorakhnath kam wieder heraus und schüttelte den Schüler. »Wo ist er?«, fragte er. »Ich will meinen Meister auf der Stelle sehen!«

»Ich habe keine Anweisungen, dir zu sagen, wo er ist«, erwiderte der Schüler.

Da konnte Gorakhnath sich nicht mehr beherrschen. Mithilfe seiner okkulten Kräfte blickte er in den Geist des Schülers und fand heraus, wo Matsyendranath sich befand. Als er in die entsprechende Richtung ging, erwartete sein Guru ihn auf halbem Wege.

»Ich habe dich für vierzehn Jahre fortgeschickt, weil du dich zum Okkulten hin entwickelt hast«, sagte Matsyendranath. »Dabei hast du den spirituellen Prozess aus dem Blick verloren und Gefallen an der Macht gefunden, die dir das verliehen hat. Jetzt kommst du zurück und verwendest gleich wieder deine okkulten Kräfte, um einem anderen Schüler in den Geist zu spähen. Noch einmal vierzehn Jahre für dich!«

Womit er ihn erneut fortschickte.

Es gibt viele Geschichten darüber, wie Gorakhnath in diesen verbotenen Bereich eindrang und Matsyendranath ihn dann immer wieder bestrafte. Zugleich entwickelte Gorakhnath sich jedoch schließlich zu dem größten Schüler, den Matsyendranath je hervorgebracht hatte.

So ist man in der Kultur des Yoga immer mit okkulten Praktiken umgegangen. Sie wurden nie mit Respekt behandelt, sondern als ein Missbrauch des Lebens gesehen, als ein Eindringen in Bereiche, die man nicht betreten sollte. Praktiziert wurden sie nur von bestimmten Leuten, die von der Gier nach Macht oder Geld besessen waren.

Dabei ist das Okkulte nicht grundsätzlich negativ. Diesen Ruf hat es nur durch missbräuchliche Verwendung bekommen. Im Grunde ist das Okkulte eine Technik. Keine Technik oder Methode ist an sich negativ. Wenn eine bestimmte Technik dazu verwendet wird, Menschen zu töten oder zu foltern, denken wir nach einer Weile: »Schluss mit diesem verfluchten Zeug!« Das ist mit dem Okkulten geschehen, weil zu viele es zu ihrem persönlichen Nutzen missbraucht haben. Deshalb wird es auf dem spirituellen Weg im Allgemeinen gemieden.

Als okkult wird oft auch bezeichnet, was wir als *Tantra* kennen. Im heutigen Verständnis geht es bei Tantra darum, ausgesprochen unorthodoxe oder gesellschaftlich inakzeptable Methoden zu verwenden. Im klassischen Sinne bedeutet Tantra jedoch schlicht »Technik«. Mit ungezügelter Sexualität hat es nichts zu tun. Es ist wichtig, einen Unterschied zwischen der okkulten und der spirituellen Form von Tantra zu machen. Dieses »linkshändige« und »rechtshändige« Tantra sind völlig unterschiedlicher Natur.

Zum linkshändigen Tantra gehören verschiedene Rituale, die so manchem äußerst merkwürdig vorkommen würden. Es ist sehr äußerlich; man braucht bestimmte Gegenstände und komplizierte Arrangements, um es durchzuführen. Okkulte Praktiken, die gemeinhin als linkshändiges Tantra bezeichnet werden, haben manchen die Kraft verliehen, über eine große Distanz hinweg zu kommunizieren, an zwei Orten zugleich zu erscheinen und Energien zu ihrem eigenen Nutzen und zum Schaden anderer einzusetzen. Beim rechtshändigen Tantra, das eher innerer Natur ist, geht es um die Fähigkeit, die eigenen Energien zu verwenden, um etwas zu bewirken. Das heißt, man bedient sich aller simplen Aspekte des Lebens als einer subjektiven Wissenschaft, um sich nach innen zu wenden und etwas mit sich selbst zu tun. Das linkshändige Tantra ist eine rudimentäre, eher für Uneingeweihte verfügbare Technik, das rechtshändige hingegen sehr verfeinert und nur durch kraftvolle Initiationen zu erlangen.

Tantra ist eine bestimmte Fähigkeit, ohne die es keinen spirituellen Prozess geben kann. Wenn du kein Tantra in dir hast, so verfügst du über keine Technik, um andere Menschen zu verwandeln; du hast lediglich Worte. Die können zwar inspirierend sein und eine bestimmte Richtung vermitteln, aber eine transformative Kraft haben sie nicht. Man kann einen Gelehrten nicht als Guru bezeichnen. Ohne eine der Transformation dienende Technik kann man kein Meister sein, weshalb es keinen Guru ohne Tantra gibt. Heute treten allzu viele Leute auf, die behaupten, Gurus zu sein, aber lediglich die alten Schriften wiederkäuen. Das Werk eines wahren Gurus besteht darin, den ganzen menschlichen Mechanismus von den erworbenen zyklischen Mustern des Karmas zu befreien und zu seiner höchsten Möglichkeit zu führen. Das ist wie die Aufgabe eines Mechanikers, der karmische Warzen entfernt! Wenn jemand kein Tantra – also keine entsprechende Technik – in sich trägt, kann man ihn nicht als Guru bezeichnen.

Die Schlangenkraft

Der Begriff *Kundalini* bedeutet wörtlich »Energie«. Er bezieht sich auf eine bestimmte Art Energie in jedem Menschen, die weitgehend latent und nicht manifest ist. Als Symbol für Kundalini wird in der Tradition des Yoga immer eine zusammengerollte Kobra verwendet.

Eine zusammengerollte Kobra befindet sich in einem Ruhezustand von sehr hoher Qualität. Sie ist so absolut bewegungslos, dass man sie selbst dann nicht sieht, wenn sie im Weg liegt. Erst wenn sie sich bewegt, sieht man sie. In ihrer Reglosigkeit ist eine brisante Dynamik verborgen. Deshalb wird Kundalini als zusammengerollte Kobra bezeichnet, weil diese gewaltige Energie zwar in jedem einzelnen Menschen vorhanden, aber nicht erkennbar ist, bevor sie sich regt.

Um ein vollwertiges physisches Leben führen zu können, ist eine minimale Menge dieser physischen Energie erforderlich. Nur wenn du das Bedürfnis hast, das Physische zu überwinden, brauchst du einen zusätzlichen Energiestoß, der dich über diese Realität hinausträgt. Das ist wie der Unterschied zwischen einem Linienflug und einem Raketenstart. Innerhalb der Erdatmosphäre zu fliegen ist etwas ganz anderes, als deren Grenze zu durchbrechen und in den Weltraum zu reisen. In ähnlicher Weise erfordert es eine ganz andere Energiedimension, um das Physische zu überwinden.

Es gibt keinen einzigen indischen Tempel, in dem sich nicht ein Bild einer Schlange befände. Das liegt nicht daran, dass es sich um eine Kultur von Schlangenverehrern handeln würde; vielmehr kennzeichnet es einen heiligen Ort, der die Möglichkeit birgt, die nicht manifesten Energien seiner Besucher zu erwecken.

Schlangen gelten als Geschöpfe mit einer besonders hohen Wahrnehmungsfähigkeit – was teilweise natürlich daran liegt, dass sie völlig taub sind und nur Erschütterungen wahrnehmen. Besonders angezogen werden sie von einer meditierenden Person. In der Überlieferung heißt es, wenn ein Yogi irgendwo meditiert, ist immer eine Schlange in der Nähe. Wenn deine Energien sich beruhigen, fühlen Schlangen sich naturgemäß von dir angezogen.

Obgleich physisch gesehen ein gewaltiger Unterschied zwischen Schlangen und Menschen besteht, gibt es große Ähnlichkeiten, was das Energiesystem angeht. Wenn du in der Wildnis auf eine Kobra triffst, wird sie sich womöglich ohne jeden Widerstand in deine Hände begeben, weil eure Energien einander stark ähneln. Solange deine Körperchemie keine Angst zu erkennen gibt, was die Schlange als Gefahr deuten würde, hat sie keinerlei Absicht, ihr Gift abzusondern. Dieses ist schließlich ihr Reichtum und ein Stoff, dessen medizinische Bedeutung inzwischen zunehmend erkannt wird.

Historisch gesehen hat die Schlange natürlich einen schlechten Ruf wegen der biblischen Geschichte von Adam und Eva. Untersucht man diese Geschichte jedoch genau, so erkennt man, dass es die Schlange war, die das Leben auf der Erde in die Wege geleitet hat. Ohne sie hätte es lediglich ein dummes Menschenpaar gegeben, das nicht wusste, was es miteinander anfangen sollte. Ohne diese wunderbare Schlange wären wir – du und ich – heute gar nicht auf der Welt!

Wenn die Kundalini-Energie aufsteigt, entsteht die Grundlage für eine wesentlich umfassendere Wahrnehmung des Lebens. Auf herkömmlichen Darstellungen von Adiyogi beziehungsweise Shiva hat dieser eine

Schlange bei sich, um auf seine hochentwickelte Wahrnehmung zu verweisen. Nur wenn die Energie eine bestimmte Intensität und Kraft erreicht, kann die Wirklichkeit in ihrer vollständigen Reinheit wahrgenommen werden. Sonst wirkt sich jede karmische Spur, die wir angesammelt haben, seit wir vor Äonen ein Einzeller waren, störend auf unsere Wahrnehmung der Realität aus.

Freude

Der Anfang

Im Leben der meisten Menschen ist Freude nur selten zu Besuch. Der Zweck dieses Buches war es, sie zu deiner lebenslangen Begleiterin zu machen.

Freude ist kein flüchtiges spirituelles Ziel, sie ist schlicht der Hintergrund, den du brauchst, damit jeder Aspekt deines Lebens sich auf magische, wunderbare Weise entfaltet. Wenn sie nicht die Atmosphäre deines Daseins bildet, werden selbst dessen angenehmste Aktivitäten beschwerlich. Mit den Problemen deiner äußeren Lebenssituation kannst du umgehen, so gut du es vermagst, aber wenn Freude dich beständig begleitet, bist *du selbst* kein Problem in deinem Leben mehr. Dann wird dieses zu einer Reise voller Begeisterung und Entdeckungen.

Zum ersten Mal in der Geschichte der Menschheit sind wir mit den notwendigen Ressourcen, Fähigkeiten und Technologien ausgestattet, um mit jedem Problem auf der Erde umzugehen, ob es sich nun um Nahrungsversorgung, Gesundheit, Bildung oder irgendetwas anderes handelt. Wir haben unglaubliche wissenschaftliche und technische Mittel zur Verfügung, die mächtig genug sind, um die Welt mehrfach aufzubauen und zu vernichten. Wenn die Fähigkeit, derart wirksame Instrumente einzusetzen, jedoch nicht von einem tiefen Sinn für Mitgefühl, Integration, Ausgewogenheit und Reife begleitet wird, befinden wir uns womöglich am Rande einer globalen Katastrophe. Das unerbittliche Streben nach äußerem Wohlergehen ist jetzt schon nahe daran, die Erde zu zerstören.

Noch nie hat eine menschliche Generation über den Komfort und die Annehmlichkeiten verfügt, die wir heute haben. Dennoch können wir nicht behaupten, die freudigste oder liebevollste Generation der Geschichte zu sein. Eine riesige Zahl an Menschen lebt in einem Zustand ständiger Angst und Depression. Manche leiden daran, dass sie gescheitert sind, aber paradoxerweise leiden viele an den Konsequenzen ihres Erfolgs. Manche leiden an ihren Einschränkungen, aber viele an ihrer Freiheit.

Was fehlt, ist menschliches Bewusstsein. Sonst ist alles vorhanden, doch der Mensch ist nicht da, wo er sein sollte. Sobald wir aufhören, uns den Weg zu unserem eigenen Glück zu versperren, ist jede andere Lösung verfügbar. Aber ohne den Einzelnen zu verwandeln, ist eine Verwandlung der Welt unmöglich.

Mein Lebenswerk ist der Aufgabe gewidmet, anderen die Kraft zu geben, ihr eigenes Schicksal in die Hand zu nehmen, und sie zu einem Zustand einer alles einschließenden Freude zu führen, damit das Potenzial, das wir darstellen, in unserer Generation nicht verlorengeht. Deine Freude, dein Elend, deine Liebe, deine Qualen und dein Glück, alles liegt in *deinen eigenen* Händen.

Es gibt einen Ausweg, und dieser Ausweg führt *hinein*. Nur wenn wir uns nach innen wenden, können wir wahrhaft eine Welt aus Liebe, Licht und Lachen erschaffen. Dieses Buch könnte eine Tür zu dieser Welt sein.

Machen wir uns daran, das zu verwirklichen.

Glossar

Adiyogi Wörtlich der erste Yogi; das auch unter dem Namen Shiva bekannte Wesen, das am Ursprung der Wissenschaft des Yoga steht.

Ahankara Das Identitätsgefühl innerhalb des Individuums, zu dessen Folgen das Ich oder Selbst gehört.

Ajna Als Zentrum von Wissen und Erleuchtung ist Ajna eines der sieben großen Energiezentren oder Chakren im menschlichen Körper. Physisch zwischen den Augenbrauen gelegen, wird es auch als »drittes Auge« bezeichnet.

Akasha Der Äther; vermittelnd zwischen der Schöpfung und deren Ursprung gelegen, bildet Akasha die subtile physische Landschaft, auf der sich die übrige Schöpfung entfaltet.

Anahata Als wichtiges Energiezentrum im menschlichen Körper wird Anahata auch als »Herzchakra« bezeichnet. Symbolisiert wird es durch zwei einen sechszackigen Stern bildende Dreiecke, wobei das nach oben weisende Dreieck das Physische und das nach unten weisende die Dimension jenseits des Physischen repräsentiert.

Anandamaya Kosha Wörtlich »Glückseligkeitskörper«; eine der Hüllen oder Schichten, aus denen nach der Körperlehre des Yoga der Mensch besteht. Er ist eine nicht-physische Dimension.

Anapanasati-Yoga Ein vollständiges Yoga-System, bei dem es unter anderem um ein Gewahrsein des eigenen Atems geht.

Angamardana Eine Reihe aus einunddreißig dynamischen Abläufen zur Stärkung des Körpers und zum Erreichen größtmöglicher physischer Fitness. Angamardana bedeutet wörtlich, die vollständige Herrschaft über alle Glieder, Organe und anderen Teile des Körpers zu erlangen. Es belebt sämtliche Körpersysteme wie den Bewegungsapparat, das Nervensystem, das Kreislauf- und das Atmungssystem.

Annamaya Kosha In der Körperlehre des Yoga die physische Hülle oder Schicht. Sie wird auch als Nahrungskörper bezeichnet, da der physische Körper im Grunde aus der Nahrung besteht, die man zu sich nimmt.

Asana, Yogasana Yoga bedeutet Vereinigung oder Verschmelzung, während Asana eine Körperhaltung ist. Haltungen, die es uns ermöglichen, uns mit unserer höheren Natur zu vereinigen, werden als Yogasana bezeichnet. Eines der acht Glieder des Yoga.

Avadhuta Jemand, der die Dualität überwunden hat; im Allgemeinen eine Bezeichnung für einen Yogi oder Heiligen, der sich in einem konstanten Zustand der inneren Glückseligkeit befindet.

Ayurveda Wörtlich »Wissenschaft des Lebens«; ein uraltes indisches Ernährungs- und Heilsystem, bei dem Kräuter und Erdelemente verwendet werden, um systemische Unregelmäßigkeiten zu korrigieren und Gesundheit sowie Wohlbefinden zu fördern.

Bhakti Yoga Wörtlich »Yoga der Hingabe«; der spirituelle Weg der Selbstverwirklichung durch Liebe und Hingabe. Gekennzeichnet von einer intensiven Sehnsucht nach Vereinigung mit dem Objekt der Hingabe. Einer der vier Wege des Yoga.

Bhuta Shuddhi Die fundamentalste Praxis im Yoga; das Reinigen der fünf Elemente im menschlichen Organismus.

Bhuta Siddhi Ein Zustand, in dem man die Herrschaft über die fünf Elemente im menschlichen Organismus erlangt hat; er sorgt für Wohlbefinden und die Fähigkeit, Zugang zu Dimensionen jenseits des Physischen zu erhalten.

Brahmarandra *Brahma* ist das Höchste oder Vollkommene, *Randra* eine Öffnung oder Höhlung. Eine andere Bezeichnung für das Sahasrara-Chakra, das sich dort oben am Schädel befindet, wo beim Säugling die weiche Fontanelle liegt.

Buddhi Fähigkeit zu Unterscheidung, Analyse, logischem und rationalem Denken; der Verstand oder Intellekt.

Chakra Wörtlich »Rad«; die Orte, an denen die Nadis (Kanäle) im Energiekörper zusammentreffen. Von den insgesamt 114 Chakren, darunter sieben Hauptchakren, befinden sich zwei außerhalb des menschlichen Körpers.

Chidakasha Die ätherische Dimension der Intelligenz.

Chit Shakti Wörtlich »Kraft des Geistes«; eine von Sadhguru entwickelte Meditation zur Verstärkung dieser Kraft.

Chitta Reine, von der Erinnerung unbefleckte Intelligenz. Die tiefste, fundamentalste Dimension des menschlichen Geistes; wer mit ihr in Kontakt ist, soll Zugang zum Ursprung der Schöpfung haben.

Dharana Ein yogisches Verfahren, bei dem das Subjekt eine unverwandte Konzentration auf ein Objekt aufrechterhält und empirischen Kontakt damit herstellt. Eines der acht Glieder des Yoga.

Dhyana oder **Dhyan** Ein yogisches Verfahren, bei dem die Konzentration aufrechterhalten wird, wobei entweder das Subjekt oder das Objekt vom jeweils anderen absorbiert wird. Eines der acht Glieder des Yoga.

Dhyanalinga Eine kraftvolle Energieform im Isha Yoga Center in Indien, von Sadhguru ausschließlich zum Zweck der Meditation geweiht.

Guru Wörtlich »Vertreiber von Dunkelheit«; ein spiritueller Meister im Sinne eines verwirklichten Wesens, das Menschen auf dem Weg der spirituellen Suche zur Befreiung geleitet.

Hatha-Yoga Eine Form von Yoga, die physische Haltungen und Praktiken beinhaltet. Als reinigender und vorbereitender Schritt zur Meditation und zu höheren Dimensionen der spirituellen Erfahrung verwendet.

Ida Einer der großen Prana-Kanäle im menschlichen Körper. Auf der linken Seite des Körpers gelegen, hat er eine weibliche und intuitive Natur.

Jnana, Jnana-Yoga Erreichen eines Zustandes, in dem der Verstand verwendet wird, um die höchste Natur zu erreichen. Einer der vier Wege des Yoga.

Kalpavriksha Wörtlich »Wunschbaum«; im Yoga wird so ein gut organisierter Geist bezeichnet.

Karma Wörtlich »Handlung«; bezieht sich auf den kombinierten Ausdruck früherer Handlungen, der uns an den Körper bindet und viele Aspekte der Persönlichkeit bestimmt.

Karma-Yoga Yoga der Tat; die Wissenschaft, so zu handeln, dass man befreit wird, statt sich verstrickt. Einer der vier Wege des Yoga.

Kriya, Kriya-Yoga Wörtlich innere Handlung; die Verwandlung der inneren Energien, um die höchste Natur zu erlangen. Einer der vier Wege des Yoga.

Kundalini Die fundamentale Lebensenergie, die durch die Praxis von Yoga aufsteigt. Dargestellt als an der Basis der Wirbelsäule zusammengerollte Schlange.

Linga Wörtlich »erste« oder »ursprüngliche Form«; ein perfektes Ellipsoid, das die Grundform der kosmischen Geometrie darstellt.

Mahasamadhi Die höchste Form von Gleichmut oder Gelassenheit, bei der das Persönliche vollständig im Allumfassenden aufgelöst oder neutralisiert wird. Dabei werden alle Spuren des individuellen Wesens transzendiert. In anderen östlichen Traditionen als Nirvana oder Mahaparinibbana bekannt.

Manas Eine vom Verstand verschiedene Dimension des Geistes, die eine komplexe Mischung aus Erinnerungen darstellt und Gedanken sowie Emotionen formt.

Mandala Bezieht sich auf den vierzig bis achtundvierzig Tage dauernden physiognomischen Zyklus, der die natürliche Zeitspanne vieler physiologischer Vorgänge im Organismus darstellt.

Manipuraka Das knapp unterhalb des Nabels gelegene Chakra (Energiezentrum). Es wird mit der vitalen Energie assoziiert, die wir zum Überleben und zum aktiven Handeln in der Außenwelt brauchen.

Manomaya Kosha Der geistige Körper; eine der fünf Hüllen der yogischen Physiologie.

Muladhara Dieses am Damm gelegene Chakra ist das Fundament des Energiekörpers.

Nadi Die Kanäle, durch die Prana, die Lebenskraft, im Energiekörper strömt.

Namaskar Die traditionelle indische Praxis, die beiden Handflächen zusammenzulegen, wodurch die beiden Dimensionen innerhalb des Menschen (rechts-links, männlich-weiblich usw.) harmonisiert werden. Die Geste fördert sowohl die Erfahrung der Einheit und Souveränität im eigenen Selbst als auch deren Anerkennung in anderen.

Nirvikalpa Wörtlich »ohne Eigenschaften«; eine Kategorie von Samadhi oder Gleichmut jenseits aller Eigenschaften und Merkmale, bei der man nur einen minimalen Kontakt mit dem Körper hat.

Pingala Einer der drei größeren Energiekanäle im Körper; auf dessen rechter Seite gelegen, wird ihm eine männliche Natur zugeschrieben.

Prana Die fundamentale Lebenskraft und vitale Energie.

Pranamaya Kosha Der Energiekörper, eine der fünf Hüllen der Physiologie des Yoga.

Pratishtha Das Verfahren, einen Gegenstand oder einen Raum zu weihen beziehungsweise mit Energie aufzuladen. Das geschieht hauptsächlich auf zwei Arten, als Mantra Pratishtha durch das Rezitieren geeigneter Mantras und durch Rituale sowie als Prana Pratishtha durch einen direkten Prozess, an dem die Lebensenergien (Prana-Shakti) des Weihenden beteiligt sind.

Sadhana Wörtlich Werkzeug oder Mittel; spirituelle Praktiken, die als Mittel zur Selbstverwirklichung dienen.

Sahasrara Ein am Scheitelpunkt des Kopfes gelegenes Energiezentrum (Chakra) des Organismus.

Samadhi Zustand einer tiefen Gelassenheit, eines der acht Glieder des Yoga. Die Erfahrung von Samadhi, die in der spirituellen Tradition Indiens einen hohen Stellenwert hat, ist therapeutisch und bewirkt eine profunde innere Verwandlung.

Samsara Die sich wiederholende, zyklische Natur der physischen Welt und damit der Bereich des Karmas, der die für das Entstehen des Lebens notwendige Stabilität herstellt.

Samyukti Der Besitz eines gut geordneten Geistes, der nicht gegen sich selbst arbeitet.

Savikalpa Wörtlich »mit Eigenschaften«; bezieht sich auf Arten von Samadhi (Gelassenheit), die Eigenschaften oder Merkmale besitzen.

Shavasana Wörtlich »Totenstellung«; eines der vierundachtzig Asanas in der klassischen Überlieferung des Yoga. Praktiziert wegen seiner Fähigkeit, Ruhe zu vermitteln, und wegen seiner regenerierenden Wirkung auf den Organismus.

Shi-va, Shiva Wörtlich »das, was nicht ist«; bezeichnet sowohl den grenzenlosen Raum als auch Adiyogi, den ersten Yogi, der einen Zustand der Vereinigung mit diesem grenzenlosen Raum erfahren hat.

Surya Kriya Ein wirkungsvolles Verfahren, um die innere Sonne zu aktivieren. *Surya* bedeutet Sonne, *Kriya* ist ein innerer Energieprozess. Als ganzheitlicher Prozess zur Förderung von Gesundheit sowie äußerem und innerem Wohlbefinden ist Surya Kriya auch ein vollständiger spiritueller Prozess.

Surya Namaskar Eine uralte Yoga-Praxis, die nicht nur ein Gleichgewicht im Organismus herstellt, sondern auch empfänglich für die Sonne macht, gegründet auf der Logik, dass alles Leben durch die Sonne mit Energie versorgt wird.

Surya Shakti Eine yogische Praxis, mit der die Sonne im menschlichen Organismus stimuliert wird.

Sushumna Der Zentralkanal im Energiekörper, durch den Kundalini, die Lebenskraft, aufsteigt.

Swadhishthana Wörtlich »Wohnstätte des Selbst«, das direkt über den Genitalien gelegene Energiezentrum (Chakra).

Tamas Trägheit; bezieht sich auf eine der drei Qualitäten der Existenz; die anderen beiden sind Rajas (Dynamik) und Sattva (Gelassenheit, Gleichmut).

Tantra Wörtlich »Technik«. Die Technik der spirituellen Transformation.

Vasanas Tendenzen oder Neigungen; unbewusste Spuren im Individuum, die der Rückstand von Wünschen und Handlungen sind.

Vedanta Wörtlich »Ende des wahrnehmbaren Wissens«. Die philosophischen Lehren der Upanishaden, der spekulativen, metaphysischen Kommentare zu den Veden.

Vijnanamaya Kosha Eine der fünf Hüllen des Körpers, die als Ätherkörper bezeichnet wird. Sie ermöglicht den Übergang vom Physischen zum Nicht-Physischen.

Vishesh Jnana Außerordentliches Wissen oder Wissen jenseits der Sinneswahrnehmung.

Vishuddha Eines der sieben Hauptchakren, in der Kehle gelegen; das Zentrum von Kraft und Kreativität.

Yantra Wörtlich »Form«. Eine Energieform, die unterschiedlich gestaltet und geweiht werden kann, um im eigenen Leben Wohlstand und Wohlbefinden zu erlangen.

Yoga Wörtlich »unterjochen« oder »vereinigen«. Ein Daseinszustand, in dem das Individuum die Vereinigung mit der Existenz erlebt. Außerdem die uralte spirituelle Wissenschaft, die über Methoden und Techniken verfügt, um diesen Zustand zu erreichen.

Yogi Eine Person, die die Einheit der Existenz erlebt hat und sich im Zustand des Yoga befindet.

Inner Engineering online

Inner Engineering Online[4] ist ein von Sadhguru entwickeltes siebenteiliges Programm, das die Teilnehmer in die Lage versetzt, ihr Leben nach ihren eigenen Wünschen zu erschaffen. Mit Methoden, die die Essenz der yogischen Wissenschaft darstellen, bietet es eine Gelegenheit zur inneren Erforschung und vermittelt praktische Kenntnisse, mit Körper, Geist, Emotionen und der fundamentalen Lebensenergie im eigenen Innern umzugehen.

Dieses Programm ist der nächste Schritt für alle, die ihre innere Dimension tiefer erforschen wollen. Nähere Informationen finden sich auf www.innerengineering.com.

Angeboten wird Inner Engineering auch als viertägiger Live-Event in mehreren Ländern und am Isha Institute of Inner Sciences in Indien. Weiteres auf der oben angegebenen Website und auf www.ishayoga.org.

Die Isha Foundation

Diese 1992 von Sadhguru gegründete Stiftung ist eine internationale, ehrenamtliche, nichtreligiöse und gemeinnützige Organisation, die sich allen Aspekten des menschlichen Wohlergehens widmet. Ihre Zentralen befinden sich in den Vereinigten Staaten im Isha Institute of Inner Sciences, ge-

---

4 Anmerkung des Übersetzers: *Inner Engineering*, die Methode von Sadhguru und zugleich Titel der amerikanischen Originalausgabe, lässt sich ins Deutsche nicht gut übersetzen.

legen auf dem spektakulären Cumberland Plateau in Tennessee, und in Südindien im Isha Yoga Center, gelegen innerhalb eines üppigen Regenwaldes am Fuße des Velliangiri-Gebirges in der Nähe von Coimbatore. Die Schönheit der Natur und die geweihten Kraftorte an diesen Stätten bieten den Rahmen für individuelles Wachstum und dauerhaften Gewinn in verschiedenen Aspekten des Lebens.

Die von weltweit über drei Millionen ehrenamtlichen Helfern getragenen Aktivitäten der Stiftung reichen von humanitären Projekten im Bereich der öffentlichen Gesundheit, der Ökologie und der Bildung bis hin zu Yoga-Programmen, in denen der Einzelne eine innere Transformation erfahren kann. *Action for Rural Rejuvenation* bietet über sieben Millionen Menschen in etwa 4600 südindischen Dörfern kostenlose medizinische Versorgung und Hilfe bei der dörflichen Gemeinschaftsbildung. *Project Greenhands* ist ein groß angelegtes öffentliches Wiederaufforstungsprogramm, in dessen Rahmen bisher bereits 28 Millionen Bäume gepflanzt wurden. Es hat einen Eintrag im *Guinness-Buch der Rekorde* für die höchste Zahl der an einem einzigen Tag gepflanzten Bäume (850.000) erhalten und wurde mit dem wichtigsten indischen Umweltpreis ausgezeichnet. *Isha Vidhya* verbessert das Leben unterprivilegierter Kinder in ländlichen Gegenden, indem über 70.000 solchen Kindern eine erschwingliche, qualitativ hochwertige Schulbildung geboten wird. Ziel aller Aktivitäten der Stiftung ist es einerseits, den Einzelnen in die Lage zu versetzen, sein höchstes inneres Potenzial zu verwirklichen, und andererseits, weltweit eine Atmosphäre der Integration und Harmonie zu fördern. Näheres unter isha.sadhguru.org.